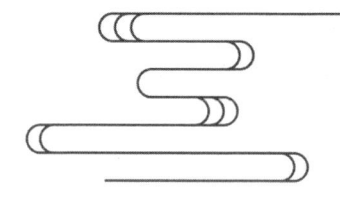

高中语文
教学与教育思维创新

丁润选 刘云霞 ◎著

时代文艺出版社
SHIDAI WENYI CHUBANSHE

图书在版编目（CIP）数据

高中语文教学与教育思维创新 / 丁润选, 刘云霞著
. -- 长春 : 时代文艺出版社, 2023.12
ISBN 978-7-5387-7409-2

Ⅰ. ①高… Ⅱ. ①丁… ②刘… Ⅲ. ①中学语文课—教学研究—高中 Ⅳ. ①G633.302

中国国家版本馆CIP数据核字(2024)第015622号

高中语文教学与教育思维创新
GAOZHONG YUWEN JIAOXUE YU JIAOYU SIWEI CHUANGXIN
丁润选　刘云霞　著

出 品 人：吴　刚
责任编辑：孟宇婷
装帧设计：钱金华
排版制作：钱金华

出版发行：时代文艺出版社
地　　址：长春市福祉大路5788号　龙腾国际大厦A座15层（130118）
电　　话：0431-81629751（总编办）　　0431-81629755（发行部）
网　　址：weibo.com/tlapress（官方微博）
开　　本：787mm×1092mm　1/16
字　　数：240千字
印　　张：14.25
印　　刷：廊坊市海涛印刷有限公司
版　　次：2023年12月第1版
印　　次：2023年12月第1次印刷
定　　价：78.00元

图书如有印装错误　请寄回印厂调换

作者简介

丁润选,女,汉族,甘肃通渭人,本科学历,高级教师。汉语言文学专业,省级普通话水平测试员,甘肃省作协会员,定西市作协会员,定西市青年作协理事,通渭县作协副主席、音乐舞蹈家协副主席,诗集《诗坛佳品》主编,著有《小县城大书法》一书,现就职于甘肃省通渭县第一中学。

刘云霞,女,汉族,甘肃通渭人,高级教师,本科学历,汉语言文学专业,中共党员,就职于甘肃省通渭县教研室。多次受到学校及上级教育行政部门的表彰奖励,2012年被甘肃省教育厅评为"甘肃省青年教学能手"。已有多篇论文相继在《学周刊》《新一代》《中学教学参考》《语数外学习》等刊物发表。本人指导的多名学生先后多次获得甘肃省青少年科技创新大赛科学竞赛项目、全国中学生科普科幻作文大赛、"叶圣陶杯"全国新作文大赛等的奖项。

前 言

新课标颁布后,开始了新一轮的语文教学改革,作为语文教学主阵地的课堂教学呈现出新的活力。语文课堂创新如雨后春笋,多种多样的教学手段应运而生。

本书根据最新的课程标准,依照高中语文教育的思维创新逻辑,探求高中语文教育核心素养的发展路径,依序对备课、课前预习、课堂教学、课后教学效果评价等高中语文教学环节提出创新策略,优化、创新阅读、课文学习、作文创作、口头表达等高中语文教学路径,基于以上,总结出高中语文的实践应用创新方向及创新方法。

在写作过程中,我们参阅了不少同行和专家的研究成果,从中得到很多启发,在此向他们表示真挚的感谢。另外,对在本书写作、出版过程中给予帮助的人们表示由衷的感谢!

由于写作时间仓促,再加上作者水平有限,本书难免存在疏漏与错误之处,还望同行、专家和读者批评斧正。

目录

第一章 绪论 ·· **001**
    第一节 高中语文的性质 ································· 001
    第二节 高中语文教育的教学标准 ························· 005
    第三节 高中语文教育思维创新的必要性 ··················· 010
    第四节 高中语文教育的思维创新逻辑 ····················· 013

第二章 高中语文教育的核心素养 ··························· **020**
    第一节 高中语文教育核心素养的内容和特点 ··············· 020
    第二节 高中生语文教育现状及特征 ······················· 030
    第三节 高中语文教育核心素养的实现途径 ················· 034
    第四节 高中语文教育核心素养的重要性及发展 ············· 058

第三章 高中语文的教学过程创新 ··························· **064**
    第一节 备课环节 ······································· 064
    第二节 课前预习环节 ··································· 094
    第三节 课堂教学环节 ··································· 111
    第四节 课后教学效果评价环节 ··························· 123

第四章 高中语文的教学方法创新 ··························· **128**
    第一节 阅读方法教学的创新 ····························· 128
    第二节 课文学习方法教学的创新 ························· 147
    第三节 作文创作方法教学的创新 ························· 151
    第四节 口头表达方法教学的创新 ························· 162

第五章 高中语文的实践应用创新 167
  第一节 激发学生对写作的兴趣 167
  第二节 鼓励学生进行阅读活动及分享心得 169
  第三节 将课本知识与社会实践相结合 171
  第四节 将知识与人文素养培育相结合 176

第六章 实现高中语文教育思维创新需要的努力 182
  第一节 学校的组织力 182
  第二节 教师对自身能力的提升 185
  第三节 学生与家长的共同支持 198
  第四节 大环境给予的帮助 204

参考文献 213

第一章 绪论

第一节 高中语文的性质

一、课程性质

语言文字是人类社会最重要的交际工具和信息载体,是人类文化的重要组成部分。语言文字的运用,包括生活、工作和学习中的听说读写活动以及文学活动,存在于人类社会的各个领域。

语义课程是一门学习祖国语言文字运用的综合性、实践性课程。工具性与人文性的统一,是语文课程的基本特点。语文课程应引导学生在真实的语言运用情境中,通过自主的语言实践活动,积累言语经验,把握祖国语言文字的特点和运用规律,加深对祖国语言文字的理解与热爱,培养运用祖国语言文字的能力;同时,发展思辨能力,提升思维品质,培育社会主义核心价值观,培养高尚的审美情趣,积累丰厚的文化底蕴,理解文化多样性。

普通高中语义课程,应使全体学生在义务教育的基础上,进一步提高语文素养,形成良好的思想道德修养和科学人义修养,为终身学习奠定基础,为传承和发展中华义化、增强民族凝聚力和创造力发挥独特的功能,为培养德智体美劳全面发展的社会主义建设者和接班人发挥应有的作用。

二、基本理念

( )坚持立德树人,增强文化自信,充分发挥语文课程的育人功能

祖国语文是中华儿女的精神家园,语文课程对继承和弘扬中华优秀传统文化、革命文化、社会主义先进文化,培养文化自信,推动文化的创新发展,具有不可替代的作用。

普通高中语文课程，必须以习近平新时代中国特色社会主义思想为指导，坚持立德树人，弘扬民族精神，融入社会主义核心价值观教育，培养学生热爱中华文明、热爱祖国、热爱人民、热爱中国共产党的深厚感情，以及热爱美好生活和奋发向上的人生态度，使学生逐步形成自己的思想、行为准则，增强为中华民族伟大复兴而努力的历史使命感和社会责任感。坚持加强语文课程内容与学生成长的联系，引导学生积极参与实践活动，学习认识自然、认识社会、认识自我、规划人生，在促进学生全面而有个性的发展方面发挥应有的功能。

（二）以核心素养为本，推进语文课程深层次的改革

随着社会和教育事业的发展，语文课程更加强调以核心素养为本。要进一步改革语文课程的目标和内容，既要关注知识技能的外显功能，更要重视课程的隐性价值，还要关注语文课程在社会信息化过程中新的内涵变化；通过改革，让学生多经历、体验各类启示性、陶冶性的语文学习活动，逐渐实现多方面要素的综合与内化，养成现代社会所需要的思想品质、精神面貌和行为方式。

普通高中语文课程应继续引导学生丰富语言积累，培养良好语感，掌握学习语文的基本方法，养成良好的学习习惯，提高运用祖国语言文字的能力；语言文字运用和思维密切相关，语文教育必须同时促进学生思维能力的发展与思维品质的提升；语文教育也是提高审美素养的重要途径，要让学生在语言文字运用的学习中受到美的熏陶，培养自觉的审美意识和高尚的审美情趣，培养审美感知和创造表现的能力；语言文字的运用体现时代的发展状况和人的文化修养，语文课程应该引导学生自觉继承中华优秀传统文化和革命文化，吸收世界各民族文化精华，积极参与中国特色社会主义先进文化的建设与传播。

（三）加强实践性，促进学生语文学习方式的转变

语文课程作为一门实践性课程，应着力在语文实践中培养学生的语言文字运用能力。学习运用祖国语言文字的资源和实践机会无处不在，应增强学生学语文、用语文的自觉意识，积极利用信息技术以及身边的各种资源和机会，通过阅读与鉴赏、表达与交流、梳理与探究等语文实践，积累言语经验,把握语文运用的规律,学会语文运用的方法,有效地提高语文能力,并在学习语言文字运用的过程中促进方法、习惯、情感、态度与价值观的综合发展。

语文课程还应当适应当代社会的发展需要,为培养创新人才发挥重要作用。要引导学生在语言文字运用的过程中发现问题,培养探究意识和发现问题的敏感性,探求解决问题和语言表达的创新路径。

(四)注重时代性,构建开放、多样、有序的语文课程

普通高中语文课程应适应社会对人才的多样化需求和学生对语文教育的不同期待,精选学习内容,变革学习方式,确保全体学生都获得必备的语文素养;帮助学生认识自己语文学习的已有基础、发展需求和方向,激发学习兴趣和潜能,在跨文化、跨媒介的语文实践中开阔视野,在更宽广的选择空间发展各自的语文特长和个性。

普通高中语文课程应具有相对稳定的结构和富有弹性的实施机制。应在课程标准的指导下,提高教师水平,发展教师特长,引导教师开发语文课程资源,有选择地、创造性地实施课程;把握信息时代新特点,积极利用新技术、新手段,建设开放、多样、有序的语文课程体系,使学生语文素养的发展与提升能适应社会进步新形势的需要。

三、课程目标

学生通过阅读与鉴赏、表达与交流、梳理与探究等语义学习活动,在语言建构与运用、思维发展与提升、审美鉴赏与创造、文化传承与理解几个方面都获得进一步的发展;坚定文化自信,自觉弘扬社会主义核心价值观,树立积极向上的人生理想,为全面发展和终身发展奠定基础。

第一,语言积累与建构。积累较为丰富的语言材料和言语活动经验,形成良好的语感;在已经积累的语言材料间建立起有机的联系,在探究中理解、掌握祖国语言文字运用的基本规律。

第二,语言表达与交流。能凭借语感和对语言运用规律的把握,根据具体的语言情境和不同的对象,运用口头和书面语言文明得体地进行表达与交流;能将具体的语言义字作品置于特定的交际情境和历史文化情境中理解、分析和评价。

第三,语言梳理与整合。通过梳理和整合,将积累的语言材料和学习的语文知识结构化,将言语活动经验逐渐转化为具体的学习方法和策略,并能在语言实践中自觉地运用。

第四,增强形象思维能力。获得对语言和文学形象的直觉体验;在阅读与鉴赏、表达与交流、梳理与探究活动中运用联想和想象,丰富自己对现实生活和文学形象的感受与理解,丰富自己的经验与语言表达。

第五,发展逻辑思维。能够辨识、分析、比较、归纳和概括基本的语言现象和文学现象,并能有理有据地表达自己的观点和阐述自己的发现;运用基本的语言规律和逻辑规则,判别语言运用的正误,准确、生动、有逻辑地表达自己的认识;运用批判性思维审视语言文字作品,探究和发现语言现象和文学现象,形成自己对语言和文学的认识。

第六,提升思维品质。自觉分析和反思自己的语文实践活动经验,提高语言运用的能力,增强思维的深刻性、敏捷性、灵活性、批判性和独创性。

第七,增进对祖国语言文字的美感体验。感受祖国语言文字独特的美,增强热爱祖国语言文字的感情。

第八,鉴赏文学作品。感受和体验文学作品的语言、形象和情感之美,能欣赏、鉴别和评价不同时代、不同风格的作品,具有正确的价值观、高尚的审美情趣和审美品位。

第九,美的表达与创造。能运用祖国语言文字表达自己的审美体验,表达自己的情感、态度和观念,表现和创造自己心中的美好形象;讲究语言文字表达的效果及美感,具有创新意识。

第十,传承中华文化。通过学习运用祖国语言文字,体会中华文化的博大精深、源远流长,体会中华文化的核心思想理念和人文精神,增强文化自信,理解、认同、热爱中华文化,继承、弘扬中华优秀传统文化和革命文化。

第十一,理解多样文化。通过学习语言文字作品,懂得尊重和包容,初步理解和借鉴不同民族、不同区域、不同国家的优秀文化,吸收人类文化的精华。

第十二,关注、参与当代文化。关注并积极参与当代文化传播与交流,在运用祖国语言文字的过程中,坚持文化自信,提高社会责任感,增强为中华民族伟大复兴而奋斗的使命感[①]。

第二节 高中语文教育的教学标准

一、高中语文课程标准修订工作的指导思想和基本原则

(一)指导思想

以马克思列宁主义、毛泽东思想、邓小平理论、"三个代表"重要思想、科学发展观、习近平新时代中国特色社会主义思想为指导,深入贯彻党的十八大、十九大、二十大精神,落实全国教育大会精神,全面贯彻党的教育方针,落实立德树人根本任务,发展素质教育,推进教育公平,以社会主义核心价值观统领课程改革,着力提升课程思想性、科学性、时代性、系统性、指导性,推动人才培养模式的改革创新,培养德智体美劳全面发展的社会主义建设者和接班人。

(二)基本原则

1.坚持正确的政治方向

坚持党的领导,坚持社会主义办学方向,充分体现马克思主义的指导地位和基本立场,充分反映习近平新时代中国特色社会主义思想,有机融入坚持和发展中国特色社会主义、培育和践行社会主义核心价值观的基本内容和要求,继承和弘扬中华优秀传统文化、革命文化,发展社会主义先进文化,加强法治意识、国家安全、民族团结、生态文明和海洋权益等方面的教育,培养良好政治素质、道德品质和健全人格,使学生坚定中国特色社会主义道路自信、理论自信、制度自信和文化自信,引导学生形成正确的世界观、人生观、价值观。

---

①中华人民共和国教育部. 普通高中语文课程标准:2017年版2020年修订[M]. 北京:人民教育出版社,2020.

2.坚持反映时代要求

反映先进的教育思想和理念,关注信息化环境下的教学改革,关注学生个性化、多样化的学习和发展需求,促进人才培养模式的转变,着力发展学生的核心素养。根据经济社会发展新变化、科学技术进步新成果,及时更新教学内容和话语体系,反映新时代中国特色社会主义理论和建设新成就。

3.坚持科学论证

遵循教育教学规律和学生身心发展规律,贴近学生的思想、学习、生活实际,充分反映学生的成长需要,促进每个学生主动地、生动活泼地发展。加强调查研究和测试论证,广泛听取相关领域人员的意见建议,重大问题向权威部门、专业机构、知名专家学者咨询,求真务实,严谨认真,确保课程内容科学,表述规范。

4.坚持继承发展

对十余年普通高中课程改革实践进行系统梳理,总结提炼并继承已有经验和成功做法,确保课程改革的连续性。同时,发现并切实面对改革过程中存在的问题,有针对性地进行修订完善,在继承中前行,在改革中完善,使课程体系充满活力[①]。

二、高中语文新旧课程标准对比

现阶段,在高中学校所落实的课程标准为2017年颁布的《普通高中语文课程标准(2017年版2020年修订)》,是2003年颁布的《普通高中语文课程标准(实验版)》的修订版本。新课程标准提出了"立德树人"的教育理念,"学科核心素养"的教育目标,同时对课程结构与内容做出了相应的改变,构建以"学习任务群"为主的课程结构,且对不同层次的学业质量进行了梳理。从上述方面对新课程标准和旧课程标准进行对比分析,可促使新课程标准更好地落实。

在《普通高中语文课程标准(2017年版2020年修订)》的前言中,说明了语文课程标准制定的背景与目的,总结了自2003年以来我国高中课程改

---

①中华人民共和国教育部.普通高中语文课程标准:2017年版2020年修订[M].北京:人民教育出版社,2020.

革的经验,结合我国国情构建具有中国特色的高中课程体系。随着时代不断发展,传统的教育模式不能满足学生的教育需求,而新课程标准的修订顺应时代的发展,详细、全面地反映了高中语文教育教学的过程,从学科核心素养、课程结构、学业质量等多个方面入手,弥补《普通高中语文课程标准(实验版)》存在的不足,以供一线教师深入学习,更好地提高教师的教学质量与学生的学习质量。

(一)"立德树人"教育理念的提出

在整个语文教育体系中,教育理念是教育价值取向的重要体现,对教育发展与实施起到了引导性的作用,促使一线教师更好地落实新课程标准。旧课程标准紧紧围绕"三个维度",提出了语文课程的基本理念、语文素养、育人功能、课程建设等方面的表述。在时代的推动下,对高中语文课程标准提出了全新的要求。新课程标准越来越注重"立德树人"教育理念的落实和学生核心素养的培育。从新课程标准的指导思想可以看出,高中课程改革是对教育领域的革新,同时也对语文教育提出了新的要求,总结了我国高中语文教育理念实施的经验,从而提出新时代背景下的语文教育理念,成为我国高中语文教育发展的长远指南。新课程标准中所提出的教育理念是为培养合格的社会主义建设者和接班人服务的。新课程标准中,高中语文主要从思想道德修养和科学人文素养培养两方面入手对学生进行培育。在2017年修订的新课程标准中,阐述了语文学科本身所具有的性质和作用。新课程标准围绕"立德树人"教育理念强调了课程标准的顶层设计,突出了语文学科培养合格的社会主义接班人的重要作用,充分发挥"立德树人"功能,促使新课程标准更符合新时代要求。

(二)以"学科核心素养"为教育目标

相比旧课程标准,新课程标准将学科核心素养培育作为主要目标。针对必修课和选修课来说,旧课程标准的课程目标设定不一样,选修课程主要将总目标分散在教育教学内容下,导致教师无法对课程目标有清晰的理解,使得高中语文教师将语文教育教学目标作为课程目标。在2017年修订的新课程标准中,不再分为必修课程和选修课程,而是从十二个方面制订相应的课程目标,实现"语言建构与运用、思维发展与提升、审美鉴赏与创造、文化传承与理解"四个核心素养方面的具体化。在新课程标准中,语文核心素养被提高到学科核心素养的高度,并将学科核心素养贯穿于语文课程实践中,为学科核心素养构建完善的教育体系。新课程标准表明:语文教育主要是以言语活动作为基础,进而开展多种多样的教学活动,提升学生的素养。新课程标准将课程目标进行划分,有助于学生在渐进的学习中形成学科核心素养,帮助学生树立正确的价值观。新课程标准对学生应具备的知识与能力、培养学生的方式等方面都进行了明确的规定,使得一线教师可以更好地掌握教学方式,提升教学质量。新课程标准中的学科核心素养可以细分为三个层次,即积累与建构、表达与交流、梳理与整合。这三个层次是对2003年旧课程标准中"积累·整合"教育目标的再整合,进而提高语言学习的最终效果。在新课程标准中,其包含形象思维、逻辑思维与提升思维品质三个层次,准确把握学生思维能力的发展规律,逐渐培养学生的思维能力,锻炼学生的思维能力,促使学生实现全面发展。

(三)以"学习任务群"构建课程结构

语文课程结构主要分为必修课程、选择性必修课程以及选修课程三个方面。新课程标准的课程结构体现了多样性和层次性,这是2003年课程标准达不到的。新课程标准运用大量的篇幅说明课程结构的不同性,主要分为学习任务群和学习要求两部分。不同的学习要求对应不同的学习任务群,而若干个学习任务群构成学习课程。在课程结构中共有18个学习任务群,其中必修课程主要包含7个任务群;选择性必修课程除了与必修课程共同拥有3个学习任务群外,另包含5个学习任务群;选修课程与必修课程、选择性必修课程共同拥有3个学习任务群,另包含6个学习任务群。在高中阶段,18个学习任务群精心设计,可以实现对学生主动学习意识的培养,从而激发学生的内在兴趣。新课程标准打破了原来束缚学生发展的条条框框,让学生能够自由选择自己喜欢的课程,从而培养学生的创新能力。学习任务群的建设,主要以养成和增强学科核心素养为主要目的。在2003年的课程标准中,主要是按照模块教学模式进行教学,各个模块的设计更加倾向于教学设计。在新课程标准中,每个学习任务群都详细地列出了学习目标、内容以及教学提示,进而结合学习任务群的特点,对语文学科的课时和学分进行量化处理,有效地整合了语文学习资源。

(四)不同层次的学业质量

在旧课程标准中,并未明确提出学业质量的要求,在新课程标准中,将学业质量作为学科核心素养的重要维度,每个维度都将不同层次的学生应达到的要求予以明确。学生可以通过学业质量水平实现自我监测,全面地了解自身的优势与不足,将不足之处尽力弥补,实现全面发展。从提高学科核心素养的角度来看,语文教师应转变自身的教育理念,应根据不同层次的学生制订不同的教学计划,落实因材施教原则,进而提高学生的学习质量。新课程标准将学业质量划分为五个水平层次,且在五个水平层次中与考试、考核相对应,促使学生更好地适应社会需要。运用学业质量对学生进行培养,提升学生的自主学习能力,提高学科核心素养。

与2003年的旧课程标准相比较,新课程标准总结了十几年的高中语文改革经验,成为指导高中课程改革主要方向的指导标准。语文教师应深入学习新课程标准,不仅从理论上加以掌握,也要从教育实践上入手,提升自身的教学水平[①]。

三、新课程标准改革对高中语文教学的积极影响

在高中语文教学中落实新课程标准改革,不仅能够提升教师对语文课程改革的重视程度,还能够为高中语文教师的教学提供导向,有利于语文教育教学的健康发展。

(一)有利于学生语文核心素养的形成

传统的高中语文教学,教学的最终目标是通过知识教学,帮助学生掌握更多的语文知识,从而提高学生的考试成绩。而在新课程改革背景下,教学的最终目标是为了提高学生的综合能力和素养,促进学生的全面发展。所以,教师在以新课改为导向实施语文教学的过程中,会更加侧重对学生能力和素养的培养,这样做不仅可以更好地达成新型的语文教学目标,还可以促进学生语文核心素养的形成。

[①]陈亮.高中语文新旧课程标准对比探究[J].作文,2022(8):31-32.

(二)有利于教师综合素质的提升

新课程标准改革背景下,高中语文教师为了实施全新的教学,会对新课改的各种创新教学理念和教学方式进行学习,并主动在教学中运用,不仅在全新的课堂中吸引了学生的注意力,还让学生主动参与到课堂实践中,大大提高了语文课堂教学的有效性,也保证了学生在愉快的学习体验中,提升语文学习的兴趣与能力[①]。

第三节 高中语文教育思维创新的必要性

一、当前高中语文教学进行改革的必要性

(一)有利于提升高中学生的语文综合学习水平

针对目前新高考的模式,高中语文需要及时做出改进创新策略,可以极大地促进目前比较传统的语文教学方法的优化与升级,从而可以极大地激发高中生对语文知识探究的意识和对语文这门学科的学习兴趣,从而能够指引高中生们自主地参与到语文课堂教学活动中。激励学生通过自主学习和探究学习的方式,来强化自己对语文知识文化的探究实际能力。若这种语文教学策略可以长期地实施下去,那高中生们的语文整体能力都可以得到很大幅度的提高,也就是说,科学合理的语文教学策略可以极大地提升高中学生语文综合学习水平。

(二)有利于高中语文教师教学方式的不断提升

在目前高中语文课堂教学活动中,部分语文教师仍沿用以往的"填塞式"的教学方式,长时间在这种教学思维模式下,语文老师的课堂教学方式会比较单一,而且难以在实践中对高中学生的创造力进行有效培养。面对这种现实,高中生在语文课上的学习积极性和主动性都会受到很大的影响。在目前高中语文教师的课堂教学实践中,大多数老师都是按照语文课

---

① 马杨杨. 新课程标准改革背景下高中语文教学的有效策略[J]. 作文,2022(44):45-46.

本上的内容来阅读知识点,而很少对这些知识点展开详细的讲解,这样不但无法促进高中学生语文学习能力的整体提高,而且还会在一定程度上使高中生对语文这门学科产生厌恶情绪,甚至是抗拒。为了最大限度地提升当前高中语文教学的实效性与教学质量,高中语文教师应在教学实践中注重理论与实践的结合。当前,关于高中语文课堂教学模式的理论研究较多,但都没有深入到具体的教学实践中去,所以,高中语文教师们迫切需要对高中语文课堂教学进行一次大的改革。

(三)利于当前教育改革创新理念的实践开展

目前,就教育改革的实际情况来看,最基本的教学理念就是要有效地提升目前高中生对语文知识的自主探究能力,进而更好地提高他们在学习中的独立学习和思考技能。在目前高中学科课程教学实践中,高中语文学科是目前教育体制改革的重点对象。在高中语文课堂教学的活动中,改革创新是十分必要的,只有这样,才能将目前教育体制改革的有关创新理念,更好地融入高中语文具体的教学活动中,从而可以对目前的语文教学工作进行有效的优化,让高中的语文课程教学变得更有实际意义。因此,在目前的高中语文教学中,对实际教学策略进行改革,对高中语文教学中全面贯彻实践教育改革创新理念具有十分重要的意义[1]。

二、高中语文教学中培养创新思维的必要性

(一)教育发展的需要

创新教育能够反映出时代精神,是一种新的教育理论。传统教育只注重知识的继承,不利于创新思维能力的培养,学生的创新精神和创新意识得不到锻炼,飞速发展的社会又迫切需要创新型人才,所以培养创新思维能力就成为教育创新发展的必然。在新的《高中语文课程标准》中,语文课程在高中阶段的实施标准要求语文高中阶段要通过必修课程和选修课程的学习,学生要重点发展以下几个方面的能力:积累、整合的能力,欣赏、感受、思考、理解的能力,应用、扩大发现、创新的能力,并首次把创新明确写进了课程标准中。目前创新是一个备受关注的话题,又是教育体制、机制、

---

[1]王仁英. 探究新高考模式下高中语文创新教学策略[J]. 试题与研究,2023(31):87-89.

课程创新的难点问题,所以新的课程目标要求,要对世界和未来有浓厚的兴趣和高涨的热情以及高度的敏感性,要对各种不同的创新进行积极的探索,更要大胆对未知世界进行探索和发现,用新的意识、新的方法解决问题。课程目标在"表达与沟通"这个环节中也对创新有明确的要求,包括写作和口语交际,体现出表达和交流要用新的思想和理念。因为学生肩负着接收者和思考者双重身份,语文在写作过程中,不仅是一个学习的过程,也是一个积极思考的过程,写作不能是简单的照搬照抄,不能被动学习、模仿他人,要参与其中,更重要的是要在写作过程中进行深入思考,有自己的观点和个性,能提炼出新的东西,这样才能写出好的文章来。新的课程还要求教育者在教学实践过程中发展学生的创新思维。以前我们谈到创新时,想到的都是发明创造,认为语文、数学、生物、地理等课程没有什么创新的必要,对创新能力的培养比较轻视,语文科目也没有承担培养创新思维能力的责任。新的语文课程标准已经提出了新的要求,语文科目要承担创新思维能力培养的任务和促进开发其他学科领域的任务。不仅在本学科开拓创新能力培养的新途径,还要为培养其他基础学科的创新思维能力做出贡献。当今社会发展迅速,迈入了知识经济的时代,人类的创新能力已经成为经济发展的源动力,成为国力增长的重要因素。我们的教育更面临着新的挑战,传统的教育教学模式已经不能适应日新月异的时代发展的需要,培养创新思维能力已经成为教育创新迫在眉睫的新任务。

(二)认知水平提高的需要

培根说过:"知识就是力量。"多少年来,人们一直对知识进行不知疲倦的探索。新的内容延伸到社会生活的方方面面,求伯君用知识在中关村创造事业的辉煌,胡仙用知识的力量带领"星岛"报业雄冠香港。知识没有永久性的,对于一个人的职业生涯来讲,知识就像是食物,是有保质期的,产品超出保质期,是要坏掉的,知识如果没有更新,就无法正确指导实践。知识更新周期是衡量世界总体发展速度的重要指标,随着社会的发展,知识更新周期越来越短。联合国教科文组织曾经做过一项研究,结论是:信息通信技术带来了人类知识更新速度的加速。所以,对于知识,我们不仅要积累,还要及时不断地更新,这样,才能使知识成为改变命运的第一推动力。

随着人类社会的不断发展,那些客观的知识已经不是知识的全部内涵,那些被忽略的隐藏的知识,比如思维方法,也成了知识的另一部分内涵。今天科技的迅猛发展使思维科学变得越来越重要,这就不能不引起我们对当今教育的反思,我们忽略了对学生的创新思维能力的培养以及学生对知识的理解。当今社会发生了质的变化,不再单单局限在认知范畴,而且扩展到了应用范畴,过去不认为是知识的技术、能力、技巧等,现在都已经成为新的知识。过去认为继承和传递文化就是知识的功能,现在知识就是资源,就是资本,知识的作用被人们越来越重视;过去的知识人们都是用大脑来储存,推崇的是博古通今,现在则由单一的大脑储存走向大脑和电脑并用的双向储存,信息量更大。过去传递信息的方式是口耳相传,现在高科技的卫星、多媒体走进千家万户,广泛应用到各个领域。由此可见,当今的知识已经深入思维这一层面,不再仅仅是那些看得见的客观知识,这样的现状要求我们的教学要有所改变,培养学生创新思维的能力势在必行[①]。

第四节 高中语文教育的思维创新逻辑

一、高中语文教育的逻辑起点

(一)语文教育在高中教育中的作用

人的心理结构可以划分为智力结构、伦理道德结构、审美心理结构三个方面,也就是传统哲学所谓的知、情、意三个领域。任何人只有在这三个领域都得到和谐的发展,才称得上一个素质全面的人。在教育领域,与此对应的就有智、美、德三育。所谓美育,对应于人的审美心理结构。由于审美是一种感受,审美活动是人心理领域的自我实现,是人的情感本质的自我实现。因此,美育的根本性质是情感性,美育主要是情感教育。王国维指出:"美育者一面使人之感情发达,以达完美之域;一面又为德育与智育

---
①程志伟. 多维度高中语文教学方法探索[M]. 长春:吉林人民出版社,2022.

之手段。"蔡元培也认为:"美育者,应用美学理论于教育,以陶冶感情为目的者也。""与智育相辅而成,以图德育之竟成者也。"可以说,德育和智育是为受教育者提供人之为人的外在规范,而美育——情则是使受教育者具有人之为人的内在需要,并且使人之为人的外在规范成为自觉的、必然的向往和追求。也正是在这个意义上,爱因斯坦指出:"用专业知识教育人是不够的。通过专业知识,他可以成为一种有用的机器,但不能成为一个和谐发展的人。要使学生对价值有所理解并且产生热烈的感情,那是最基本的。他必须获得对美和道德上的善的鲜明的辨别力。否则,他连同他的专业就更像一只受过很好训练的狗,而不像一个和谐发展的人。"因此,美育的作用不可替代。在中国教育阶段,除了音乐和美术,进行美育的一条重要途径就是语文教育,即通过语文对学生进行人本教育、心灵教育、情感教育、审美教育。

(二)高中语文教育要坚持"以人为本"的教育精神

以人为本,就是以人为核心、以人为基础、以人为根本、以促进人的全面发展为最终目的,满足人的生存、安全、健康等自然需要,满足人的民主权利、公平公正、价值实现、精神文化等社会需要。

高中语文教育中的人本教育是一个熏陶感染、潜移默化的过程。社会心理学研究表明,学生易于接受感性的、形象性的教育,教育的无意识性越强,教育的效果反而越好。苏霍姆林斯基所说的"任何一种教育现象,孩子在其中越少感受到教育意图,它的教育效果就越大",即强调要在不知不觉中进行教育。语文教师要充分发掘语言文字的表现力。文学形象的感染力,或分析词句的深刻含义,或剖析人物的内心世界,或创设情境,或启发思辨,或合作探究,使学生在思想情感上达到与作品的共鸣,在体验中收获,在渗透中受教育,在熏陶中升华人本。同时,结合与文学相通的艺术门类来熏陶感染学生也是行之有效的一种教学方式,如教授《兰亭集序》《赤壁怀古》等作品时,将"天下第一行书"的唐代摹本和苏轼的书法作品以及文徵明绘制的兰亭聚会的绘画作品展示给学生看;在教授《琵琶行》时,给学生播放相关琵琶演奏的曲目。这种通过形式和内容的双重艺术熏陶来感染学生的方式,能起到良好的人本教育效果。

(三)在高中语文能力培养过程中加强能力教育

"语文能力"是语文课程目标"语文素养"的重要组成部分,是语文学科素养的主要内容,是语文学科教育目标独特性的体现。关于语文能力目标,新《课标》具体表述为"识字写字能力、阅读能力、写作能力、口语交际能力",概括的表述是"阅读理解与表达交流"能力(高中《课标》的表述是"阅读与鉴赏""表达与交流")。对于这些"语文能力",人们一般是从单纯工具性目标的层面来理解的。比如说,人们一谈到"语文能力",在教学层面,首先想到的就是技能训练;在功能层面,首先想到的是技术、技巧、方法等操作性的内容。这种理解剥离了语文能力中包含的人文素养因素,导致了语文教学中热衷技能训练、忽略人文态度培养的纯工具理性倾向。例如作文教学,如果将"作文能力"仅仅从工具性的目标层面来理解,其教学就势必只关注作文技能、作文方法的训练,而忽略作文态度、作文情感等更为根本性的东西。实际上,语文能力作为语文素养的重要组成部分,作为一种只有"人"才具有从而表征"人"的类特性的交际能力,除了技能、智能、方法这些重要的因素之外,还包含着态度、情感、价值观这些更为重要的人格因素。把这些内容交融与渗透,有利于我们进一步加深对语文课程性质的理解,有利于在语文教学中更好地实施人格教育[①]。

二、现代人思维方式与高中语文教育的逻辑关系

思维方式是人脑处理信息时较为稳定的带有倾向性的状态,它以实践为现实基础,以社会文化为背景条件。现代人生活在一个多元化的信息社会,无论语言、文化或生活方式都不固守于一隅、不局限于一元。因此,现代人的思维方式也不再是古代人的圆圈式或近代人的直线式,而是一种综合型、网络型的动态思维方式。这种思维方式在一定程度上丰富了高中语文教育的范畴,但也给现阶段的高中语文教育带来了新的挑战。

在新的历史条件下,网络型动态思维方式与传统高中语文教育相结合,呈现出一系列尖锐的矛盾:第一,社会多样化、个体化的发展趋势要求人们从多侧面、多视角、多因素出发观察问题。传统高中语文教育教学方式单一,违背了现代人思维方式开放性的特征。第二,社会生活的一体化

---

① 朱舜.中国高中语文教学的逻辑起点分析[J].新课程(下),2010(8).

特征要求当代人具备系统、综合的思维方法。传统高中语文教学内容局限于高中语文学科内部,与社会实践和发展脱节,让人觉得学而无用。第三,高科技发展的需要、市场经济的竞争环境等因素要求人们确立前瞻性思维模式,通过对未来的预测,规划、指导当前的活动。审视当前高中语文现状,传统高中语文教育模式缺乏对迁移能力、创新能力的培养。让人觉得高中语文知识陈旧迂腐。综上所述,网络型动态思维方式对逻辑与创新能力要求很高。高中语文学科,作为一门培养审美情趣和品德修养的基础性人文学科,旨在通过修养人的内在素质从而提高能力,在发展思维方面并没有直接的训练效果,加之其教育方式单一、内容局限、模式陈旧等自我缺陷,在快节奏的生活和日趋浮躁的社会氛围下被日渐忽视,高中语文教育发展进入瓶颈。

网络化的动态思维方式与高中语文教育由于外显的不同,看似矛盾,实则不然。两者可以互为补充,谋求共同发展。

首先,对思维方式进行科学的定位与研究,可以影响与促进高中语文教育的发展。如布鲁诺的"发现学习"对重知识、轻能力,老师越俎代庖、学生死记硬背的高中语文教学弊端的研究就有着特殊意义。网络型动态思维方式表现为人的现代主体性的加强。如对高中语文能力,过去统而言之为听、说、读、写能力,现在拓展为个人对语言系统或规律的认识与掌握,并将其内在的认识与掌握表现于外在的语言行为,内在认识与外在行为互为表里。这种注重高中语文内涵结构的定义方式充分体现了现代思维方式的客观、双向、开放与动态性。同时,网络型思维的综合性特征要求树立"大高中语文教育体系"的观念:不仅要求高中语文教育与其他学科建立必要的沟通与联系,同时也把触角伸向了自然与社会,通过实践积累有效地提高学生的综合素质,促进学生高中语文知识的积累与学习迁移能力的加强。

其次,高中语文教育作为基础教育的重要组成部分,在促进现代思维方式向着科学化与合理化方向发展,肩负着重大的使命。如改变单一的"讲授法"教学方式,引导学生自主进行文章体裁、内容、结构等方面的异同比较,有助于提高思维的变通性与灵活性;又如通过情节续写、内容扩写等训练,促进学生想象力的发展,提高了思维的独创性;再如在课堂教学中,老师可以引导学生进行发散性思考,以另辟蹊径、求取新解,加强学生系统性思维的训练。

在现代人网络型动态思维的特征里面,最具有时代性与代表性的是思维方式的高度前瞻性,在高中语文教育中集中体现为创造能力的开发与创新思维的培养。联合国教科文组织"国际教育委员会"的报告书《学会生存》中强调,"人的创造力,是最容易受文化影响的能力"。高中语文教育也需要在培养学生人文素养的同时致力于学生创造能力的开发与创新思维的培养,以顺应与促进现代思维方式的发展。

第一,高中语文教育要树立新的知识观与教育观。现代社会计算机、互联网的应用带给教育巨大的冲击,教师的权威不再建立在学生被动和无知的基础上。学习知识不再是静态传授的结果,而应该"从动态的维度看待知识,知识是认识的结果,更是认识的过程,是探索知识形成的过程"。这种动态的知识学习观强调通过传授知识去最大限度地开发学生智慧的潜能和进行创造性思维培养。在这种观念下,高中语文教育活动本身就是一个创造新知识与培养创新思维的活动过程。

第二,高中语文教育要培养学生的创新意识。创新意识可以推动学生遇到问题时,本能地产生创造冲动力的探索激情,并进一步转化为高强度的创造思维活动。因此,高中语文教学要引导学生不唯上、不唯书,于已知的问题进行深入思考,善于怀疑;于未知的问题则勇于探索,寻求新的发展,并在这一过程中充分发挥思维潜力,锻炼创新思维能力。

第三,高中语文教育要教给学生科学的思维方式。古今中外,有不少值得我们借鉴的教学方式,如孔子的举一反三式、苏格拉底的问答式、布鲁诺的发现学习式、巴勒式的问题解决式等,都是启发学生创新思维、提高教学效率的行之有效的好方法。

第四,高中语文教育要保障学生的"心理安全"与"心理自由",还学生想象的空间。高中语文教育研究发现,想象力丰富的学生,发现问题多且问题水平高,并能以较少的时间获得较多且深刻的知识。因此在高中语文教学中,教师应鼓励学生提出独特想法,使其消除对批评的顾虑,获得创造的安全感,同时也要尽量减少对学生思维和行为的无谓限制,充分信任学生、诚恳支持学生,营造生动活泼、主动探索的课堂气氛,营造创新教育的环境和氛围。

由此可见,一方面,现代人网络化动态思维方式为高中语文教育的改革指明了前进的方向。"大高中语文教育体系"观念的建立,为高中语文教育向更高形态的转变提供了理论思维的武器。另一方面,高中语文教育的革新为现代人思维方式的科学发展奠定了深厚的基础。高中语文教育应该一改过去陈旧迂腐的形象,把握人文性与工具性的统一,加强高中语文创新能力的培养,加强现代新型高中语文能力的全景模式教育,强化高中语文的实际应用与社会功能。促进现代人思维方式科学化与合理化发展。相信通过至少而下的观念革新与政策落实,高中语文教育一定可以走出瓶颈,获得进一步的发展与突破[①]。

三、高中语文课堂创新的原则逻辑

坚守与创新相结合。不要把新课标看成是可望而不可及的事物,新课标的一些内容,我们早就这样做了,只是没有作为课标或者大纲提出来。语文教学是一个连续的传承的渐渐改进的教学活动,不是一个点到另一个点的跳渡,它既具有时代性也有连续性,它的连续性决定着语文教学不会因新课标的出现,就有脱胎换骨的变化。语文教学还是要秉承着原有的基础和成绩向前迈进。语文改革不能从一个极端走向另一个极端,从一个弊端走向另一个弊端。我们的语文教师要寻求语文教学传统与现代的平衡,找到工具性、人文性、科学性、生活性的"中间地带",要根据当地语文教育的实际和现有条件,科学的、变通的实行新课标的要求。新课标的编写组长巢宗祺老师曾提出:"新课标不可能在任何地方、任何层次适用,它只是一个理想化的参照标准。"

面对新课标、素质教育和滞后的教学评价,我们的教师应该在教学与评价的夹缝中寻求突破,灿烂绽放。我们可以提升自我的价值,既要在教学上出新,也要在考试上出成绩。二者并不矛盾。成功教育者的大量事实

---

① 李耀山. 浅析现代人思维方式与高中语文教育的关系[J]. 中国校外教育,2011(15):102.

证明,善于动脑的教师能发挥自己的创造性,于漪、吕志范的情感教学,钱梦龙、宁鸿彬的思维教学,魏书生的自学教学,等等,他们都能教出特色,考出水平。

第二章 高中语文教育的核心素养

第一节 高中语文教育核心素养的内容和特点

一、高中语文教育核心素养的内容

(一)语文核心素养的含义

1.语文素养

最早提出"语文素养"一词的是叶圣陶先生。他认为:"研究文艺和创作文艺,要干到家,都得靠充实的生活,广博的经验,以及超越一般水准的语文素养……"此后,《全日制义务教育语文课程标准(2001年版)》首次以国家课程指导性文件提出"语文素养"一词,培养和提高学生的语文素养是语文课程的重要目标。《全日制义务教育语文课程标准(2001年版)》进一步指出,要全面提升学生的语文素养,语文课程应该激发和培育学生热爱语文的思想感情,积累丰富的语言,提升语感,发展语用思维,初步掌握学习语文的基本方法,养成良好的学习习惯,具有适应实际生活需要的识字写字能力、阅读能力、写作能力、口语交际能力,正确运用祖国语言文字的能力。

巢宗祺认为,语文素养由字词句篇的积累、语文学习方法与习惯、语感、思维品质、识字写字能力、阅读能力、写作、口语交际能力,以及文化品析、审美情趣、知识视野、情感态度和思想观念等构成。雷实指出,语文素养是指学生在语文学习中表现出的稳定的、基本的、适应社会发展要求的学识、能力、记忆、情感、态度、价值观。徐林祥认为,语文素养是一个多种因素组成的动态系统,语文素养的养成需要各种要素相互作用的过程,包括显性言语行为、知能因素、直接心理因素和背景因素。虽然学者们对语文素养的认识不断更新和发展,但笔者认为,不论如何定义语文素养,都要基于语文学科的课程性质,在明确定义"语文是什么"的基础上界定语文素养。综合学者们的观点,笔者认为,学生在长期的语文学习过程中逐渐形成的稳定的语言文字运用能力、适应社会发展要求的语文学识、观看世界的语文情感态度与价值观就是语文素养,而提升学生的语文素养当以学生理解和运用祖国语言文字为根本。

2.语文核心素养

《中国学生发展核心素养》框架的三面六项十八条目作为教育理念的顶层设计是落实"立德树人"的总目标,各个学科、不同学习阶段要明确具体人才培养要求,落实教学实践,促进学生的核心素养发展。核心素养承担着进一步系统化、具体化,以融合各学科、贯穿各学段,转化为教学实践可用的、教学工作者可操作的具体教育目标这一任务。因此,作为基础教育阶段重要学科之一的语文学科要承载培育学生核心素养发展的任务目标,语文核心素养内容既要承接核心素养指标,又要体现语文学科特色和价值,是指向语文素养的核心要素和关键内容。

《普通高中语文课程标准(2017年版)》指出,语文核心素养是学生在积极的语言实践活动中积累与建构的,并在真实的语言情境中表现出来的语言能力及语用品质……包含语言建构与运用、思维发展与提升、文化传承与理解、审美鉴赏与创造四方面内容。语文核心素养的四要素有别于"字、词、句、篇、语、修、逻、文"八分法和"听、说、读、写、思"语文能力五分法,实现了由割裂到整体的转变,由知识与技能向能力与品格的方向转变。笔者认为,语文核心素养当与语文素养一样,以语文学科特点为本,以语言建构与运用为基础,融合思维、审美、文化等素养提升,指向学生在解决现实生活中,正确运用语言文字解决问题时所需的语文学科关键能力和必备品格。教师要基于学生的认知发展水平,着眼于语文教学的特性,着眼于新课标要求,在语文教学活动中通过语文实践将语文知识转化为关键的语文能力、必备的语文品格,让学生热爱语言文字,发现生活之美,传承祖国灿烂文化,提升自身修养,符合"立德树人"的教育理念要求[①]。

---

① 福荣,范春荣,黄秋平.核心素养在中学语文教学中的培养策略[M].长春:吉林人民出版社,2020.

(二)高中语文核心素养的构成要素

学科核心素养是学科育人价值的集中体现,是学生通过学科学习而逐步形成的正确价值观、必备品格和关键能力。语文学科核心素养是学生在积极的语言实践活动中积累与构建起来,并在真实的语言运用情境中表现出来的语言能力及其品质;是学生在语文学习中获得的语言知识与语言能力,思维方法与思维品质,情感、态度与价值观的综合体现。主要包括"语言建构与运用""思维发展与提升""审美鉴赏与创造""文化传承与理解"四个方面。

1. 语言建构与运用

语言建构与运用是指学生在丰富的语言实践中,通过主动的积累、梳理和整合,逐步掌握祖国语言文字特点及其运用规律,形成个体言语经验,发展在具体语言情境中正确有效地运用祖国语言文字进行交流沟通的能力。

2. 思维发展与提升

思维发展与提升是指学生在语文学习过程中,通过语言运用,获得直觉思维、形象思维、逻辑思维、辩证思维和创造思维的发展,促进深刻性、敏捷性、灵活性、批判性和独创性等思维品质的提升。

3. 审美鉴赏与创造

审美鉴赏与创造是指学生在语文学习中,通过审美体验、评价等活动形成正确的审美意识、健康向上的审美情趣与鉴赏品位,并在此过程中逐步掌握表现美、创造美的方法。

4. 文化传承与理解

文化传承与理解是指学生在语文学习中,继承和弘扬中华优秀传统文化、革命文化、社会主义先进文化,理解和借鉴不同民族和地区的文化,拓展文化视野,增强文化自觉,提升中国特色社会主义文化自信,热爱祖国语言文字,热爱中华文化,防止文化上的民族虚无主义。

语文学科核心素养的四个方面是一个整体。语言是重要的交际工具,也是重要的思维工具;语言的发展与思维的发展相互依存,相辅相成。语言文字是文化的载体,又是文化的重要组成部分;学习语言文字的过程也是文化获得的过程。语言文字作品是人类重要的审美对象,语文学习也是学生审美能力和审美品质发展的重要途径。语言建构与运用是语文学科核心素养的基础,在语文课程中,学生的思维发展与提升、审美鉴赏与创造、文化传承与理解,都是以语言的建构与运用为基础,并在学生个体言语经验发展过程中得以实现的[1]。

(三)高中语文核心素养的实质内涵

1.语言建构与运用

语言建构与运用是语文学科最显著的特征,同时也是语文核心素养的实质内涵。语言是人们日常交流、学习的重要工具,语言建构能够表达学生内心的真实想法,语言运用能够提高与他人交流沟通的效率。在语文教学中培养学生的语言表达与运用能力,能够提高学生的学习效率,提升学生的语文核心素养。

语言文字运用的综合性与实践性这一特征阐述了语文课程的特征。语文课程带领学生通过自主实践活动在真实的语用情境中积累语用经验,掌握语言文字运用的特点和规律,加深学生对语文的理解与热爱,培养学生语言文字的运用能力。新课标强调了语言在语文学习中的重要性以及语言建构与运用对其他素养发展的意义。因此,语文教学必须把正确、熟练、有效地运用语言文字放在根本位置。

语言是语文课程最基本的元素,它不仅是文化意识的载体,也是情感、品质的投射,把语言与它所表达的意义分开来是不行的。学生对语言文字的品析,开始于识别、辨认、理解,再到探究,结束于形成感受、主旨思想的语文思维。学生通过学习实践与生活实践,掌握语言文字的特点及其运用规律,形成个体的言语经验和恰当运用语言文字的能力,就是语言建构与运用素养。语言建构与运用是语文核心素养四项内容中最主要、最基础的素养,是语文课程所独有的。

如苏轼的《念奴娇·赤壁怀古》一诗,其中"乱石穿空"的"穿"字,本来是"破、透"的意思,在词中写出石壁陡峭和高耸的状态。通过教师的引导,学

---

[1]中华人民共和国教育部. 普通高中语文课程标准:2017年版2020年修订[M]. 北京:人民教育出版社,2020.

生能够更好地感受"穿"字的妙处,从而在语言建构的过程中运用,提高学生的语言运用能力。此外,学习其它课文时同样可以注重关键语句的分析,促进学生语文核心素养的提升。

2.思维发展与提升

随着高中生的身心发展,其思维能力也会得到相应的发展,对待问题会有一个辩证思维的态度,并采取一个多元化的方式去思考问题,采用多样化的方法去解决问题。因此在这一阶段,语文教学同样要重视学生思维能力的发展与提升,根据学生的阶段性特点,采取相应的教学方法。

学生的思维发展与提升是指在学习与理解语言文化时,获得感觉思维、形象思维、逻辑思维、辩证思维、创造思维的能力,提升批判性、独特性、创造性的思维品质。思维发展与提升,不同于思维能力的提升,思维发展与提升落到学生身上强调的是一种思维方式,尽管思维方式和思维文化超越国界,然而思维方式与民族文化相关,思维方式的差异最终归结于语言和文化的差异。思维发展和提升的路径是统一的,都是由感性认识上升到理性认识,从形象思维到抽象思维,然而由于语言所包含的认识客观世界的特殊形式,学习语言其实也就是学习思维方式。

人们认识事物都是先用感官认识世界后,进行思维加工,形成概念,最后用词语进行表达。语言文字与思维之间是不可分割的关系。其主要体现在以下两个方面:一方面,作为外现的语言学习是思维表达的工具和物质外壳;另一方面,思维是蕴藏在语言表达形式当中的内部言语,是语言表达的精神实质,又是语言表达的支撑。

如,教师可以在语文课堂的教学活动中,根据某一个单元教学的语文核心素养要求确定一个主题,组织一场辩论赛或作文比赛,培养学生的思辨能力,提升核心素养。

3.审美鉴赏与创造

审美鉴赏与创造是一种正确的欣赏美、评价美的意识,学生学会在鉴赏与评价中创造美、表现美的方法,将这种方法运用到日常生活中,使语文学习在审美观上达到主观与客观的统一,形成结合感性与理性去判断、领悟、探求和评价事物的能力。语文学习中的审美不同于音乐与美术的审美,语文中的审美鉴赏与创造强调以语言建构与运用为基础。学生要将自己在语文课堂中习得的审美能力运用到审美鉴赏的实践中,结合语言学习实践形成欣赏美、鉴赏美的能力及品质。"目遇之而成色,耳得之而为声",学生用感觉器官感受美的能力,是一种后天习得的技能,而这种技能一旦从日常语文学习迁移至日常生活,审美鉴赏与创造能力就会达到创造目的。

另外,适当的审美距离是欣赏美和鉴赏美的重要条件。学生不能把握自己与欣赏文本之间适当的距离,就不能对语文阅读文本中的美仔细感知,更不能形成审美品格。审美感知能力是学生获得审美鉴赏与创造的先决条件,高中教材的选文当中,都以文质兼美的文学经典为主,这些经典当中涵盖了美的语言、美的形象、美的意境以及美的声音和美的颜色,文本中蕴藏着丰富多彩的美,需要学生调动感觉器官去感知、欣赏,进而去创造。

语文包含很多优美的语言,不管是古代的诗词歌赋,还是现代的小说散文,都具有语言美、情感美,这些美都是语文核心素养的基础内涵,通过体验、感悟这些美,能够帮助学生提高审美能力及创新能力。学生不仅能够发现生活中的美,同时也能更容易地创造美。因此,教师要深刻了解语文审美鉴赏的内涵,引导学生掌握发现美的方法,而不仅仅是为了提高成绩,让学生一味地用客观的思维和眼光去理解美,甚至死记硬背相应的优美句子。

4.文化传承与理解

文化涵盖的意义宽泛,这里所指文化不仅指中国的传统文化,还有外来优秀文化。语文课程中的文化传承与理解,不仅指教师传授文化知识给学生,而且要教会学生领略文化内涵、吸取文化价值、传承文化精神的品质。教师要带领学生在夯实语言知识的基础上,从鉴赏和审视的角度领略不同文化的内涵与价值,理解不同国家和地区的优秀文化。语文学习过程是文化获得过程,学生要具备文化批判意识和文化选择的能力,能在古今中外的文学作品中领略文化的深度和广度,分析中外文学作品所反映的文化差异、文化现象,主动参与文化问题的讨论和相关的社会实践,促使学生在文化知识获得过程中逐渐形成文化思维与意识、传承和理解文化的品质。

语言文字是文化的载体,中华文化博大精深,源远流长,很多优秀的文化都是通过汉字传承下来的,学习语文能够系统地学习传统文化知识。在多元文化交融的现代社会,很多学生会受到西方文化的影响,进而对传统文化缺乏自信,产生崇洋媚外的心理。通过培养学生的文化传承与理解能力,可以帮助学生辨别传统文化中的优劣,取其精华,去其糟粕,保持中华文化的自信,实现文化传承的培养目标,帮助学生更好地在中华文化的基础上了解其它文化,在传统文化的基础上对现代文化进行创新,进一步促进传统文化的传承①。

语文核心素养四部分是相互依存、密不可分的统一体。语言建构与运用不仅是其他三项存在的重要基础,更是其发展和增长的基础。所以,提升学生语文核心素养要以语言建构与运用为基础,促进思维、审美以及文化素养的协同发展②。

(四)高中语文教育核心素养的内在逻辑

从语文课程的课程性质、课程目标考虑,作为基础的"语言建构与应用",其基础性体现为是核心素养培育的物质表现形式。语文课程必然以语言的阅读与理解为开始,也以语言的表达与应用来呈现。思维、审美、文化离不开语言这一物质表现形式。教师应当认识到"文化传承与理解"是核心素养这一整体性概念的核心承载要素,而这需要从核心素养的提出、核心素养四方面内涵的实在关系加以考虑。

1."文化传承与理解"是语文课程的核心任务

理顺语文学科核心素养的内在逻辑,需要深刻认识核心素养的提出目标。从语文学科课程标准的表述来看,基础教育课程"是国家意志在教育领域的直接体现,在立德树人中发挥着关键作用""中国学生发展核心素养是党的教育方针的具体化、细化",要"坚持立德树人,增强文化自信,充分发挥语文课程的育人功能"。也就是说,在课程目标和基本理念方面,使学生获得"文化传承与理解"是语文课程根本任务的重要内涵。

---

①徐玲玲.高中语文核心素养的实质内涵及培育途径[J].语文教学通讯(D刊)(学术刊),2023(1):28-30.
②福荣,范春荣,黄秋平.核心素养在中学语文教学中的培养策略[M].长春:吉林人民出版社,2020.

2."语言建构与运用"以进入文化语境为起点

在通常的表述当中,文化常被视为语言理解之后的一种高远表达。但实际上,语言本身就是文化。即便不从文化语言学的角度考虑问题,也无法回避语言的文化性。可以说,语文课程,特别是高中语文课程,并不是仅为了从语言角度学习其日常运用,语言的学习是为了进入文化语境,从文化的角度思考文字、语义甚至语法关系。

3."思维发展与提升"不能脱离中国文化的传承与理解

实际上,新课程标准吸纳了近一段时间的教学研究成果,其重点体现在"思维发展与提升"上。与之相呼应的,以诸如批判性思维等思维方式为教学实践重点的教学行为广泛开展,不少教师把建设思维课堂作为自己的教学目标,也有学者将"思维品质"作为语言核心素养的唯一"核心"。但我们要认识到,思维是人脑对客观事物的本质属性或规律性的一种间接、概括的反映。而"生活在不同文化规范下的人所具有的心理与行为特征深深地根植于当地的文化传统之中",也就是说,思维能力根植于文化的理解之上,如果不在文化的传承与理解下开展,思维的发展只是无根之浮萍,其所谓的思维品质的提升也恐怕落实不到实践之中。

4."审美鉴赏与创造"应根植于中国文化的深厚土壤

几乎与现代语文课程的建设同步,中国现代美学学科的建构也经历了百年之久。新课程标准提出要使学生"形成正确的审美意识、健康向上的审美情趣与鉴赏品味",以之观照社会上曾经出现的"哈韩"风潮、愈演愈烈的以"侘寂美学""好莱坞美学"为特征的"审美"偏向,就应当警醒,明确"审美鉴赏与创造"应当建立在"文化传承与理解"之上。如果将这两者并列,"文化传承与理解"就只是一个虚浮的表象,成为相对性的呈现。

"语言建构与应用"的基础性体现为核心素养的物质表现形式,"文化传承与理解"是核心素养这一整体性概念的核心承载要素,而"思维发展与提升"与"审美鉴赏与创造"应是核心要素的重要生长点。建立在"文化传承与理解"之上的"思维发展与提升"与"审美鉴赏与创造",对于达成普通高中的教育教学目标,推进社会的不断发展有不可或缺的作用[①]。

①张翔.高中语文学科核心素养的内在逻辑及培养策略[J].现代教学,2020(11):10-11.

二、高中语文教育核心素养的特点

(一)基础性

高中语文核心素养的基础性主要体现在它开始阶段很早,孩提时代第一次学会说话就已经算是接触语文了,而经过正式的小学、初中教学培养,高中生的语文核心素养学习已经积累了一定的基础,可以说随着学生的发展,在不同阶段,通过合适的教学过程都能学习积累语文知识,拓展思维能力。另外其基础性还体现在它为其他学科的学习提供了帮助,只有提高语文学习,掌握语言能力才能去理解其他学科的内容。

(二)实践性

实践性是指要实现语文核心素养的目标,必须通过语文教学活动的聆听、感受、练习等一系列语文实践训练,不断培养学生运用语言文字的能力。语文知识是语文实践的基础,学生通过参加语文实践活动,提升自己的语言文字运用能力、创造性思维能力、审美鉴赏力,在语言学习与运用的过程中丰富自己的文化涵养,继承传统文化,传播先进文化,学习优秀的外来文化,增强民族文化自信和对多元文化的理解能力。

(三)独特性

高中语文核心素养的独特性就是其思维能力培养,这是教育价值观的体现和反映。学生以语言文字符号作为思维的载体,对一切与语文有关的事物、现象和社会、生活进行探索与分析,从而使学生的语文知识、语文运用能力和语文审美素质等获得实质性的发展,并逐渐形成思维形式。

(四)动态性

高中生由于其心智、年龄已发展成熟,它不同于低年级学生思维提升方式,在这个新阶段,根据学生身心发展的规律,教育理念和教学任务也有所改变,高中语文核心素养的培养比较注重加强各阶段学习的连续性,对教学内容进行优化,完善培养策略,通过先前奠定的学习基础,逐步深化语文思维的发散性、创造性、决策性,以期使学生的语文核心素养能分阶段,动态连续地进行。

（五）综合性

语文核心素养要求语文学科加强与其他学科领域、文化媒介的联系，基于以上多种联系，呈现出综合性特征。一方面，基于语文核心素养的教学和学习对教师和学生较以往提出更高的要求，教师在教学中要融入更加丰富的资源，拓展语文学习的内涵和外延，学生在语文学习活动中要查找多学科的资料，融合多领域的知识，慢慢形成稳定的综合性的学习品质。另一方面，学生的语言、思维、审美、文化是统一于语文教学活动中的综合素养，是不能单独存在于语文教学设计目标之外的综合体。

（六）终身性

高中语文核心素养的培养不限定于某一特定人员，是为了促使全体公民学习将来工作生活所需的稳定持久的语文知识、语文能力和思维品质，是每一个学生在未来学习、生活、工作中都需要的素养，它存在于人们的整个生命过程中，对学生未来的学习和发展有终身性的影响[①]。

（七）人文性

高中语文核心素养的人文性是指它与生俱来的文化烙印。文化传承与理解，不仅包括继承和发扬中华优秀传统文化、革命文化和社会主义先进文化，还要求在理解祖国语言文字的基础上，与时俱进，不断地吸收外来文化。语言是文化的载体，高中语文核心素养要求学生在语文学习中不能故步自封，要与时俱进，突出社会先进主义文化，包容外来文化，增强文化自信。

（八）时代性

高中语文学习在文化继承中更要体现出时代性特征。一方面，语文核心素养是学生在原有语文知识经验基础上生成的持久的语文思维能力和语文品质。另一方面，语文核心素养与社会发展和时代进步结合，体现了学生终身发展和社会发展的要求，呈现培养未来新人的素养指标，语言建构与运用、思维发展与提升、文化传承与理解、审美鉴赏与创造统一于语文

---

① 王晓红. 高中语文核心素养的内涵、特征及培养策略[J]. 散文百家，2020(2)：14-15.

学习之内指向学生未来发展的外在必备品格和关键能力[①]。

第二节 高中生语文教育现状及特征

一、高中生语文教育的现状

(一)高中生的普遍心理

学生上了高中之后,性格已趋于稳定,在高中阶段已趋于成熟。但由于高中生思维的独立性还是不完善的,所以很容易过分偏激地看问题,更容易走向极端,容易肯定或否定一切。高中教育是当代高中生正式步入普通高等学校、进行独立自主能力培养的一个重要阶段,也是离开九年制义务教育向前迈进的一个重要过渡阶段。高中生处于认知、心智、思维、表达能力尚未成熟的特殊年龄段,他们的各种认知以及思维表达方式虽然视野比较开阔,但尚未完全独立,他们对于各门学科的基础知识的系统学习,通常都以快速培养学习兴趣、掌握知识为主要目地,而不需考虑其他因素。因此,我们语文教师不仅仅需要对这个阶段的高中学生的学习活动特点进行掌握,还需要深层次地掌握学生的想法,这样才能高效率地提高每个阶段学生学习实践活动的参与积极性[②]。

(二)高中学生语文素养现状

1.不能正确理解和运用语言文字

在教学实践当中,现在的高中学生对于文字的书写和运用能力愈来愈差,错别字现象频出、书写潦草,反映出学生没有养成良好的学习方法与学习习惯。

2.缺乏想象能力与创新能力

这在作文写作方面表现得非常明显,许多学生写作文会觉得凑不够字

[①]福荣,范春荣,黄秋平.核心素养在中学语文教学中的培养策略[M].长春:吉林人民出版社,2020.
[②]火福三.浅谈高中语文教学现状及对策[J].中华活页文选(教师版),2022(21):87-89.

数、缺乏细节描写、情感抒发空洞、文章千篇一律、喜欢空谈与喊口号,这都是因为在生活中缺乏观察,文章也就缺乏创新。

3.审美情趣低俗化

在自媒体时代,获取信息更为方便了,学生们花在手机网络上的时间远远多于20世纪八九十年代的学生,忽视了阅读,尤其是对经典名著的阅读。许多学生闲暇时间喜欢时下大火的网络文学作品,迷恋"快餐文化",对中国传承了几千年的优秀传统文化了解甚少,也几乎谈不上阅读四大名著等优秀作品了。还有许多学生对当红明星如数家珍,熟悉程度远远大于他们对现当代一些著名文学家的认识,更谈不上认真阅读他们优秀的传世作品[①]。

(三)高中语文教学现状

1.应试教育现象严重

由于高考"指挥棒"的影响,学校片面地注重升学率,许多学生从高一开始就接受应试化的教育,在教学中,教师往往注重培养学生的理论知识,给学生讲授考试技巧,学生整个高中阶段都是在学习怎么考试,这种片面追求升学率从而忽视了语文教学真正目的的教学模式,严重违背了新课改对高中语文教学的要求,是学生语文学习道路上的最大障碍。这种教学模式下,学习只会应付考试,却没有真正提高语文素养。

2.教师教学方法传统单一

在当前的语文教学中,许多教师难以摆脱传统教学观念的束缚,在课堂中仍然在重点突出教师的讲,而且教师往往片面地给学生灌输一些理论知识,对学生语文素质的提高没有任何的效果,学生只能被动接受知识,这制约了学生学习的积极性,限制了学生思维能力的发展。这种以教师为主体的传统教学模式,已经难以满足当前语文教学的需要,成为影响语文课堂教学效率提高的一种障碍。

3.学生学习积极性不高

当前的语文教学模式是以教师为中心,以传统的教学方法为主要教学方式的课堂,在这种传统的课堂教学中,不仅教学方式单一,教学内容也仅

---

①赵嘉文.高中生语文素养现状及其成因的分析[J].散文百家,2016(5):45.

限于教材中的内容,教学内容较为枯燥,再加上学生对语文学习本身就没有新鲜感,以至于学生的语文学习也只是出于被迫,学生学习兴趣不高,课堂参与积极性不够[①]。

二、高中生语文教育的特征

高中生的就学年龄一般在十五六岁到十八九岁之间。这一阶段的学生的心理特征是情绪化的自我认识,而且这种认识充满着矛盾,又非常模糊,内心经常激荡着一种莫名的胆怯和难以排遣的思虑。他们的心理比少年期,发生了许多微妙的变化,在语文教学上的主要特征表现如下:

(一)闭锁心理

绝大多数老师上课都有这样的感觉:高中生在课堂上不像小学生、初中生那样爱发言、好表现自己了。相比之下,他们比过去多了一份"老成",课堂上他们尽管思维活跃,但常常是想的多,说的少。有时,老师的提问他们明明心里清楚,但不肯举手回答;也有的时候,遇到朗读课文、分析课文、上黑板做题,学生一方面跃跃欲试,另一方面又顾虑重重,最终还是不肯举手而自己放弃了机会。学生这种欲言又止、欲作又息的现象,老师在课堂上是常常可以见到的。他们似乎对自己的言行很负责任,对于一次"冒失"的举手发言,一次回答问题失误,常常不是事过就忘,而是耿耿于怀,甚至认为被老师抽到提问而又回答不出问题,这样有损于他们的形象,使他们失去了自尊,于是"引以为戒"。在课堂上尽量控制自己的言行,不轻易表露自己的思想看法,不让自己在课堂上"出风头"。高中生的这些表现与他们少年时期的心直口快和毫无顾忌,课堂上积极表现自己的单纯和直率形成了鲜明对比。心理学家把这些特征称之为闭锁性。

(二)独立意识

高中生不论是身体发育,还是思维发展,都已接近或步入成人。这时,学生的成人意识特别强烈。他们完成了心理上的"断乳期",处处把自己当大人看待,凡事不愿依赖他人,渴望自己并相信自己有能力像大人一样独立行事。在学习上,他们不喜欢老师把自己当成不懂事的小孩管头管足、

[①] 耿宗民.高中语文教学的现状和对策[J].考试周刊,2017(13):66.

事事干预;也不喜欢老师讲解知识嚼得太细太烂,布置作业要求太繁,作文限制太死,辅导搞得太具体。总之,他们希望老师不要大包大揽,要信任学生,放开手脚,多给学生独立学习的机会。高中生喜欢模仿成人的思维方式,独立思考问题,分析问题,解决问题。心理学家把这种模仿称之为二次模仿(四五岁小孩喜欢模仿成人语言、动作表情等,被称之为第一次模仿)。处于二次模仿时期的学生,由于特别喜欢得到独立思考的享受,所以,每当学习上遇到难题,他们不希望从老师、同学那里轻易得到答案,而喜欢自己独立思考,解决问题。不仅如此,他们还喜欢自己确定学习目标,选择学习方法,制订学习计划,安排自己的学习。这一切都显示了高中生学习的独立性。

(三)探索兴趣

高中生精力充沛,思维发达,好奇心强,求知欲强,在学习上表现出了很强的探索性。这种探索性既有横向的一面、又有纵向的一面。横向探索主要表现为:渴望广泛摄取知识,开阔自己的视野。他们常常在学习某一知识时提出一些与之相关的其他问题进行探究,以增强知识的全面系统性。这一切都是学生在学习上横向探索的具体表现。高中生在横向探索的同时,也很注重学习上的纵向探索。他们喜欢"打破砂锅问到底",把事情搞个水落石出,渴望对所学知识有个深刻的认识。每当分析一篇文章、评价一个人物、解答一个问题时,他们总爱问一连串的"为什么",他们喜欢由表及里、由浅入深、由知其然到知其所以然,循序渐进地探求知识。他们对许多未知的东西充满好奇,对越是难以解决的问题越感兴趣。高中生这种探索精神,使他们常常喜欢在课堂上向老师问这问那、热衷于互相讨论、争辩等。他们还喜欢阅读课外书籍,自发成立作文、演讲等兴趣小组,共同探讨一些感兴趣的问题,以此满足自己的求知欲望。

(四)创造思维

研究表明,高中阶段是学生智力发展的高峰期。高中生抽象的逻辑思维已经从初中阶段的"经验型"发展到了一个新的高度———"理论型"。这时,他们认识事物已经能够摆脱对直观、形象的知识经验的依赖,从一般理论原则出发,通过分析、综合、判断、推理,得出结论,间接地获得知识。

这种"理论型"抽象逻辑思维的发展,使高中生具有明显的创造性。语文课堂上,他们不再人云亦云、轻信盲从别人。相反,他们常常依据自己掌握的理论,对老师或教材中的一些观点、看法,重新分析、判断、推理、论证,提出怀疑与批判。他们一心想给别人的观点、看法换个说法,成一家之言。他们在课堂上常常就一个问题各抒己见,互相辩论。作文课,他们喜欢独出心裁地构思立意,追求一鸣惊人的效果。学生这种不愿墨守成规、喜欢标新立异的创造精神,常常给语文教学注入了一些颇具新意的东西,也给老师们留下了许多有益的启示,更锻炼了他们的求异思维。所以,它是十分可贵的。但是,由于高中生知识、经历有限,有时他们也会因看问题的偏激、固执而不易接受正确的东西。对此,老师要注意正确引导。

需要说明的是:虽然以上心理特点在高中生中具有共同性,但是,它在每个人身上的表现程度却具有差异性。比如闭锁性心理常常是低年级学生比高年级学生明显,女生比男生明显,身心发育早的学生比身心发育晚的学生明显。而独立性、探索性、创造性心理则通常是高年级的学生比低年级的学生要强[①]。

第三节 高中语文教育核心素养的实现途径

一、语言建构与运用:语文核心素养教育的内核

"学科核心素养是学科育人价值的集中体现,是学生通过学科学习而逐步形成的正确价值观念、必备品格和关键能力。语文学科核心素养是学生在积极的语言实践活动中积累与构建起来,并在真实的语言运用情境中表现出来的语言能力及其品质;是学生在语文学习中获得的语言知识与语言能力,思维方法与思维品质,情感、态度与价值观的综合体现。"其中,"语言建构与运用是指学生在丰富的语言实践中,通过主动的积累、梳理和整合,逐步掌握祖国语言文字特点及其运用规律,形成个体言语经验,发展在

---

① 胥飞龙,阮志红.高中生心理特点与语文教学策略[J].语文教学与研究,2016(19):29-32.

具体语言情境中正确有效地运用祖国语言文字进行交流沟通的能力"。所谓"丰富的语言实践",意味着要引导学生开展一系列的语文学习活动,如阅读与鉴赏、表达与交流、梳理与探究等多种多样的语文学习活动,从而在语言建构与运用方面获得能力的提升与素养的发展。

(一)品味语言,在阅读与鉴赏中感受语文的魅力

语文教育名家李海林曾言:"学生读一篇文学作品时可能遇到两种情况:一种是'读不懂',一种是读得懂但'不喜欢'。从根本上来说,文学作品教学就是做两件事,一是解决学生'读不懂'的问题,可称之为'解读';二是解决学生'不喜欢'的问题,可称之为'鉴赏'。"

无论是"解读"还是"鉴赏",都离不开对文学语言的反复品味。"作为阅读教学,在一节课里面,能让学生多少次与教科书的语言发生新鲜的接触,这是决定教学成败的事,很有必要返回阅读教科书去,一节课中若干次反复地阅读。"

刘勰在《文心雕龙·知音》中提出:"夫缀文者情动而辞发,观文者披文以入情,沿波讨源,虽幽必显。"文学作品是由一个个语言文字连缀而成的,只有揭开言语的帷幕,进入文本的情感世界,才能最终抵达文章的精神内核。语言文字是我们解读文本的重要抓手,"只有立足于'语言'和语言得以符号化的'文字',才能真正触摸到'语文本体',切实把握'语文本体'"。

在戏剧文学中,故事情节的进展、人物性格的揭示以及剧作家对人物事件的评价,一般都依靠人物语言即台词来完成。在戏剧教学中,我们只有带领学生一起玩味戏剧语言,尤其是潜台词,才能走进剧中人物的心灵世界,读懂剧本的深层意蕴。话剧《雷雨》中,周朴园认出鲁侍萍后,意识到一场大祸将要临头,为了化解迫在眉睫的危机,决定和鲁侍萍"明明白白地谈一谈"。"周朴园在谈话中先后七处紧承相连,共用了九个'好'字,这七处'好'字各尽其妙,且叫'好'的个中原因各不相同。"对这七处"好"字逐一分析,并由此来窥探周朴园的内心世界,就会发现这一连串的叫"好"声,实际上是周朴园极端利己心态的生动反映。

古典诗歌讲究炼字,更需要我们品味语言,所谓"披文以入情"就是这个道理。"自古悲摇落,谁人奈此何。夜蛩偏傍枕,寒鸟数移柯。向老三年滴,当秋百感多。家贫惟好月,空愧子猷过。"(刘长卿《月下呈章秀才》)此诗颔联"夜蛩偏傍枕"中"偏"字值得咀嚼,"偏"是"偏偏"的意思,夜蛩(蟋蟀)你为什么偏偏在我枕边鸣叫,让我一夜无眠,感叹时光流逝呢?埋怨蟋蟀,似无理却有情,且情感战胜理智,达到"痴"的高度,古人称之为"无理而妙"。

有些古典诗词文字浅显易懂,学生觉得没什么可学,老师觉得没什么可讲,似乎读读就行了。其实不然,浅诗往往浅中藏深、平中见奇、淡中有味,如果老师不注重浅诗深教,引领学生品味诗歌的语言,深入诗歌的肌理,走进诗歌的意境,就很难体会其情蕴与美感。

浅诗往往言近旨远,言有尽而意无穷。针对这类诗,老师要提示学生,紧扣诗歌中富有暗示性的字词,品出言外之意、弦外之音。如:

独坐敬亭山

李白

众鸟高飞尽,孤云独去闲。

相看两不厌,只有敬亭山。

后两句,学生都能看出,表达了诗人与敬亭山之间的深厚感情,但对"只有"二字,缺少玩味。"只有"强调唯一性,诗人"不写而写",越是强调山之有情,越是反衬人之无情,含不尽之意于言外。

古典诗词很重视意象,借助它来营造意境,诗人的情感多寄寓在意象之中,对意象的把玩就显得尤为重要。如:

乌衣巷

刘禹锡

朱雀桥边野草花,乌衣巷口夕阳斜。

旧时王谢堂前燕,飞入寻常百姓家。

后两句景物寻常,语言浅显,学生容易蜻蜓点水,浅尝辄止,不去思考飞燕的象征意义。诗人以景结情,赋予飞燕以历史见证人的身份,通过今昔飞燕栖息之处的对比,寄寓物是人非、沧海桑田的无限感慨,可谓含蓄蕴藉,余韵悠然。

汪曾祺主张"逢人只说三分话","小说不宜点题"。对小说克制性的语言同样需要揣摩,字斟句酌。短篇小说《侯银匠》中的主角侯银匠,给人留下深刻的印象。然而,侯银匠之所以是侯银匠,而不是李银匠或张银匠,定有其与众不同的地方。"侯银匠中年丧妻,只有一个女儿,他这个女儿很能干。"这句是交代之笔,看似平平淡淡,却意味深长。有学生蜻蜓点水,轻易地滑过此句;而有学生从此句中读出侯银匠内隐的情感:侯银匠中年丧妻,怕女儿受委屈,有经济条件但未曾续弦;侯银匠怕侯菊委屈下嫁,未按当地风俗把女儿留在家里招婿,宁可断了香火,自己忍受寂寞。这就品味出我们民族性中父爱深层的一面,也看出这句"融奇崛于平淡",对该篇小说情节而言是最有力的支撑。

散文也叫美文,刘亮程的散文《寒风吹彻》语言质朴隽永,夸张一点说,句句值得人咀嚼。"天快黑时,我装着半车柴禾回到家里,父亲一见就问我:怎么拉了这点柴,不够两天烧的。我没吭声,也没向家里说腿冻坏的事。""一……就……"这一关联词,表明父亲只关心柴火,关心一家人的生计,不关心我的腿,父子之间出现情感的隔膜与裂痕。有血缘关系的父子,一定程度上都表现出人性的冷淡,说明"寒"已不仅仅体现在天气上、物质上,更已深入人的心灵与精神上,照应了文章题目中的"彻"。

那么如何来品味文本的语言呢?

"品味",顾名思义,首先要品读。

上海特级教师黄玉峰讲授鲁迅的小说《药》时,整堂课采用朗读法,通过朗读不断感染学生,将学生带入情境中。"课堂重点朗读的是'买药''坟场'等情节。老师读、学生读、用心读、再三读,读得声情并茂,读得同学凝神屏气。然后,请学生谈感受。有人说,好像看到了许多鸭子被无形的手捏了向上提着的脖子,那是些多么麻木不仁的国民;有人说,好像看到了刽子手撮着一个鲜红的馒头,那红的血还在往下滴,心中感到一阵悲痛;有人说,读到华老妈上坟时,仿佛看到了'两个老人、一只乌鸦、一座孤坟'的悲凉情景;也有人说,仿佛听到了夏瑜在坟里呐喊:'这大清天下是我们大家的!'此时,黄老师微笑着说,我们的教学目标已经达到了,因为大家都懂得了人血馒头的含义了。""书读百遍,其义自现。"学生通过用心读,再三读,可以让隐藏在文字背后的意义逐渐浮现出来,清晰起来,情不自禁地进入由文字构建的形象世界、情感世界与意义世界中去。

我国古代传统教学讲究"吟诵",即有节奏地诵读诗文。汉语的诗词文赋,大部分是使用吟诵的方式创作的,所以也只有通过吟诵的方式,才能深刻体会其精神内涵和审美韵味。《从百草园到三味书屋》中这样写道:"先生自己念书,我们的声音便低下去了,静下去了,只有他还在大声朗读着……我疑心这是极好的文章,因为读到这里,他总是微笑着,而且将头仰起,摇着,向后面抛过去。"鲁迅描绘的就是寿镜吾先生吟诵古文的场景,吟诵是古人学习传统文化时高效的教育和学习方法,有着两千年以上的历史,代代口耳相传,在历史上起过极其重要的社会作用,有着极高的文化价值。

有声语言的表达是以声达意、以声传情。在诵读过程中,教师要指导学生朗读,要让学生熟练掌握语调、语速、重音、停顿等技巧的传情达意功能。国外的心理学家曾做过一个实验,让8位实验对象通过朗诵英文字母来表达高兴、悲伤、愤怒、妒忌、紧张、难受、害怕、骄傲、满足、同情等10种感情。然后由30名评判者进行分析。实验结果表明:没有实在意义的字母,通过不同声音形成的体现也可以表达不同的情感。教师要引导学生,辨析语调的高低、语速的快慢、语音的轻重、音量的大小、语气的徐疾等对表情达意的差异,通过感受诗文语言的节奏来把握作品的精神,这与桐城派倡导的"因声求气"一脉相承。

"品味",更要重视玩味,要用心去揣摩。叶圣陶先生说:"一篇文章,学生也能粗略地看懂,可是深奥些的地方,隐藏在字面背后的意义,他们就未必能够领会。"教师要引导学生玩味那些"深奥些的地方,隐藏在字面背后的意义",说白了,一是读不懂的语句,一是意蕴丰厚的语句。当然,读不懂的语句,也有可能是意蕴丰厚的语句。杨绛的散文《老王》结尾这样写道:"几年过去了,我渐渐明白:那是一个幸运的人对一个不幸者的愧怍。""愧怍"什么意思?为什么会"愧怍"?"一个幸运的人"指谁?为什么说是"一个幸运的人对一个不幸者的愧怍"?这些疑问都需要学生用心揣摩。"愧怍"是惭愧、对不住的意思,深一层次是指精神上的失衡与不对称性。玩味语言一定要结合语境,要结合上下文甚至全文,即古人所说的"字不离句,句不离篇"。杨绛在散文《老王》中塑造老王形象时,将他置于三种不同的情境:一是日常情境,"北京解放后",我是主顾,老王拉车,作者侧重表现老王"不幸""最老实";二是落难情境,"文化大革命"开始,知识分子落难,被打成臭老九,老王拉车坚决不肯拿我钱,作者侧重表现老王善良,有同情心;三是垂死情境,"干校回来",载客三轮取缔,老王身患重病,形同僵尸,临死前一天将香油与鸡蛋赠送给杨绛,作者侧重表现老王重情重义,懂得感恩。在这三种情境中,老王的形象越来越高大,对杨绛夫妇的感情越来越深厚,而反观杨绛夫妇,始终和老王保持高级知识分子与底层百姓之间的界线,这就为文末点睛之句"那是一个幸运的人对一个不幸者的愧怍"埋下伏笔。而"愧怍"一词折射出高级知识分子所具有的社会良知与严于解剖自我的反省意识。

(二)畅所欲言,在表达与交流中习得语言的运用

表达与交流,分口头与书面两种。教师要充分利用课堂阵地,创设情境,让学生有话可说,有事可叙,有情可抒,有议可发,做到"畅所欲言"。所谓"畅所欲言","欲言"首先强调要有内容,有真情实感,其次要有表达交流的欲望;"畅"强调表达的自由,不受束缚,言为心声,"我手写我心";也强调表达与交流的质量,语言能准确流畅地表达意义,不存在言不及义的现象,更不存在"语言的痛苦"。

那么,如何培养学生的口语交际能力呢?我们认为可采用以下途径:

讲故事。利用每堂语文课前的两三分钟时间,让学生有准备地轮流讲故事,故事题材尽量不一样,一轮下来还可以从头再来。也可以定期举办故事会,围绕一个主题组织讲故事比赛,例如讲述科学家的故事等。讲故事既有趣味性,又有教育意义,学生很喜欢这种绘声绘色的口语训练方式。

举行演讲比赛。好的演讲不仅要有好的口才,而且要有敏锐的思想、出色的主张和广博的知识,演讲是各种才能综合表现的艺术。因此,演讲比赛在锻炼口才的同时,也必然会磨炼思想,扩充知识,开阔视野,这有助于学生的全面发展与能力提升。

访谈。访谈是交谈的一种形式,是为了获得某些信息而采取的专门性的谈话。可以让学生以小记者的身份采访学校里的优秀教师,或社区名人、普通工作者、留守儿童及老人等,在具体情境中培养学生的口语交际能力。

辩论。辩论是对某一论题持完全不同或相反意见的双方展开论辩,以驳倒对方的错误观点来树立自己的正确观点。辩论较讨论尖锐激烈、立场鲜明,对辩论双方素养要求比较高,高中生喜欢争辩是非,举办一场准备充分的辩论赛,有助于锻炼他们的口语应变能力。

评论。对当前的某些社会现象发表评论,或就电影、电视、文艺、体育等方面的问题发表意见,还可以就学校、家庭和学生间的问题展开讨论。通过有准备有思考的评论,可以提高学生的思辨能力与口头表达的能力。

为了营造宽松的交际氛围,使学生敢说能说,北京市高中语文特级教师宁鸿彬向他的学生提出了"五允许":

允许说错。老师允许学生回答问题错误,发表错误意见。说错了,教师和同学可以帮助改正,但不允许讥笑他。

允许补充。对自己谈的问题,如果有遗漏或有了进一步的认识,可以举手要求作补充发言。

允许修正。学生对自己说过的话,如发现有错误,可以当众修正错误。

允许质疑。允许学生在课内或课外就老师讲课中的问题质疑问难;也可以就其他同学的发言,质疑、论辩;还可以就别人对自己的批评,进行申辩或答辩。

允许保留。如有的学生对一些问题的认识和大家不一致,允许他们保留自己的意见,并给他们当众阐述自己意见的机会。

总之,应该创造自由愉悦的说话环境,使学生乐于说话,有更多的机会说话。学生只有多练习说话,才可能会说、说好。

作文教学,在我国向来是个"老大难"问题,一提到作文,学生怕写,教师怕教。张志公先生在谈到写作教学为什么这么难时曾说:"我想这也许跟对待作文这件事有些不对头的看法有关系。""不对头的看法",可能指的是我们的写作观念存在问题。

写作是一种需要极强的动机、情感、意志参与的复杂的技能性活动。而我们要求学生作文多采用命题的形式,"讲究'审题立意''按要求作文''代圣人立言''思想积极健康向上',不考虑学生作为写作主体的交际需要。这种写作的整个过程都是在教师直接或间接的控制下完成的,学生没有自由发挥的空间,变成了一种必须应付的差事……写出来的作品,往往内容空洞无物,结构生搬硬套,表达平淡无力,有时甚至写作主题、内容、材料、手法都惊人地相似,千人一面,万口一词,千篇一律,缺乏个性和创造……写作远离了现实生活需要和语言真实表达的基本功能,成为一种无意义的荒谬行为,学生的写作能力自然无法从根本上获得提高"。

言为心声,写作应是"我手写我心",真实地表达自己的内心情感;写作也是人与人的心灵对话,通过写作抒发自己的人生情怀,引起读者的关注和理解。写作应倡导自由地表达与交流,在畅所欲言中让学生习得语言运用的规律,掌握言语交际的基本技能。

"畅所欲言",首先得在"欲言"上动动脑筋,要让学生有话可说,有情可抒,有议可发。在写作内容上不要过多地束缚学生,让学生有写作的自由畅快感。

江苏省盱眙高中特级教师赵道夫多年来一直倡导随笔教学,开展随笔生态写作的实践研究,成果颇丰,成效显著。所谓"随笔",就是倡导学生自由练笔,从生活和读书中寻找话题,把自己的所思、所感用手中的笔自由地倾诉在纸上。学生可以记叙发生在校内的有意义的事,也可以抒发日常生活中的点滴感受;可以指点江山、激扬文字,也可以尝试诗歌、小说等文学创作。"随笔"强调真诚与自由,鼓励创造与突破,反对压抑与束缚。以赵道夫先生为首的盱眙高中语文组,他们研制构建了一套"随笔"推进体系,以一书、一本、一刊、一案为支撑,着眼于人的生活情感发展、思维能力训练和语言能力提高这一写作素质核心,实施"读写互动",培养了学生的写作兴趣,激发了学生的写作潜能,提升了学生的表达与交流能力。

(三)归纳反思,在梳理与探究中积淀语言的素养

高中语文学习阶段,要"培养学生丰富语言积累、梳理语言现象的习惯,在观察、探索语言文字现象,发现语言文字运用问题的过程中,自主积累语文知识,探究语言文字运用规律,增强语言文字运用的敏感性,提高探究、发现的能力,感受祖国语言文字的独特魅力,增强热爱祖国语言文字的感情"。

古典诗词往往通过选择典型意象,构成意境,寄寓一定的情感,景物描写自然必不可少。景物描写有什么作用？在诗词结构中的位置不同，其作用相同吗？这需要学生在积累的基础上加以梳理，将碎片化的知识结构化、系统化。在引导学生梳理时，可以杜甫的《旅夜书怀》为例：

阅读下面这首诗，回答下列问题。

旅夜书怀

杜甫

细草微风岸，危樯独夜舟。

星垂平野阔，月涌大江流。

名岂文章著，官应老病休。

飘飘何所似？天地一沙鸥。

①开头两联景物描写各有什么作用？请结合诗句逐一加以分析。

②尾联"飘飘何所似？天地一沙鸥"，请从情景角度分析其独特的表达效果。

同学们有点思维定式，看到景句，以前只知道答"借景抒情"。通过提问、分类、比较、讨论、归纳等一系列梳理活动，发现景句描写放在诗歌的开头、中间和结尾，除了其本质作用借景抒情外，还会产生附加值，其效果是不一样的。首联，寓情于景，自己像江岸细草一样渺小，像江中孤舟一般寂寞；开头写景，照应题目，又有交代自然环境，渲染凄凉氛围的作用。颔联，景象雄浑阔大，以乐景写哀情，反衬诗人孤苦伶仃的形象和颠沛流离的凄怆心情。开头两联写景，为后面的"书怀"作铺垫。尾联诗人借景抒情，以沙鸥自喻，抒发了漂泊无依的凄苦之情；以景句结尾，含不尽之意于言外，耐人寻味，给读者留下品味想象的空间。

为什么能借景抒情？在学生对"借景抒情"有一定感性认识的基础上，我们可以引导学生深入探究其原因，由"知其然"到"知其所以然"。景和人之间要有联结点，只有外在的景和内在的情具有一定的共性，并让诗人产生情感共鸣时，才能"以我观物，故物皆着我之色彩"。如"细草"中的"细"，"危樯独夜舟"中的"独"，这些字眼往往带有感情色彩，使人触景生情。作者有时不仅仅是借景抒情，还运用隐喻手法，物我化一，以景物来自况，自己孤独得就像广阔平原上的一根细草，茫茫江面上的一叶扁舟。

梳理的目的,是为了加深学生对语言规律的认识,举一反三,实现有效迁移。"对方落笔",是古典诗歌经常采用的一种手法,诗人通过想象,落笔对方,借侧面描写来烘托自己的思念之情,既使感情倍增,又拓展了诗的意境。引导学生梳理曾经接触过的运用这一手法的诗歌,具体如下:

家人之思:《九月九忆山东兄》(王维)、《邯郸冬至夜思》(白居易)、《月夜》(杜甫)、《八声甘州》(柳永)

朋友之思:《春日忆李白》(杜甫)、《送魏二》(王昌龄)、《寄和州刘使君》(张籍)

故乡之思:《移家别湖上亭》(戎昱)、《渡荆门送别》(李白)

学生通过比较、归纳,可以发现"对方落笔"手法多用于怀乡思人之作。那么在平时的写作中可不可以采用这一手法呢?有学生在随笔中尝试运用这一手法,收到了很好的效果。

探究,要注重发展学生的语感,培养学生的质疑精神。浙江省特级教师肖培东在上公开课梭罗的《神的一滴》时,引导学生对文中一处翻译进行质疑。

师:大家有没有看到这段话?来吧,伐木工人已经把湖岸这一段和那一段的树木先后砍光,一起读,来吧……

(生朗读)

师:非常好,这里面有四个动词,大家划出来。哪四个?

生:砍光、建造、侵入、豪取。

师:非常好,划下来。大家思考一下,这四个动词,哪个词在翻译上还有商榷的余地?

生:建造。因为我们人类就是靠建造各种建筑和工具来利用大自然资源,还可以建造自然保护区之类的,对环境有益的。

师:所以我们说,这里最好用什么词?

生:贬义词。

师:哎,贬义词。豪取、砍光,这些都属于什么呀,破坏性的词语,而"建造"这个词,似乎可以再商量一下。那么同学们考虑一下,"建造"这个词可以改成什么?大家一起想。

生：堆砌。

师：为什么用堆砌？

生：堆砌了他们的一些陋室。

师：如果我们保留"建造"的"造"字，前面可以换成什么字？

生：滥造。

师：可以，还可以换成什么？这个地方不是你的——

生：抢造。

师："抢东西"的"抢"是吧，其实还可以是"强行"，这个"强"，都可以。所以同学们，我们在这个词上还可以做一点思考。这样一写，就把现代文明的破坏性表现得淋漓尽致了。好，一起来读，来吧，伐木工人已经把……

探究这一学习活动，应针对学习中遇到的问题。有些学生在写记叙文时，往往会记流水账，小学怎么样，初中怎么样，高中怎么样……泛泛而谈。如何解决这一毛病，教师组织学生探讨。有学生建议，应如何永康教授所言："时间可跨度不能大，不可一写就是几个月、几年，应当尽可能地把'时间流程'压缩到最短最短。空间转换不能多，不可在一篇800多字的短文中写许多生活场面，应当尽可能地把人和事集中到一两个场面之中。人物不能多，主要人物一个就够了，辅助性的人物有一至两个即可。"但有一学生提出一个很好的方法，可以从某一时间或空间点切入，采用嵌套式结构，运用插叙或联想、想象的手法，类似电影中的"蒙太奇"，勾连不同的生活场景。"我不由得想起童年时候……"如此一写，既使场景转换自然，又丰富了文章内容。

二、思维发展与提升：语文核心素养的关键

"思维发展与提升是指学生在语文学习过程中，通过语言运用，获得直觉思维、形象思维、逻辑思维、辩证思维和创造思维的发展，促进深刻性、敏捷性、灵活性、批判性和独创性等思维品质的提升。"新课标说得十分清楚：学生通过语言运用获得"五种思维方式"（直觉思维、形象思维、逻辑思维、辩证思维和创造思维），主要提升"五种思维品质"（深刻性、敏捷性、灵活性、批判性、独创性）。但特别需要明确的是，"思维发展与提升"，是不能"教"给学生的，它是需要学生通过"语言建构与运用"来实现和获得的。

"思维"贯穿听、说、读、写的整个过程,语文学习就是听、说、读、写思维活动的旅行。因此,培养和发展学生的思维品质,构建以思维为核心的听、说、读、写活动体系,是发展学生语文核心素养的重要载体和关键途径。

(一)语文教学,要追求思维的深刻性

语文教学是学生、教师和文本之间的对话与交流过程,我们要充分挖掘课程资源,尤其通过对文本的学习,培养学生的语文解读与鉴赏能力,提高学生的语文核心素养,发展学生思维的深刻性。思维的深刻性是指分析问题,能由表及里,由浅入深,由现象到本质,由感性到理性,善于抓住事物的本质特征,善于从看似杂乱无章的表面现象中抓住事物的内在联系。

(二)语文教学,要追求思维的多样性

所谓思维的多样性,是指考虑问题思维不单一,没有思维定势,能全方位、多角度地考虑问题,体现思维的缜密性。

(三)语文教学,要追求思维的批判性

语文老师,要引导学生运用批判性思维审视作品的语言文字,探究和发现语言现象和文学现象,形成自己对语言和文学的认识。

批判性思维,是对自己耳闻目睹的一切进行系统的评判,批判性思维是合理的、反思性的思维。如何进行批判性思维,《四书》中的《中庸》提出了极有见地的主张:博学之,审问之,慎思之,明辨之,笃行之。

在过去的语文教学中,莫泊桑的短篇小说《项链》,一直被认为是讽刺小资产阶级虚荣心的。正是玛蒂尔德爱慕虚荣,才造成了她一生的悲剧。"《项链》是莫泊桑短篇小说的精品。主人公玛蒂尔德是一个小资产阶级妇女形象,她向往豪华、舒适的生活,并为此而努力。结果,她从梦幻的云端被结结实实地摔了下来,并为此付出了十年青春作为代价。小说尖锐地讽刺了虚荣心和追求享乐的思想,出乎意料的结尾加深了这种讽刺,又带有一丝酸楚的感叹——其中有对玛蒂尔德的同情。""在我们内地,关于这篇小说,有很多奇怪的讨论。有的人说,这个女人是个爱慕资产阶级虚荣的肤浅的女人,作者批判她,是资产阶级的虚荣心害了她。有的人说,这个女人有权利追求自己的高贵地位,享受自己的美丽和幸福,拥有这个权利,你不能说她是资产阶级的,无产阶级也需要这东西。彼此争论不休。"我们通过对文本的独立与深度阅读,发现造成玛蒂尔德人生悲剧的是多重因素,玛蒂尔德的虚荣心固然让人生厌,但其身上也有让人同情与尊敬的一面。或者说,《项链》不仅仅是讽刺小资产阶级虚荣心的,它的主旨是多元隐晦的,这也正是它成为名篇的一个重要原因。

《项链》是悲剧小说,其悲剧意蕴丰厚,耐人寻味,有性格的悲剧,有命运的悲剧,有社会的悲剧,更有文明的悲剧。悲剧的因素复杂而丰富,从而形成人物形象与小说主题的复杂性与丰富性。对女主人公玛蒂尔德,我们会贬斥她的爱慕虚荣与追求享乐的性格,也会同情小人物面对命运的无奈与凄苦,还会借此批判资本主义社会对名利的宣扬与追逐,更会肯定她身上体现出来的正直与诚信。悲剧意蕴的错综,人物形象的复杂,小说主旨的多元,这应是《项链》成为经典文学作品的重要原因。

(四)语文教学,要追求思维的独创性

所谓"独创性",即独立自主地进行原发性的创新,其中蕴含着思考的两个维度,一是"独立自主",二是"原发创新"。语文教学层面,不管是学生的阅读鉴赏、表达交流、思考探究,还是教师的教学设计、评课交流,都充斥着太多的人云亦云、鹦鹉学舌。新时代语文教学,"独创性"思维不仅必要而且重要,其仅关乎学生生命质量的发展,更决定着基础教育语文学科的未来走向,我们前进的路途中,不能总是固守陈见,还需要有所突破,有所超越。而突破和超越的切入口,绝对不能少了对"独创性"思维的重视和考量。

比如,在议论文写作中,逆向求异思维训练是培养学生创造性思维能力的好形式。"横看成岭侧成峰,远近高低各不同",事物的多样性、丰富性,构成了多维分析、多角度作文的客观基础。事物的正面常常为人所注意,而事物的侧面乃至反面,往往会被人忽视。如果能换一个视角,改变习以为常的思维理念,从侧面或反面考察事物,往往能发人之所未发,想人之所未想,给人耳目一新之感。逆向求异思维是创新意识的标志,用这种思维方式构思立论,有助于写出另辟蹊径的好文章。

三、审美鉴赏与创造:语文核心素养的旨趣

2014年9月,习近平总书记同北京师范大学师生代表座谈时指出,"教师重要,就在于教师的工作是塑造灵魂、塑造生命、塑造人的工作。一个人遇到好老师是人生的幸运,一个学校拥有好老师是学校的光荣,一个民族源源不断涌现出一批又一批好老师则是民族的希望。""要加强教师教育体系建设,加大对师范院校的支持力度,找准教师教育中存在的主要问题,寻求深化教师教育改革的突破口和着力点,不断提高教师培养培训的质量。"习总书记的重要讲话从战略高度阐明了教师工作的极端重要性,是当前和今后一个时期教师队伍建设特别是教师教育工作的纲领和指南。同年8月和2018年10月,教育部先后下发《教育部关于实施卓越教师培养计划的意见》《关于实施卓越教师培养计划2.0的意见》两个文件,旨在"到2035年,师范生的综合素质、专业化水平和创新能力显著提升,为培养造就数以百万计的骨干教师、数以十万计的卓越教师、数以万计的教育家型教师奠定坚实基础"。国务院办公厅于2015年9月下发了《关于全面加强和改进学校美育工作的意见》,其中明确指出:"美育是审美教育,也是情操教育和心灵教育,不仅能提升人的审美素养,还能潜移默化地影响人的情感、趣味、气质、胸襟,激励人的精神,温润人的心灵,美育与德育、智育、体育相辅相成、相互促进。"教育部又于2019年4月下发了《关于切实加强新时代高等学校美育工作的意见》,明确要求普通高校要强化面向全体学生的审美教育。尤其是师范院校,旨在培养一批能够适应未来社会发展要求的高素质教师队伍,审美素养自然应是其素质高低的核心考量指标。

历史的经验告诉我们,没有美育的教育是不完全的教育。语文美育作为语文教育极其重要的组成部分,有利于丰富学生的内在情感,激发学生的审美创造,全面提升学生的语文素养。所以,《普通高中语文课程标准(2017年版)》中明确提出"审美鉴赏与创造"的素养培育要求。所谓"审美鉴赏与创造",即"指学生在语文学习中,通过审美体验、评价等活动形成正确的审美意识、健康向上的审美情趣与鉴赏品位,并在此过程中逐步掌握表现美、创造美的方法。"下面我们围绕语文的"听、说、读、写"等活动进行语文审美教学的思考,以期窥得有效促进学生审美素养的方法和路径。

(一)充分挖掘教材,促进学生的审美发现力

进行语文学科的审美教育,首先要引导学生充分认识语文学科蕴含的丰富多彩的美质。"这种语文美质,既有语文内容的,也有语文形式的。从内容来看,语文美质是多角度、多层次的,既有语文教学思想之美,也有语文教学内容之美,其中光是语文教材中所蕴含的就有自然美、社会美、科学美、艺术美、人物美、心灵美、意旨美、情感美、事料美、意境美。从形式来看,也同样如此,既有语言表达之美,也有语文教法之美,其中光是语文教科书中所反映的就有结构美、语言美、节奏美、音韵美等等。"

中国古典美学,一般把美分为阴柔与阳刚两大类。大多称婉约柔和之美为阴柔之美,豪放雄浑之美为阳刚之美。西方美学,将阳刚之美称为崇高之美。基于此,王国维提出:"美之为物有两种:一曰优美,一曰壮美。"王维的诗句"大漠孤烟直,长河落日圆",为"壮美";可他另一诗句"明月松间照,清泉石上流",堪称"优美"。宋词风格分豪放与婉约两种,东坡在玉堂日,有幕士善歌,因问:"我词何如柳七(柳永)?"对曰:"柳郎中词,只合十七八女郎,执红牙板,歌'杨柳岸晓风残月';学士词,须关西大汉,铜琵琶,铁绰板,唱'大江东去'",东坡为之绝倒。(宋·俞文豹《吹剑续录》)豪放词多为壮美,婉约词多为优美。

中国古典诗人被儒、释、道思想浸淫多年,程度不一,这多多少少影响其作品的审美风格。李白受道家影响较大,其风格多表现为飘逸,如"人生在世不称意,明朝散发弄扁舟";杜甫受儒家影响较大,其风格多表现为沉郁,如"戎马关山北,凭轩涕泗流";王维受佛家影响较大,其风格多表现为空灵,如"行到水穷处,坐看云起时"。

优秀的文学作品之所以优秀,原因之一就在于其有独特的审美价值。"文学作品的生命,就在于其唯一性、独一无二性。"经典的文学作品,拒绝雷同,都有其独特之处,如黑格尔所言"这一个"。辨析文学作品的独特性,可以更好地发现文学作品别样的审美价值。

历朝历代写宫怨的作品很多,杜牧写宫怨,视角独特。"雷霆乍惊,宫车过也;辘辘远听,杳不知其所之也。一肌一容,尽态极妍,缦立远视,而望幸焉。有不见者,三十六年。"(杜牧《阿房宫赋》)《阿房宫赋》第二节,从宫女角度看,就是在抒写宫怨。杜牧是从听觉角度写宫女内心的情感变化:"雷霆乍惊",宫女满是惊喜,充满希望;然而"辘辘远听",车轮声越听越远,内心由希望一点点地变为失望,乃至失望到极点,"杳不知其所之也";"有不见者,三十六年",又由失望变成绝望。宫女的心理随着车轮声的渐行渐远而动态变化,她们一生在希望、失望与绝望中轮回,在长期的精神折磨中一天天老去。

汪曾祺散文《金岳霖先生》,写出了金岳霖先生非常独特的一面。"西南联大有许多很有趣的教授,金岳霖先生是其中的一位。"不少老师仅仅抓住"有趣"二字来讲,显然是不够的,因为西南联大像这样很有趣的教授有"许多",还是没有抓住人物的"唯一性"。我们必须对"趣"字细加辨析,要辨识出金岳霖先生的趣味迥异于其他教授的趣味。"他讲的题目是《小说和哲学》。题目是沈先生给他出的。大家以为金先生一定会讲出一番道理。不料金先生讲了半天,结论却是:小说和哲学没有关系。有人问:那么《红楼梦》呢? 金先生说:'红楼梦里的哲学不是哲学。'他讲着讲着,忽然停下来:'对不起,我这里有个小动物。'他把右手伸进后脖颈,捉出了一个跳蚤,捏在手指里看看,甚为得意。""小说和哲学没有关系",金岳霖先生不人云亦云,坚持己见,如此率真任性;"捉出了一个跳蚤,捏在手指里看看,甚为得意",堂堂教授,不拘斯文,"扪虱而谈",何等洒脱清俊! 这段文字,很能让人联想到魏晋名士,我们就要引导学生读出金岳霖先生身上不拘流俗的风度与雅趣,从而发掘文章特有的审美价值。

(二)重视诵读训练,培养学生的审美感受力

语文课的美主要凭借语言文字的建构与运用来表现,语文课的审美也应通过语言文字的品味与理解来实现。品味与理解语言文字,离不开以读为主的涵泳体悟。诸多精妙优美的诗文,"只可意会,不可言传",与其生硬地肢解剖析,破坏美感;不如反复地朗读背诵,读出美感。语文审美要加强诵读,让学生多读美文,熟读成诵,读出诗情画意,提升审美品位。

人民教育家于漪强调:"教学中教师要善于把课文中无声的文字通过师生的共同努力,变成有声的语言。语言或铿铿锵锵,如金属撞击声,或潺潺淙淙,如小河淌水,伴随着悦耳的音响,课文中的思想、情感就会叩击学生的心灵,学生眼到、口到、耳到、心到,学得愉快,学得有效。"同时,她指出:"文章不是无情物,'有感情地'朗读,才能充分表达文章的情意,也才能真切地受语言文字的熏陶感染。李渔就剧本、角色和演员曾说过这样一段话：'言者，心之声也，欲代此一人立言，先宜代此人立心。若非梦往神游，何谓设身处地？……务使心曲隐微，随口唾出。'（李渔《李笠翁曲话》）用于朗读也很合适。朗读的人须深入作品之中，'梦往神游'，'设身处地'，使得写作人的'心曲隐微'，由朗读的人'随口唾出'。基于这样理解的朗读，当然会'有感情'了。

"一篇课文要读得正确、流利、有感情，须反复训练。动脑，动口，把无声的文字变成有感染力的有声语言，对听的人来说，是一种高尚的精神享受，对读的人来说，是攀登语言艺术高峰的必经途径。"

张若虚的《春江花月夜》，诗人融诗情、画意、哲理为一体，凭借对春江花月夜的想象与描绘，整首诗篇笼罩在一片空灵而迷茫的月色里。诗人赞叹大自然的朦胧之美，探寻人与宇宙的起源之美，讴歌人间纯洁的相思之美，从而达到自然美、哲理美、人情美水乳交融的境地。另外，整首诗还体现了音韵和谐之美。面对这样浑然一体的诗篇，过多的肢解分析，显然会破坏美感，而采取古人"吟诵"的方法，才是明智之举。通过反复的吟诵，读者不知不觉进入诗歌的形象世界、情感世界与意义世界，悠然心会，在获得精神愉悦的同时去体味诗歌的审美价值。

朗诵既是语文学习的重要目标之一，也是语文学习的重要手段之一。我们不管是听名家范读，还是教师范读，抑或学生朗读，都应努力指导学生追求声音与情感的统一，品读与鉴赏的和谐，从而把根据文字语言翻译过来的有声语言统一到自我理解与感悟上。这是一种较好的学习方法，也是文本解读的一种有效途径。同时，也希望以后的语文课中能多出现些"放歌"式的生成，不仅有利于激发学生的学习兴趣，更有利于为教师提供精研文本的契机。

（三）加强说写训练，提升学生的审美表达力

语文美育，不仅仅引导学生学会审美鉴赏，还要学会审美创造。"语文学科美育中的创造美，更主要的是引导学生用正确的观点塑造自己的灵魂，创造性地运用语言技巧表达高尚美好的思想感情，表现生活的美。这是语文学科美育对学生创造美的基本要求。"

语文学习的主要内容,说的简单点,莫过于"听、说、读、写"。因此,在文本阅读教学中,要尽量融入"听、说、读、写"各个要素,尤其是"说"与"写"的结合。故在教学的最后,针对小说最后的情节"留白",设计一次"微写作"训练。由于是阅读教学中的即时写作练习,所以为了加深对文本的进一步理解,我们在呈现写作任务时明确了写作要求:"刘三爷拖着病体,蹒跚地回到家,吱呀一声推开自家的远门,爽利地抖掉大氅上的积雪,马氏急着迎上来……又会有什么发生呢?请大家认真思考,用作者刻画人物的方法(神态、语言、动作等)来为它结一个尾。2分钟思考时间,8分钟写作时间。"这样的任务设计,我们认为,有利于聚焦学生阅读视野,凝练学生写作思维,到学生展示交流时,通过师生的听说对话,也会使教学的指向更明晰,教学环节更顺畅。

四、文化传承与理解:语文核心素养的基底

"文化传承与理解是指学生在语文学习中,继承和弘扬中华优秀传统文化、革命文化、社会主义先进文化,理解和借鉴不同民族和地区的文化,拓展文化视野,增强文化自觉,提升中国特色社会主义文化自信,热爱祖国语言文字,热爱中华文化,防止文化上的民族虚无主义。"

学生核心素养的建构与发展,必须根植于肥沃的中华民族优秀传统文化土壤之中。中华文化绵延五千多年,经过一代代人的传承与创造,已经成为中华民族的精神支柱与宝贵财富。中华优秀传统文化,主要体现为以"儒、释、道"三家为主体的中国传统文化思想,其核心是理想人格、自我实现和价值追求。在当今各种文化思潮碰撞交锋的时代,高中生继承和弘扬优秀传统文化,不仅仅关系到他们自身的前途和未来,更关系到中华民族的前途和未来。

在继承和弘扬优秀传统文化的同时,我们也应注意开阔文化视野,以多元包容的心态理解他域文化的存在,以"拿来主义精神"吸收世界各国的文化精华,不断丰富中华文化的思想宝库。

(一)依托经典文本,多角度地进行文化理解

"语文是文化的载体,也是文化的构成,语文教育本质上就是一种文化传递过程,一种文化的生成和创造过程。从文化的视角来透视语文教育的

本质与特性,我们就会看到语文教育是一个由文化构成的丰富多彩的世界。"优秀的文本总是渗透一定的传统文化思想,传承与理解文化,不能通过强硬灌输的方式,而应通过对文本的解读与鉴赏,充分挖掘文本中的文化元素,于潜移默化中让学生接受,并使其自觉地担负起传承与理解优秀文化的使命。

汪曾祺的短篇小说《侯银匠》体现了浓厚的中国婚嫁与亲情文化。侯银匠将自己唯一的女儿嫁给了陆家,自己成了空巢老人,只能喝着慢酒,品味着寂寥的人生况味。"侯银匠中年丧妻,只有一个女儿,他这个女儿很能干。"有学生从此句中读出侯银匠身上的闪光之处:侯银匠中年丧妻,怕女儿受罪,有经济条件但未曾续弦;侯银匠怕侯菊委屈下嫁,未按当地风俗把女儿留在家里招婿,宁可断了香火,自己忍受寂寞。"可怜天下父母心",在侯银匠身上体现了父爱的博大与无私,人性的善良与隐忍,反映了深层的民族文化心理。

美国作家卡波特的短篇小说《一个圣诞节的回忆》,哀而不伤,有着浓浓的温情,深刻反映着西方平等的人文精神。文中的"平等"至少表现为三个层面:一是突破了阶层的差异。"蛋糕给谁呢?朋友呗。不一定是邻近的,大半倒是只见过一次,甚至素未谋面的,我们喜欢的朋友。例如罗斯福总统,一年来镇上两次的小个子磨刀人,帕克(班车司机,他每天在尘土飞扬中嗖的一声驶过时和我们互相挥手招呼)",文中的"我"和"她"平等待人,将辛苦做成的蛋糕分给大家,既有高贵的总统,也有磨刀人、班车司机这样的底层平民,而且平等地珍藏他们的物件,"我们的纪念册里有用白宫信笺写的答谢信,有磨刀人寄来的一分钱明信片"。二是突破了年龄的差异。"你的手比以前大了。我想我大概不愿你长大。你长大了,我们还能继续当朋友吗?""那时我七岁,她六十光景",年龄不是障碍,"我"和"她"之间成了忘年交。三是突破了种类的差异,文中的小狗奎尼显然成了家庭中的重要成员,"奎尼求我们给她点尝尝,我的朋友时不时偷偷给她一点,但我俩是绝对不可以吃的",对狗甚至比对自己要好,这种身份的错位感增添了文章的张力。"我们又凑了五分钱给奎尼买了一大根还有余肉可啃的牛骨头,用彩纸包起来,高高地挂在圣诞树顶上一颗银星边。"这种圣诞礼物庄重的仪式感,说明内心里是把狗当人看的,生命是平等的。

《一个圣诞节的回忆》还体现了博爱精神。我和朋友辛苦做成的蛋糕自己舍不得尝,全送给了别人,而且无怨无悔,"蛋糕给谁呢?朋友呗。不一定是邻近的,大半倒是只见过一次,甚至素未谋面的,我们喜欢的朋友。例如罗斯福总统,一年来镇上两次的小个子磨刀人,帕克(班车司机,他每天在尘土飞扬中嗖的一声驶过时和我们互相挥手招呼)。""厨房空了,蛋糕都送走了,我的朋友要庆祝一下。""赠人玫瑰,手有余香",助人为乐,在帮助别人的同时,感受自己存在的价值与幸福,东西方的价值观有时存在共性与契合。

"语文学习的实践说明,从文化的角度来解读语文,使语文学习从'语言'层次进入'文化'层次,是让学生在语文学习过程中涵养文化精神、建构情感和心灵世界的重要法则。"而每一个作为文化构成物的经典文本,都应是开放的"召唤结构",有着不少的不定性与空白点,只有通过读者的解读才能生成文本意义,这便能激发读者的解读创造,为多角度地进行文化理解提供可能与必要。

(二)借助语文活动,引领学生传承文化精髓

传承文化精髓,不仅要借助文本理解,还要借助丰富多彩的语文活动,要让学生在活动中学语文、用语文,接受文化的浸润与熏陶,以语文的方式参与文化建设。

开展语文活动,传承文化精髓,可以与文本有机地衔接。学生学习戏剧,我们可以让学生结合文本加以编排,如学习曹禺的话剧等,可以让有兴趣的学生表演,学生在表演中会加深对戏剧的理解,感受戏剧文化的魅力。曹勇军先生为参加南京十二中的戏剧节活动,指导高一学生排演曹禺话剧《家》中"鸣凤之死",学生演出结束后受益颇丰,"我知道了什么是舞台表演,我知道了什么是所有人的配合;我知道了什么是集体,我感受到了那些未曾有的凝聚力;我知道了什么是语文,我知道了什么是爱,我知道了什么是成长"。

开展语文活动,传承文化精髓,可以糅合传统节日元素。我国的传统节日,都有浓浓的文化意蕴,我们可以通过开展一系列的语文活动,将纪念传统佳节与传承文化精神紧密结合起来。如端午节,我们可以举办屈原诗歌朗诵会,感受屈原伟大的爱国精神;重阳节,我们可以走访敬老院,慰问孤寡老人,弘扬"老吾老以及人之老"的敬老孝老文化。

开展语文活动,传承文化精髓,还应与地方的文化资源联系起来。每个地方都蕴藏着丰富的文化资源,有着鲜明的乡土特色。名人故居、名胜古迹、博物馆、纪念馆、文化馆、美术馆等等,都可以成为我们开展语文活动的场所,学生可以通过调查、访谈、参观等学习方式,了解家乡深厚的文化底蕴,并融入地方的文化发扬与建设中去。

开展语文活动,传承文化精髓,要建设各级各类语文学习共同体。我们的语文学习活动,不少是综合性学习活动,要发扬集体的团结协作精神,这就需要建立语文学习共同体,如新闻记者团、辩论队、读书会、文学社等。社团语文活动的开展,要有很好的规划,能围绕特定的文化现象或主题开展活动,能让每一个成员在活动中提高文化品位,提升语文素养。

开展语文活动,传承文化精髓,一定要突出"语文性"。"无论我们选择什么样的文化现象或主题,都不要忘了基于语言文字、落实在语言文字。语文课程是以口语和书面语来承载文化信息的,语言文字是文化传播和文化生活构建不可取代的载体……各类学习活动的开展都要注意强化语文意识,突出语文性,像读书交流、习作分享、演说辩论、诗歌朗诵、戏剧表演等都是语文特色活动。"当然"语文性"与"文化性"是无法割裂的,突出了"语文性",也就意味着重视了"文化性"。

(三)借助课程标准,构建语文课程文化体系

根据《普通高中语文课程标准(2017年版)》,"文化传承与理解"是语文核心素养四项要素之一,其中的"文化"主要涉及中华优秀传统文化、革命文化、社会主义先进文化,以及不同民族和地区的优秀文化。全新的高中语文课程内容"学习任务群",其主题多元,包容性强,角度多维,背景宏阔,操作没有定规,而这些一定程度上也给一线教学实践带来了很大的疑惑性和不确定性,但也因此,极大地赋予了语文课程更多的可能性和丰富性。比如围绕着"文化"这个关键词就设计了"当代文化参与""中华传统文化经典研习""中华传统文化专题研讨""中国革命传统作品研习""中国革命传统作品专题研讨""跨文化专题研讨""科学与文化论著研习"7个任务群。这些任务群分散于必修、选择性必修、选修三类课程之中,主题覆盖中华优秀传统文化、革命文化、社会主义先进文化等,在回环反复的多主题学习过程中,有利于学生在丰富、多元的文化氛围内感受并理解不同民族、地区,以及不同种类、风格的文化魅力,进而在包容并蓄中开阔文化视野,形成文化自觉,提升文化自信,增强为中华民族伟大复兴而奋斗的使命感和责任感。可以说,这样的设计不仅丰富了学习内容,还加强了学习的厚度,旨在促使语文教学在师生以及文本的多主体间形成一种富有深度的、意义多元的对话、领悟和融合。

而就语文中的文化素养而言,应努力基于新课程标准进行严密的文化课程体系构建,进而让学生循序渐进地接受文化的熏陶与感受。下面结合新课程标准相关学习任务群的内容表述,从"学习目标与内容"角度整理并构建文化课程体系,并以表格(表2-1)形式呈现如下:

表2-1 语文课程文化体系

基于"学习任务群"的文化课程体系构建:学习目标与内容
学习任务群13 汉字汉语专题研讨
①有意识地在义务教育和高中必修阶段积累的基础上,发现与汉字、汉语有关的某些问题,结合汉字、汉语普及读物的阅读,进行归纳梳理,验证汉字、汉语的理论规律,例如汉字的表意性质、汉语的韵律特点、词汇意义的系统性、文学语言的灵活性、口语与书面语的不同特点等,提高对语言现象的理性认识。 ②针对语言生活中的现实问题,例如网络语言与汉字汉语规范问题、方言与普通话关系问题、成语典故运用问题等,阅读相关论著,整理事实与数据,对社会上出现的语言热点问题展开讨论,用正确的观点与方法分析问题,得出结论,在实际语言运用中努力促进祖国语言文字健康发展。 ③学生以撰写读书报告、语言专题调查报告、小论文等形式呈现学习成果,并在专题讨论会上发表自己的成果。
学习任务群4 语言积累、梳理与探究

续表

①在全部的语文活动中,积累汉字、汉语的有关现象和理性认识,了解汉字在汉语发展和应用中的重要作用,巩固和加深义务教育阶段所学的汉字知识;体会汉字、汉语与中华传统文化的关系及汉语的民族特性,增强热爱祖国语言文字的感情。
②通过在语境中解读词汇、理解语义的过程,树立语言和言语的相关性和差别性的观念。
③通过文言文阅读,梳理文言词语在不同上下文中的词义和用法,把握古今汉语词义的异同,既能沟通古今词义的发展关系,又要避免用现代意义理解古义,做到对中华优秀传统文化作品的准确理解。
④在自主修改病句和分析句子结构的过程中,体会汉语句子的结构特点和虚词的作用,进一步领悟语法规律。在学习文学作品时,观察词语的活用、句子语序的变化等,体会文学语言的灵活性和创造性。
⑤在运用口语和书面表达的过程中,对比两种语体用词和造句的差别,体会口语与书面语的风格差异。
⑥反思和总结自己写作时遣词造句的经验,建构初步的逻辑和修辞知识,提高语用能力,增强表达的个性化。

学习任务群8 中华传统文化经典研习

①选择中国文化史上不同时期、不同类型的一些代表性作品进行精读,体会其精神内涵、审美追求和文化价值。
②在特定的社会文化场景中考察传统文化经典作品,以客观、科学、礼敬的态度,认识作品对中国文化发展的贡献。
③梳理所学作品中常见的文言实词、虚词、特殊句式和文化常识,注意古今语言的异同。
④阅读作品应写出内容提要和阅读感受。选择一部(篇)作品,从一个或多个角度讨论分析,撰写评论。
⑤学习传统文化经典作品的表达艺术,提高自己的写作水平。

学习任务群14 中华传统文化专题研讨

①选读体现传统文化思想精华的代表作品,参阅相关的研究论著,确定专题,进行研讨。加强理性思考,增进对中华文化核心思想理念和中华人文精神的认识和理解,体会中华文化创造性转化和创新性发展的趋势。
②阅读应做读书笔记。围绕中心论题进行有准备的研讨,围绕专题选择合适的方式展示探究的成果。
③进一步提高文言文阅读能力。尝试阅读未加标点的文言文。阅读古代典籍,注意精选版本。

学习任务群9 中国革命传统作品研习

①诵读革命先辈的名篇诗作,体会崇高的革命情怀。精读反映革命传统的优秀文学作品,特别注意选择反映党领导人民进行革命、建设、改革伟大历程的作品,感受作品中革命志士和英雄人物的艺术形象,弄清作品的时代背景,把握作品的内涵,理解作者的创作意图,获得审美体验。结合自己的生活经验和阅读写作经历,发挥想象,加深对作品的理解,力求有自己的独到认识。
②阅读阐发革命精神的优秀论文与杂文,特别注意选择具有理论高度和引领作用的论著,分析其中论证的逻辑性和深刻性,体会革命理论著作严密逻辑和崇高精神有机结合的特点,提高理性思维水平。
③阅读关于革命传统的新闻、通讯、报告、演讲、访谈、述评等实用性文体的优秀作品,联系思想实际和亲身见闻,以正确的价值观,深入理解其内容,学习其写作手法。

学习任务群15 中国革命传统作品专题研讨

续表

①精读一部老一辈无产阶级革命家的诗文专集,参阅传记和相关研究文献,围绕作品的思想内涵和语言风格确定具体的研究专题;开展合作学习,撰写专题研究报告,组织专题报告会,深入理解老一辈无产阶级革命家的革命精神和人格品质,感受思想和语言的力量。 ②精读一部反映党领导人民进行革命、建设、改革伟大历程的长篇文学作品,参阅相关研究文献,理解作品的时代背景、思想内涵和艺术特点。结合具体作品,选择一两个角度,撰写文学评论,组织专题研讨会,深入理解革命志士以及广大群众为民族解放事业英勇奋斗、百折不挠的革命精神和革命人格,学习在中国特色社会主义建设中涌现的英雄事迹,感受其无私无畏的爱国精神。 ③学习整理研究资料的方法,做读书笔记和摘要;结合研究专题,进行调查、访问,提升思想认识水平和语言运用能力。
学习任务群11 外国作家作品研习
①阅读外国文学经典作品,认识所读作品的地位和价值。 ②撰写读书笔记,阅读作品应写出内容提要和阅读感受。选择感兴趣的作家、作品或话题,撰写评论。 ③尝试探讨不同民族文学之间的共同话题和文化差异,尊重文化多样性,提升文化鉴别力。
学习任务群17 跨文化专题研讨
①研讨不同时期、不同国家与民族的文学、文化经典作品,增进对人类文明史上多样文化并进的事实及全球化背景下文化多样性的理解。 ②选读一本外国文学理论名著,了解世界文学批评中某一流派的基本主张和文学解读方法;或者选读一本研究中外文学或文化比较的著作,尝试运用其中的观点解读以前读过的作品。 ③借助已有的阅读经验,选择合适的内容进行跨文化专题研究,在中外文化的比较中,深化对中华优秀传统文化的理解,增强对中国特色社会主义文化的自信。
学习任务群2 当代文化参与
①聚焦特定文化现象,自主梳理材料,确定调查问题,编制调查提纲,访问调查对象,记录调查内容,完成调查报告,就如何传播社会主义核心价值观、弘扬中华文化精神、反映中国人审美追求等专题展开交流研讨。 ②关注当代文化生活,开展社区文化调查,搜集整理材料,对社区的文化生活方式、风俗习惯、思想观念、生活演变等进行分析讨论,增强弘扬社会主义核心价值观的自觉性。通过各种传媒,关注当代文化生活观点,聚焦并提炼问题,展开专题研讨,解释文化现象,积极参与社会主义先进文化建设,提高对各种文化现象的认识能力和阐释自己见解的能力。 ③建设各类语文学习共同体(如文学社团、新闻社、读书会等),在阅读、表达中探析有关文化现象,拓展视野,培养多方面语文能力;通过社会调查、观看演出、参与文化公益活动等,丰富语文学习方式,积极参与当代文化生活。

上面表格内的信息,只是我们基于"学习任务群"对文化课程内容的顺序整理,真的进入课堂实践范畴,还要考虑很多其他要素,如教材、学情、条件、资源等。从课程标准的角度,我们大体可以按照先"汉字语言"、后"传统文化"、再"革命文化"、再"外国文化"的顺序进行教学设计,最后的"跨文化专题研讨"和"当代文化参与"可以另做打算,前者既是必修课程所承担的学习任务,也是学习途径和手段,后者既可成为语文活动的内容之一,也可成为语文学习的重要形式和方法。就新课程标准而言,尽管学习任务群

对文化的传承与理解就目标与内容等方面做了提示,但毕竟是粗线条的,只勾勒了大致的轮廓。文化林林总总,学生学习时间也很有限,我们传承与理解文化时还是要有所侧重,有所选择,对所研习的文化任务群仍要精心设计。如乡愁文化、民俗文化等,要与文本、网络、实地等相联系,既要通过品味语言感受传统文化的博大精深,还要网上查阅丰富资料,更要实地游学调研考察,这样才能深化对文化的认识,更好地理解与留存文化,并进一步传承与发扬。

当然,不管是何种文化的学习,只要介入语文课堂视域内,就应该处理好其与"语言、思维、审美"等其他三种素养之间的关系。正如新课程标准所强调的那样:"语文学科核心素养的四个方面是一个整体。语言是重要的交际工具,也是重要的思维工具;语言的发展与思维的发展相互依存,相辅相成。语言文字是文化的载体,又是文化的重要组成部分;学习语言文字的过程也是文化获得的过程。语言文字作品是人类重要的审美对象,语文学习也是学生审美能力和审美品质发展的重要途径。语言建构与运用是语文学科核心素养的基础,在语文课程中,学生的思维发展与提升、审美鉴赏与创造、文化传承与理解,都是以语言的建构与运用为基础,并在学生个体言语经验发展过程中得以实现的。"也正如苏州中学著名特级教师黄厚江先生结合多年的教学实践,在《追求以"语言建构与运用"为基础的相融共生》一文中提出的观点那样,语文学科核心素养是以"语言建构与运用"为基础,四个方面"相融共生"的。因此,语文课程中的"文化"学习一定是以"祖国语言文字运用"为前提和基础的,脱离了"语文课程"的"泛文化"学习是我们需要避免的[①]。

第四节 高中语文教育核心素养的重要性及发展

一、高中语文教育核心素养的重要性

在《全日制普通高中语文课程标准(2017年版)》中,已经有明确的内容

[①]范新阳,朱林生. 中学语文核心素养教育论[M]. 苏州:苏州大学出版社,2019.

阐述了语文核心素养的内涵与本质,先从语言能力入手,以"语言运用与建构"强调了学生的语言实践和自主学习行为;再以"思维发展与提升"素养强调了高中生在语文学习过程中的思维参与情况,旨在改善学生思维品质;最后,以"审美鉴赏与创造""文化传承和理解"这两个素养强调了学生的精神感悟与文化文学素养的发展,需切实改善学生的品德发展与心理健康,为学生的未来成长打基础。因此,高中语文教师要全面落实语文素养教学,切实突出本学科的长远、综合教育意义。

(一)有利于解决知行脱节问题,优化学生语言能力

知行脱节问题是在"灌输式"教学模式下所出现的基本问题,高中生只会机械背诵理论知识,鲜少在现实中应用语言所学,在听、说、读、写方面的交际表现并不乐观。在核心素养教学结构下,高中语文教师首先要突出学生的语言能力,积极组织语言实践活动,监督并引导学生养成良好的语言习惯,切实优化学生的语言运用能力。

部编版的高中语文教材收录了丰富的课文资源,是拓展学生知识储备,培养学生阅读能力的重要资源,所以笔者会利用课文阅读教学活动来发展学生的自主阅读能力。就如在《雨巷》一课教学中,笔者就播放了课文朗读音频,以声情并茂的朗读资料带领学生进入到阅读情境之中。接着,本班学生便要以5人小组为单位合作探究诗歌内容,分析诗歌中的优美意境,说一说哪些景物是真实存在的,哪些景物是作者想象得到的,客观阐述虚实结合描写手法的效果,总结出作者的思想情感,初步丰富学生的诗歌鉴赏经验。除此之外,针对教材所设计的口语交际、写作任务,笔者也会及时组织相应的语言实践活动,稳步提升学生的语言能力。

(二)有利于传承中国传统文化,拓展学生文化意识

传承与创新我国传统文化是每一个中华儿女的历史使命,高中生同样需要投身于复兴伟大的中华民族文化建设活动之中。语文,本身就是承载中华精神文明的学科载体,丰富的汉字知识、浩瀚的文学作品都是拓展学生文化意识的重要资源。因此,高中语文教师要深入挖掘语文知识本身所蕴含的文化内涵,潜移默化地丰富学生的文化知识储备,使其能够热爱我国优秀的传统文化。

就如在《沁园春·长沙》一课教学中,笔者就组织本班学生调查了诗歌的写作背景,了解毛泽东先生在创作《沁园春·长沙》时所面临的革命任务,以及诗人伟大的政治抱负与理想信念。这就可以直接带领学生透过诗歌回到近代革命奋斗史中,使其全面了解新中国的成立历史,对诗人产生尊敬、崇拜等情感。再者,诗歌本身就是我国传统文化的基本组成,所以笔者以"走近毛泽东"这一议题组织了群文阅读,引导学生自主搜集毛泽东先生所创作的诗歌作品,切实丰富了学生的阅读经验,拓展了学生的文化文学知识储备。

(三)有利于丰富学生精神财富,完善学生品德发育

在核心素养体系中,学生本身所形成的精神文明尤为关键,是学生在未来社会发展中实现个人人生价值的精神保障,也是语文核心素养所研究的基本内容。在语文学科中,每一篇课文都有丰富的精神内涵,可直接优化学生的价值观,丰富学生的精神世界。因此,高中语文教师要积极利用文本资源来落实德育引导,全方位地优化学生的心理健康与品德意识,以便真正为学生的未来发展做准备。

就如在《氓》一课教学中,笔者就借助诗歌中女主人公的形象对学生进行了价值观引导。《氓》这首诗歌描写了一位女子倾心一位男子,但是最终被背叛,痛苦选择合离的整个历史过程,塑造了一位敢爱敢恨、勇敢坚强的主人公形象。本班学生本身就对感情十分好奇,所以《氓》本身便可激发出学生的阅读兴趣,而生动的主人公形象也让学生若有所思,使其积极阐述了自己的爱情观。通过诗歌鉴赏,笔者告诉学生不管何时都不可放弃自己的自尊,也要始终捍卫人格独立,且要忠贞对待每一分珍贵的感情,不可做负心人。

总而言之,在高中语文教学中落实核心素养教学是本学科的必然发展趋势,体现的是科学教育观,可真正让学生在语文探究中实现全面进步。因此,高中语文教师要积极落实核心素养教学任务,全方位地突出本学科的人才优化作用,让高中生能够真正成长为新时代所需的优秀人才[1]。

---

[1] 赛亚尔·赛来.高中语文培养学生核心素养的重要性分析[J].学习周报(教与学),2020(3).

二、高中语文教育核心素养的发展

(一)教学愿景

语文学科的四项核心素养的提出使当前教改更加科学化,也是教改的灵魂所在。这四项是相互联系、不可分割的一个整体,犹如金字塔的四个底边,只有根基扎实了,才能创造令人仰视的辉煌。只有在教学的不同阶段有意识地把握其中的联系,有重点、有方法地加以发展、提高,才能使教学思路更加连贯,从而真正发挥语文学科独特的育人作用。

较理想的语文教学应当时时围绕核心素养,以科学理论做引导,不断反省,不断优化。例如教学中要运用"学习金字塔"理论,形成丰富、多元的语文教学供给侧结构。

"学习金字塔"理论是由美国学者爱德加·戴尔经过实验提出的,该理论给出了不同学习方式下的学习效果模型。在塔尖,第一种学习方式——"听讲",也就是老师在上面说,学生在下面听,学习效率是最低的,两周以后学习的内容只能留下5%。第二种,通过"阅读"方式学到的内容,可以保留10%。第三种,用"声音""图片"的方式学习,可以达到20%。第四种,"示范",采用这种学习方式,可以记住30%。第五种,小组讨论,可以记住50%的内容。第六种,"做中学"或"实际演练",可以达到75%。最后一种是在金字塔基座位置的学习方式,是"教别人"或者"马上应用",可以记住90%的学习内容。

爱德加·戴尔提出,学习效率在30%以下的几种传统方式,都是个人学习或被动学习;而学习效率在50%以上的,都是团队学习、主动学习和参与式学习。从教育现状看,语文、历史更需要孩子们充分利用自己的全部感官。有些孩子虽然脑瓜聪明,解题能力强,但往往口才不佳,动手能力较差。反思原因,刻板的文科教学方式难辞其咎,因此新时期的教学方式需要更加丰富、多元,教师必须多给学生创设有选择的、主动参与学习的机会,加强活动型课程再造,这样才能提高学习效率。

辩证地看,"学习金字塔"只是提供了不同模式的学习效果比照,在语文教学改革中,我们不能因此否定或抛弃听讲、阅读等传统学习方式,因为这些方式在语文核心素养的发展中也是非常必要的。例如,语言习得有渐悟性特点,需要大量的阅读实践。吕叔湘先生曾指出,一个高中生一学期要阅读80万字才能提升阅读能力,而现在的高中生远不能达到这个要求。

在对待"审美鉴赏与创造"这项核心素养方面,教师尤其需要掌握正确的鉴赏知识与方法,并将它们传授给学生,学生需要认真地听讲之后再去实践。如怎样运用现代小说观鉴赏小说,散文写作的重心在哪里,解读散文应遵循什么原则。有的地方教改开展得轰轰烈烈,但我们也要多思考一下,让学生做主体,教师是不是做个主持人就行了?教学中更要格外慎重思考:追求审美认识的开放,感悟是不是可以跟着感觉走?开放是不是就可以随心所欲?学生怎样答都是正确的吗?显然这样做是错误的。

作为师者,教学中只有"心中有丘壑",才能因地制宜,因材施教,才能培养全面发展的人。核心素养的提出改变了我们的教学观、知识观。我们的知识观、教学观的改变,必将引领我们学生学习观的改变,人民至上、生命至上和国家至上的理念将会深入人心。随着"互联网+教育"模式的快速发展,教育技术信息化融合了视频、文字、图片等多种媒质,给学生带来了全新的多方面的感官体验,对教育工作者提出了更高的要求。当前,传统的教学方式已经不能满足学生在课堂上的学习需求,学生更希望有轻松愉快的学习体验,真正成为学习的主人,在学习过程中感受学习的快乐。这些都是以往的教学方法难以满足的。教师应该将"互联网+教育"与语文教学有机结合起来,进而整合,给学生带来更多的感官体验。在"互联网+教育"时代背景之下,教育技术信息化使高中教育焕发出新的生机,信息技术以独特的优势迅速推动了教育事业的蓬勃发展。在高中语文教学中,充分利用"互联网+教育",落实核心素养,创设情境体验,推动学生的体验式交流互动,并培养学生运用语文知识的能力,使学生成为课堂上的学习主体,从而达到语文教学的目的[①]。

(二)发展方向

1.培养的多样性

新理念下即当前处于教育理念不断发展的大背景之下,以及新课程改革与素质教育的全面推行,高中语文教学必然会有较多的变化或改革,这

---

① 任卫杰.核心素养下的语文教学策略探究[M].宁夏:阳光出版社,2021.

就使得其中学生核心素养的培养会朝着多样性的方向发展。多样性具体体现在多样的培养方式,多样性的培养思路以及多样的培养考察方法。多样的发展也是新理念下新进教学思路的体现出了我们对于教学有效性的追求。例如,以方式多样性发展为例,我们可以在高中语文教学中应用新型教学方法来培养学生的核心素养,应用新型教学资源等。

2.内容的丰富性

内容的丰富性是指核心素养本身将有着更加丰富的发展,主要体现在内涵上。核心素养本身就是基于教育的理念不断发展的基础上而产生的,也可以说是素质教育的全面深化,这就说明的了核心素养的内容的丰富性发展直接与教学理念下的发展相关,即新理念下核心素养内容将不断地丰富。在高中语文教学中,随着教育理念的发展,课程教学内容丰富化,学生能力学习也多样性的发展,核心素养的内容丰富的同时培养的多样化发展也在同步跟进,可见新理念下,学生核心素养的培养质量也在不断提升,与此同时高中语文课堂教学的有效性也会大幅提升。

3.更多的实践性

实践性的发展,是未来核心素养的培养的重要发展方向,这不单是教育理念的发展的要求,也是教育本质的要求,语文课程最大的意义就是教会学生懂得汉语知识,获得交流沟通能力,能够组词行文造句,这一切都是具有实践性的特色的。学生核心素养简单来就是对于学生适应社会发展,促进学生个人发展的一切有利因素的总和,实践是语文的教学的目的,那么新理念下学生语文核心素养的就会朝着实践性的方向发展。例如,在高中语文教学中,更多的实践于理论相结合的教学方式将会被大大应用,这不但可以大大促进学生的语文知识水平,对于学生语文核心素养培养也会产生实践性方向的推动作用[①]。

---

① 程子函.新理念下高中语文教学核心素养的培养发展方向[J].科学中国人,2017(21):453.

第三章 高中语文的教学过程创新

第一节 备课环节

一、传统备课的反思

备课,是课堂内容的理论化,课堂,是教师备课内容的实践化。备课在教师教学工作中起着重要的作用,也是上好一堂课的关键。传统的备课方法,诸如:以教师的说教贯穿课堂始终、满堂灌教学、填鸭式教学等模式已经不能适应新时代教育观念的要求了。新的教育观呼吁"尊重学生的主体性""尊重学生的个性化发展""坚持以人为本的教育理念"等,面对新的教育理念的出炉,为了更好的促进当前的教学工作的顺利进行,不能不对传统备课进行反思和改进。

(一)传统备课中存在的问题

1.备课目标的单一性

语文课程的性质反映了语文是工具性和人文性的统一。"语文学科工具性与人文性统一的特点要求语文课堂教学目标的定位要处理好抽象目标与具体目标、即时目标与延时目标、预设性目标与生成性目标、体系性目标与非逻辑性目标等各种矛盾关系。"这就是说,"语文课堂教学的目标的定位应该是一个体现着教师对课程标准、课本、学生、编者和自身等要素进行综合解读的过程"。但是,在传统备课中,存在着目标单一化的倾向。无论哪种体裁,语文知识的培养目标向来是教师备课当中一成不变的重点,甚至成为教师备课中的唯一目标。字词、语法等基础知识的掌握自然也就成为了高中语文教师授课的重点,有些老师不自觉的陷入只有文字教学,而无文学教学和文化教学的尴尬境地,太注重知识性而忽略人文教育。传统语文备课理念体现在教学设计中,具有明显地灌输知识的倾向,疏于对教学过程的安排以及学生人文精神的培养等。这在传统的教案设计中,数见不鲜。下面是笔者在网上浏览到的《孔雀东南飞》的一篇教案。

教学目标:

①能够认识到汉乐府民歌对《诗经》现实主义传统的继承,两汉乐府诗是古代诗歌发展的一个重要阶段,本诗在文学史上的重要地位。

②学习和掌握本诗通过人物对话以及在尖锐的矛盾冲突和曲折的情节发展中塑造人物的特点。

③学习本诗中赋、比、兴的创作手法。

从这篇教案的教学目标设计来看,就只是关注它的文学常识、创作手法、创作特色等,对文本的人文价值缺少解读。教师在备课过程中,突出知识的重要性,这一理念是值得肯定的,离开了语文知识,语文能力和语文素养就无从谈起。但是,教师因为过分重视知识的传授,忽略了学生其他方面的能力的培养,缺乏对学生情感、态度和价值观的引导。这样的结果,往往导致学生思维的单一性,这对于教育界呼吁"学生全面发展"的理念想违背。在教学设计中注重情感的注入就会突显语文教学的人文关怀,这样为培养学生成为真正的人打下坚实的基础。

2.备课理念的偏激性

苏霍姆林斯基说过:"作为全面发展的理想的个性是和谐的,没有和谐的教育工作就不可能达到和谐的发展。学习、上课、完成作业、经常得到分数,这一切绝不应当成为用来衡量、评价一个人的唯一的、概括一切的尺度。"

很多的教师本着"高考定输赢"的理念,教学质量的高低仅仅拿学生成绩的优劣来衡量。这一理念体现在教师备课当中,就是备课的内容几乎全部围绕"高考"来展开。这就使得传统语文教学出现"习题战术"和"浮躁之风"。

笔者曾经在一个重点高中的高三语文课堂中发现,很多老师都是这样安排课程的,第一节:学生做模拟卷;第二节:老师进行评析;课外:试卷纠错。大量习题练习,周而复始,毫无例外。诚然,这样收获的成绩确实是

"骄人"的,但是,学生的思维已经被限制在一个固定的模式当中,做习题、听讲析、继而进行纠错,真可谓是"一心只做模拟卷,两耳不闻窗外事"我们不难发现,倘若哪一年的高考出现个新题型,往往这类题型错误率最高。学生在面对"新情况"时,往往显得束手无策,不懂得"以不变应万变",实际运用能力薄弱。

教师在备课当中,应适当地根据考试大纲来进行教学安排,并无过错。但是,过度地去追随、迎合考试,而置其他于不顾,这就是教育工作者的失败。近些年的高考作文出现一种明显的倾向:学生大量的弄虚作假,试图编造一些催人泪下的凄惨故事或者感人事迹来打动评分专家,以博取高分。学生出现千篇一律的"思维",套用模式,缺乏新意。扶老人过马路,父母双亡、生活如何不易,救济和帮助与自己毫不相干的人,等等。如果搀扶老人过马路等此类情况确实属实,理应得到赞同。尊老爱幼、扶贫济弱是中华民族的传统美德,证明现在的学生是有爱心、有同情心、有责任心的一代,是可喜可贺的。但是,抄袭别人的内容,套用模式,固然可以抄来文字、抄来故事,却抄不来"情感"。情感的空洞和虚假很容易辨认出故事的编造和虚拟。还有的学生整篇都是华丽的辞藻,内容空洞、乏味,没有任何意义。高中生出现了"伪个性化的写作倾向"。文章缺乏"真",很少有个人的真情实感渗透其中,只是单纯一味地在"编",无痛呻吟、浮华不实是现在学生普遍所存在的一个问题。教师在教学过程当中,盲目追求"创新"、追求"生动"、追求"感人",却忽视了对学生最真实情感的塑造和培养。高中生正处于价值观、人生观的形成期,而教师作为学生教育的主要工作者,教师的思想行为、教学态度、一举一动影响着学生对社会的认知和评价,而我们当前的教育大力倡导"以人为本"的理念,培养学生形成健全、良好的人格和正确的人生态度。我们的语文教学在传授知识的同时,却很少意识到,学习的本身也正是学生形成价值观、人生观的过程。在这一阶段,知识的接受和能力的形成固然重要,但是,育人的功能绝不能忽视,太功利化的结果往往会导致事与愿违。

3.备课中课堂设计的单调性

传统的备课中,教师在教学过程的安排上,课堂设计单一。以讲授教学为主,缺少情景教学、讨论教学等,教学过程呈现单调性。例如,对于《孔雀东南飞》教学过程的设计:①文学常识。②作品简介。③理清思路、把握全文(分段落)。④创作特色和艺术成就。笔者还看到过这样一个案例,讲的是中美老师关于灰姑娘故事的不同讲解。我们中国老师是这样安排教学过程的:

教学过程:

老师:今天上课,我们要讲灰姑娘的故事,同学们都预习了吗?这个故事的作者是谁?哪年出生?作者生平事迹如何……

学生:这肯定要考了。(低声道)

老师:我们开始讲课文,谁先来给课文分段并总结每段中心大意。

学生:总分总……

这只是教师教学过程的一部分,但是,接下来的,不用说,我们也都清楚。无非就是总结全文中心思想,分析艺术特色等等,课堂设计的单调性,扼杀了学生学习的积极性和创造性,学生拿到一篇文章的时候,就知道分段落、总结中心思想。

课堂设计的长期的单调性也使课堂教学变得乏味。考试的压力、语文学科成绩的见效慢、课堂的枯燥无味,难免会出现高中生所流传的"上语文课就是上自习"的现象。学生拿出大把的时间,花大量的功夫在数、理、化的学习上,甚至在语文自习课上做数学、英语作业。这种情况在高中可谓数见不鲜。语文老师在抱怨学生"重理、不重文"时,往往忽视了问题的根本所在,没有从内因来找原因。

课堂的设计也就是教学实施的过程。那么教学过程是否重要?什么是教学过程呢?"所谓教学过程,即达到的教学目的或获得所需结论而必须经历的活动程序。"既然是学生获得所需结论而必经的活动程序,那么,学生的创新能力、思维能力,进行自主、合作、探究的学习方式等都是在这一过程当中培养和形成的。教师在备课过程中,课堂设计的单调性,就是对过程的不重视,也是对学生创造性、个性发展的忽视。

4.备课中教师思想的"一体化"

在教育工作者中,不难发现,很多教师抱守着自己的一本教案,从始至终,毫无立新标异。把自己的一种思想交给一届又一届的学生,也有些教师盗用他人教案,懒于追求新的"思想"。笔者看到过这样一个案例:

一位老师讲《坐井观天》时,为了培养学生的想象力,进行了一次说话训练课,以《青蛙跳出井后》为题。学生都十分踊跃,有的学生说,青蛙跳出后,看到高高的山和一望无际的田野……它陶醉了。有的说:"青蛙跳出后,见到了无边无际的大海,海涛声吓得它忙向小鸟求救……"老师对此回答十分满意。但有个同学是这样回答的:"青蛙跳出去,它到外面看了看,觉得还是井里好,它又跳回去了。"同学们笑了,老师也笑了,并随口说道:"我看你是一只青蛙,坐井观天。"随后,老师让学生把想的、说的写下来,后来在批阅作文当中,老师被这位同学的故事震撼了,最后,老师在学生的作文本上工工整整地写下:"对不起,老师是一只青蛙。"这位学生是这样写的:青蛙出来后,来到小河边,它渴了想喝水,忽然,它听到一声大吼:水里有毒。果然,水里确实漂着不少死鱼。当它刚要回头向关心它的老青蛙道谢,就听到一声惨叫,老青蛙被刺穿了身子……它吓呆了,这个世界太可怕了,它急忙赶回去,又跳到井里。

看到这篇案例的时候,笔者也为之深深震撼。语文学科的学习不同于其他学科,有着固定如一的答案,语文是人文学科,注重的是人的情感。而教师一味地"抄",抱着固有的思想死守不放,教师对文本的独特的见解也就逐渐被吞没了。就会出现上述案例中的老师一直认为的青蛙应该跳出去,而不应该跳回来。她没有教会学生:要勇于走出去,开拓自己更广阔的天空。但是,当我们遇到危险的时候,不能硬着头皮上,要有保护自己不受伤害的能力。

这尽管是小学课堂的案例,却也带给高中教师深深的反思。高中教师又何尝不存在这种现象呢?教师的备课当中,对问题的答案早已成型。对学生不一样的回答很多情况下给以否定。而没有深入的去思考,学生不同的回答是否有其道理。提到《项链》就是,女主人公多么虚荣,提到《孔雀东南飞》就是,焦仲卿是个懦弱的人。教师思维的"固定化"把学生的思维也限制了起来。这样培养出来的学生,创新精神和独特的个性又从何谈起呢?

（二）传统备课中值得借鉴的优点

传统的备课方法确实存在着种种弊端,但不能对其进行"一刀切"和"全盘否定"。传统教学中的不足,我们要大胆扬弃。同时,我们也要借鉴和吸取传统备课中的精华,以更好地指导我们当下的备课工作。

1.备课目标的明确性

在前面传统备课的反思中,提到教师备课目标的单一性,那么导致这个不足产生的原因就是很多教师在备课当中仅仅把知识作为教学的唯一目标。目标是一切行动的方向,备课所涉及的内容均是围绕目标所展开的。目标的单一性就使得传统教学备课中目标的明晰化,不会出现多个目标造成内容混杂的现象。教师围绕一个目标进行备课,也不容易偏离中心。例如,前面提到的《孔雀东南飞》的案例。

教学目标:

①能够认识到汉乐府民歌对《诗经》现实主义传统的继承,两汉乐府诗是古代诗歌发展的一个重要阶段,本诗在文学史上的重要地位。

②学习和掌握本诗通过人物对话以及在尖锐的矛盾冲突和曲折的情节发展中塑造人物的特点。

③学习本诗中赋、比、兴的创作手法。

又如《行而有礼》的教学设计:

①掌握文中重要的文言实词、虚词及文言句式;

②理解文章内容,能够根据课下注视进行全文翻译,背诵重要篇章。

从上述教学案例中,可以明显看出,这堂课的教学目标就是对基础知识的学习和掌握。教师在教学过程中,不会出现顾此失彼的现象,所讲的内容都是围绕着知识这层目标展开的。因此,在二维目标理念指导下的备课,教师在设计教学目标中,应该继承传统备课目标明晰的优点。根据课本内容的不同,对三个目标进行合理设置,突出哪一方面,强化哪一部分,教师在备课过程中,应该明确,避免出现课堂教学"一锅粥"的现象。

2.备课中教学设计的有序性

传统备课中教学设计的单一性,又使得课堂安排呈现出有序性。提到的对于《孔雀东南飞》教学过程的设计:①文学常识。②作品简介。③理清思路、把握全文(分段落)。④创作特色和艺术成就。

在教学的安排上,教师在备课中,思考更多的是,教师怎么引导,怎么把内容讲清楚、讲明白。学生只要认真听、认真记就可以了,顺着教师预设好的教学思路进行就可以了。尽管这样看来,教师在课堂上扮演着不可替代、绝对权威的角色,扼杀了学生的参与性、主体性,但是,从一定程度上来说,这样的教学安排使得课堂非常的有秩序,不容易出现因学生讨论过于激烈致使课堂混乱、进度推迟等现象。因此,新课程下的教师备课应该坚持"适度"原则,避免出现"过犹不及"的现象,继承传统备课中的优秀成分,在此基础上进行变革。

3.备课中重视基础知识

学生综合能力的培养是建立在掌握一定的基础知识之上,传统备课中,教师重视知识的传授,使学生拥有扎实的学科基础知识。从以上内容中提到《孔雀东南飞》的案例中,明显可以看到,传统备课中,对于基础知识的重视。

在倡导以"三维目标"为理念来指导语文备课工作的今天,"知识和能力"仍然是三维目标的基础。无论从教学成绩抓起,还是从学习能力、综合素养谈起,离开了"知识和能力"这层目标,其他目标的实现只能是空中楼阁。而在"知识和能力"中,知识的习得才能逐渐转换为能力。不具备一定的知识素养,能力也就只能沦为空谈。就像初生的婴儿还没有学会走路,就妄想使她拥有跑跳能力一样是荒谬的。在我们传统的备课工作中,不论哪种体裁,"基础知识"一直是教师备课的核心。教师在备课中,通过安排讲解、学生练习、课后作业等各种形式对基础知识加以学习和巩固,最终达到掌握和熟练的目的。

尽管新课标推出以来,各相关人士都大力强调语文学科要重视"人文性"和"学生全面和谐发展"。但是,作为工具性的"基础知识"绝对不能忽视。字的学习,使我们了解到词语,词语的学习,我们有了造句。句子的掌握,我们读懂了段落,段落的熟知,我们开始了思想。没有丰富的基础知识的储备,要指望学生能够成为有较高素养、适应新时代发展的新型人才都只是空谈。因此,"三维目标"指导下的语文备课,教师仍然要继承传统备课过程中重视"基础知识"学习这一原则。

4.备课中重视多读和背诵

传统的备课当中,教师注重学生的多读和背诵。通过安排课堂或者课下,让学生对作品进行大量背诵。"书读百遍,其义自见"。语文作为一门言语教学,对文章大量的诵读、背默,不仅仅可以培养语感,增强记忆力。最重要的是,在反复朗读进而能够背诵的过程中,也是学生对文本进行不断解读和更深层次理解其内涵的过程。同时,学生朗读和背诵的多了,相应积累的知识也就多了。由于受到潜移默化的影响,运用语言也就更得心应手了。

因此,当下的语文教育也应该充分重视学生对文本的多读、背诵。特别是高中生对于文言文的大量背诵,在这一学习阶段,文言文对其来说,不容易理解。背诵的多了,对字词段落的理解慢慢就明了,而且,在文言文的反复诵读中,学生不停的体味、品味,必然能够或多或少的体悟出文言文的写作特色以及作品的创作情感等。在和别人交流的时候,也能够妙语连珠、口若悬河。总而言之,"背诵这种典型的传统学习方法,是一种适合语文学科特殊性的有效的学习方法"。三维目标下,教师在备课中要对其进行继承和发扬。

二、语文备课理念的转变

备课作为一堂课的前奏,备课的目的乃是为了上课。教师作为备课的主体,学生则是其受体,而这一过程的实施载体则是课堂。在总结了传统备课的不足和经验的基础之上,教师备课在三维目标指导下,应该秉承什么样的教学理念,学生在课堂中要扮演什么样的角色,教学方式应该采取什么样的形式来更好的服务课堂,也是新形势下,教师备课所不容忽视的。

(一)教师理念的转变

教师作为学校教育的主要工作者,能够指导学生、支配课堂。学生知识的获得,良好学习习惯的养成、正确价值取向的形成,很大程度上是从老师那里获取来的。因此,适应新课改所进行的一系列转变,首当其冲从教师做起。周立群、庞车养在《与新课程同行:语文新课程教学论》中指出,新课程理念下,教师要实现三个方面的转变:"教师要成为学生学习的组织者和引导者,学生学习活动的促进者与激励者,教育教学的研究者。"对此观点,笔者也颇为认同。那么,如何成为学生学习的组织者和引导者,学生学习活动的促进者与激励者,教育教学的研究者。笔者试图通过具体实例来加以阐释。

1.教师是学生学习的组织者和引导者

我国的教育家陶行知先生曾经说过:教育孩子的全部奥妙在于相信孩子和解放孩子。相信孩子和解放孩子也就是倡导让孩子自主的学习,教师要成为学生自主学习的组织者和引导者。

三维目标理念也要求,把课堂还给学生,最大限度地发挥学生的自主性、能动性、创造性,培养学生在学习过程中发现问题、解决问题以及与他人进行合作等能力。而这一系列过程的实施,单凭学生自身条件是无法完成的,这就需要教师成为学生学习的组织者。在备课中,教师秉承"倡导学生自主、积极学习"的理念来组织安排教学过程。传统的教学生如何听明白、学会的状况,要转变为不仅在有限的讲授时间里使学生掌握相关知识,更为重要的是,通过备课来安排和组织教学活动,来实现学生的自主性、积极性。同时,高中生的智力因素和非智力因素还处在发展的状态当中,看待问题、思考问题以及对问题的是非判断、价值观的取向也尚都需要健全,还需要教师正确、合理的指导来以此启发。因此,教师不仅是教学工作的组织者,也是学生学习的引导者。教师在不能"满堂灌"的情况下,如何恰当地"点到为止",能使学生茅塞顿开,并不是一件简单的事。

2.教师是学生学习活动的促进者与激励者

新课改要求,把课堂还给学生,让学生成为课堂的"主人"。因此,教师在备课过程中,就要有关注学生知识性的学习转变为关注学生体验性知识的学习。不再只是传授现成的知识,而是要成为学生自主学习的促进者与激励者。在提倡学生自主学习,主动探究、掌握知识的过程中,还需要教师给以适当的督促和帮助,避免放任自流现象的发生,要引导学生沿着正确的道路前进。课堂师生之间的互动过程中,教师可以对学生进行适当的鼓励和称赞,用赏识、激励等手段促进学生主动学习、积极探究,培养学生在学习中的自信心。

在社会当中,教师被冠以"园丁"的美称。每一个学生都是需要栽培的花朵,可能花朵有大有小,品种也不尽相同。但是,每一朵花朵都有自己的芳香,都需要园丁的用心浇灌。因此,教师要从传统"道德说教者"的角色中抽离出来,真正成为学生健康品质、健康心理的催化剂,让学生体验到学习语文的乐趣,树立学习的自信心,能够在充满激情的课堂氛围中学习知识,陶冶情操。

3.教师是教育教学的研究者

传统的备课当中,教师主要职责是教学,研究只是一些专家们的事情。教育界提出一些能够促进教学的好的方法,教师拿到工作中实施,教师只要做好教学工作就足够了。三维目标要求学生成为具有创新能力的个体,倘若一个老师都没有丝毫地创新意识和创新思维,在教学当中必然不会引导学生进行思考性的创造,又何谈培养学生有这方面的能力。

现在网络、报刊媒体的方便化,也使很多教师懒于思考,造成普遍出现的教师思想一体化现象,教师思想的"统一化"。久而久之,学生的思维也出现"一体化"。新理念要求教师是教学的研究者,一方面就要通过对课程进行不断学习和研究,能够从中得出自己独特的见解。同时"作为研究者,教师在教学过程中要以研究者的心态置身于教学情境之中,以研究者的眼光审视和分析教学理论与教学实践中的各种问题,对自身的教学行为进行反思,对出现的问题进行探究,对积累的经验进行总结,从而形成规律性的认识"。这也就要求教师在教学过程中,要不断学习进步,要博览群书,拓宽自己的知识面。同时,能够静下心在书本面前坐下来,深入思考。试想,一部作品,无论多么伟大,如何没有遇到精致、敏锐的教师的发现、开掘,永远就只是一篇简单的字与字的组合。因此,这就要求教师在备课过程当中,要善于思考和钻研,用研究者的心态去解读文本、分析问题、总结教学方法。把教学与研究结合起来,促进教师素质的不断提高。

(二)学生角色的转变

教师作为备课的主体,客体则是学生。教师备课的所有内容和活动都是针对学生进行的。因此,新课程理念下教师的备课,也要实现备课对象的角色转变。新课程改革以来,"学生是主体"这一理念已被社会所公认,各门课程都在极力倡导发挥学生的自主性,充分体现学生的主体性,使学生由过去被动的学变为现如今所提倡的主动的学。因此,教师在备课过程当中,要思考通过一些教学方法来调动和激发学生学习的积极性。把课堂还给学生,使学生成为"课堂的主人""学习的主体"。那么,教师要破除"满堂灌"现象,学生要成为"课堂的主人",也就是教师在课堂中要扮演配角的角色,要"少讲",学生要充分担当"主角",要"多说"。课堂不是鸦雀无声的课堂,是交流思想的课堂。过去的"满堂灌"是教师把自己得来的思想灌输给学生,师生之间缺乏交流。现如今的课堂强调学生是主体,也就是要求学生在课堂交流思想的过程中,学生要"多提、多思、多说",多提出问题,多思考问题,多说明看法,变没有交流的课堂为师生互动的课堂,在李镇西老师、魏智渊老师等一些优秀教师的教学实录中,可以发现,这些教师非常注重与学生的交流和对话,调动学生学习的积极性和主动性,引导学生去思考问题和解决问题,使学生真正成为课堂的"主角"。

1.学生的主体性

"学生是主体"要求"学生是学习和发展的主体,学生是学习的主人"。这也就是说,学生要成为自主的学习者,自愿的学习,而不是被迫而学。教师在备课过程中,要去激发和调动学生的学习兴趣和积极性。苏霍姆林斯基说过:"学生在入学的时候是带来渴求知识的火花的,但是这点火花很快被熄灭了,而产生了教学上最凶恶最可怕的敌人——学生对学习的冷淡态度。"不难发现,在每个学期的开始,大部分学生都是怀揣着一颗饱满的热情之心去学习的,但是逐渐的,学生在学习中便失去了热情。教师忽视了学生的主体性,只是按照大纲和教学任务来安排教学,要求学生要背会哪篇课文,掌握哪个语法知识,把课堂拘泥于教室当中,没有从根本上来使学生愿学、乐学。新课程理念下,要求学生是学习的主体,教室要能够点燃学生渴求知识的火花。语文课堂不要仅仅拘泥于教室,可以在恰当的时机带领学生去感受自然、体悟人生,让学生从其中找到乐趣,真正成为学习的主人。

学生是主体,还要求学生是活动的主体,在课堂互动交流中,学生要充分扮演"主角"的作用。前面提到一位实习生讲郁达夫《故都的秋》的案例,其中很多环节上,都充分体现了教学过程中学生的主体性。让学生进行朗诵、思考以及回答的过程,打破传统教学中的"满堂灌"现象,使学生成为解决问题的主体,教师只是起引导作用,突出了学生是活动的主体。

最后,学生是主体还要求学生是教育的主体。教师是教育者,其教育对象则是学生。因此,教师要因材施教。还拿《故都的秋》为例。老师在评述实习生的课堂教学时候,强调要以学生的现状为基础来组织和引导教学。同时,这也是对"学生主体性"的充分肯定。这就要求教师在备课中,要从学生的角度出发来切入问题和设计问题,安排和组织教学。问题的设计、教法的安排都是从学生的角度来进行的。课堂是"学生"的,不是以教师为主。

2.学生的益智性

苏霍姆林斯基说:"许多学校和教师的真正可怕的失误,就是他们把学生的主要力量用到消极的掌握知识上去了——这就是让学生消极地去掌握教师现成的东西,死背教科书,一个人到学校里来上学,不仅是为了取得一副知识的行囊,而主要的还是为了变得更聪明"。学生的益智性也就是在学科教育过程中,要提升学生的能力、智力以及道德认知等,使学生成为高素质、高品质、好体质的个体。首先,要使学生拥有一个好的体质。"身体是革命的本钱",学生的发展不仅需要脑力劳动,也离不开体力劳动,让学生热爱劳动,积极投身于劳动,从劳动当中也可以发掘学生的智慧,丰富课外活动也是智力的拓展。其次,在教学过程中,要提升学生的能力,在对现有知识掌握下,能够灵活运用,通过已有知识去获取新的知识。同时,语文学科的人文性要求要培养学生正确价值观、人生观的形成,提升学生的道德认知能力。

3.学生的创新性

学生的创新性也就是教师在备课过程中,要促进学生创造力的发展,使学生的思维具有开放性。

(1)"开放性问题"的设计,来提升学生的创造性

教师可以采用"开放性"的问题训练学生,设计从不同的角度就可以得出不同答案的问题,来培养学生发散性的思维。

教学案例：

师：今天，我们来学习《沂水春风》，下面还有一个标题《子路、曾皙、冉有、公西华侍坐》。大家更喜欢哪一个？

生（异口同声）：沂水春风。

师：为什么？

生：有春天的味道。

生：有诗意。

师：那么这到底会是怎么一幅画面呢？请同学们用文字描述一下。

生：当暮春时节悄然而至，我们换上春季的薄纱，和几个友人，徜徉于沂水河畔，浸一浸衣衫，沐浴春华，在舞雩坛上，任凭柔风洗涤，悠然唱歌而归，何尝不是一件美事啊！

生：暮春时节，人们换上春服，与友人相约，在沂水洗一洗，当如丝线般柔滑的溪水滑过肌肤，带来阵阵凉爽。任凭风的轻抚，与风共舞，唱着歌回家，一天的烦恼顿时烟消云散……

生：暮春三月，新缝的单衣上了身，或绿水高台，或远山如黛，约着几个朋友，结伴而行，欢歌笑语，去沂水边涉水而过，一路，歌声不断……

教师通过《沂水春风》这个标题为切入点，点燃学生的激情。让学生畅想"沂水春风"将会是一个怎样的画面。这就是一个仁者见仁，智者见智的问题了。没有标准答案，可以围绕这一主题，随意畅想，发散思维。

（2）延迟评价

所谓"延迟评价就是教师不马上对学生的回答做出评价，以避免由于过早评价而抑制学生的创造性思维"。著名教育家艾·诺·怀德海说过："第一千个观念也许正是改变世界的观念"。教师在提出一个问题的时候，要耐心听取学生的观点，不要过早对与既定答案不相符的给出否定。

教学案例：

师：总结一下，你们对沂水春风的理解，大概有三种：

①在沂水中洗澡，在舞雩台上吹吹风；

②在沂水上涉水而过，像龙从水中而来，在舞雩台上唱歌祭祀；

③在沂水上象征性的洗洗，以除灾祈福。

师：解释不同,包含的思想亦不同,请同学们讨论一下,其中包含了什么思想?

生：我觉得①、②体现的是道家思想,两个都是在水中玩耍,③体现的是儒家思想,因为她只是象征一种仪式。

师：②怎么会是道家思想呢？涉水而过,那肯定是儒家思想,②、③点更能体现礼,是儒家思想,①是道家思想。

这一环节,对于整堂课来说,是一个不足之处,老师还没有给学生讨论的空间,而是用"②怎么会是道家思想呢,是儒家思想"就带过了。扼杀了学生对文本个性化的解读和思考。教师不应该直接否定学生的想法,应该鼓励学生提出自己的观点和看法,学生利用文本进行交流,老师再加以引导,思维的火花就会得到绽放。

(三)教学方法的转变

"教学方法是为完成教学任务而采用的方法。它包括教师教的方法和学生学的方法,是教师引导学生掌握知识技能,获得身心发展而共同活动的方法"。

新课程改革学习方式转变的核心理念就是培养学生形成自主、合作、探究的学习方式,改变过去一味地接受、死记硬背、机械化的学习。这一理念,是对传统教学重受、轻过程教学方式的扬弃。也是对"学生主体性"的允分肯定。教学方法是围绕着教学目标展开的,目标不同,方法可能就大相径庭,即使同一目标,也可能采用不同方法来达到目标。

1. 引导式

引导式的教学方法,指的是教学的全过程以学生的活动为主,教师只起到一个"导"的作用。教师对学生引导的过程,也是教师与学生交流思想、情感的互动过程。

教学案例：

这是魏智渊老师《孔雀东南飞》的课堂实录。魏老师在《孔雀东南飞》的第二节课堂中给学生提出了三个问题,其中第二个问题是:刘兰芝的自杀是不是对封建礼教的反抗?

学生A：我觉得不是。

老师：为什么？

学生A：她是对封建礼教的屈服，否则，她就不会自杀，而会再婚。

老师：我微笑着说，你的这句话不是搬起石头砸自己的脚吗？被逼走投无路，选择自杀，难道不是对封建礼教的反抗吗？如果她再婚，难道不是对礼教的遵从吗？

老师：还有同学要发表意见吗？

学生B：她不愿嫁给太守的儿子，又被哥哥逼得不得不嫁，但她已经跟焦仲卿有个誓约。'黄泉下相见，勿违今日言'，因此，我认为她是殉情，不是反抗封建礼教。

老师：她殉情是受到哪方面的压力？

学生B：当然是来自家庭方面的。

老师：那么家庭方面的压力是不是来自封建礼教的压力呢？

学生B：我不太清楚。

老师：比如：刘兰芝的哥哥压抑她，焦母压抑她，我们不能说这不是封建礼教吧？

首先，这是一个学生互动的课堂，教师提出问题，学生各抒己见。充分体现了学生的主体性，同时，也是一个师生互动的课堂。学生提出看法，教师适当的进行指导，启发学生多角度的思考。

2.讨论式

讨论式的教学方法，就是通过学生的讨论来达到教学某一目标。目的在于调动学生的积极性，形成学生自主、合作、探究的学习方式。

教学案例：

有一位老师讲《周而不比》的时候，问学生：如果选其中的某句送给社会上的某一种人，你们会选择什么？（学生纷纷回答）

学生A说：送给官员。

学生B说：送给父母。

学生C说：送给同学、朋友等，并且也都阐述了各自的观点和看法。

可以发现，学生也都是乐于参与的，同时，教师利用这个讨论很好的实现了文本与生活的结合，达到了学以致用的目的。讨论式的教学不仅是学生、师生之间知识的交流,也是思想及其情感的交流,能够拉近师生之间的距离,教师也能够更准确的了解学生的学习接受能力,这对于"因材施教"能够起到很好的辅助作用。因此,教师在备课中,可以在课堂教学中设计问题讨论,学生发挥了学习的主动性,讨论的过程也是大脑进行思维的一个过程,创造性思维往往在讨论之中获得。

3.表演式

所谓表演式的教学方法,也就是情景教学,通过演讲、表演等形式来达到教学目标。这样不仅调动了学生积极性,也可以使学生通过亲身体会更深刻的感受作品中的人物的性格和情感。

(1)角色表演式的情景教学

例如:《氓》这篇文章的教学方法可以采用表演式的情景教学。

过程与方法目标:通过学生角色表演来体悟女主人公感情变化。(文章分为六段,第一、二段讲了女子由恋爱到婚姻的过程,这一阶段的感情基调是喜悦的。第三、四、五段讲了女子由婚姻到被遗弃的过程,这一阶段的感情基调是痛苦、悲伤的,最后一段是女子所表现出的决绝的心态。教师可以安排三个学生对每一部分进行朗诵,并且把女子的前后心情的变化要通过朗诵体现出来。使学生通过前后不同阶段的心情对比来更好的体悟出女子的感情变化。

表演式的情景教学方法不仅可以调动和激发学生学习的兴趣,学生在表演的过程中,也是对其表达能力的锻炼,同时,在这里,通过朗诵时语调、感情色彩的不同变化,学生就可以体会到女子恋爱时幸福的心情、被遗弃时候的痛苦心情。学生通过扮演作品中的人物进行朗诵、表演的过程,也是对文本情感的体悟过程。文学本身就是来源于生活的,情感的体验也是从生活之中获得而来的,把书本还原生活,能够使学生更加真切的体悟到作品的情感。

(2)演讲式的情景教学

人教版的高中一年级的第二册书第四个单元是演讲词的学习。演讲和演讲词就好比演戏和剧本,有好的剧本不一定演戏就好。新课程理念下要求学生要全面发展。因此,在此单元可以安排学生进行朗诵比赛,挑出其中一篇文章,抽出两节课的时间,安排每一个同学进行演讲。这是对知识转化为能力的锻炼和培养,是一门技能的练习。

表演式教学有其很多形式,教师在备课当中,应该集思广益,丰富教学方式,激发学生的兴趣和潜质,成为一个多才多艺的学生,能够在21世纪的竞争中,脱颖而出。

三、语文教材备课的思路

随着课程改革的深入,如何利用教材提高教学质量成为语文教学的主要问题。高中语文必修上册第二单元中的《以工匠精神雕琢时代品质》属于新闻类文本,学生对此类文本接触不多。作为高中课本中的选文,此篇新闻评论的新闻性体现得不是十分明显,文章的结构与思路相对复杂,对于初学者而言,理解难度较大,备课有一定的困难。因此,本文以《以工匠精神雕琢时代品质》为例,从课程标准、教材体系、文本内涵出发,探讨高中语文教材备课思路。

(一)明确课标要求,培育核心素养

在备课时,教学目标、教学重难点的确立,教学方法的选择,教学过程的设计都必须在通读《普通高中语文课程标准(2017年版2020年修订)》、明确课程标准要求的基础上展开。"随着语文核心素养提出,知识仅是一种手段和凭借,素养提升是语文知识教学的目的,这便构成了'素养取向的语文知识教学'。"所以,语文教材的备课需要在明确课程标准要求的前提下,围绕语文核心素养,挖掘课文中的语文要素,思考课文应该教哪些语文知识,可以发展学生哪些语文能力,以此来确立教学目标,展开教学设计。

1.阅读教学要求

从教材编排来看,《以工匠精神雕琢时代品质》出自高中语文必修上册,需要重点关注课程标准中对必修课程阅读所提出的学习要求。并且,本篇课文的文体为新闻评论,因此还应特别关注实用类文本的教学要求。

课程标准在课程内容的学习要求中指出,要"理清思路,概括要点,理解文本所表达的思想、观点和感情","阅读实用类文本,能准确、迅速地把握主要内容和关键信息,对文本所涉及的材料有自己的思考和评判"。在教学《以工匠精神雕琢时代品质》的过程中要引导学生厘清文章内容、梳理行文思路,对"工匠精神""劳动的意义"有自己的思考和价值判断。因此教师在备课时,应着重思考如何设计教学活动以引导学生厘清文章思路,并结合实际正确地认识工匠精神的内涵与劳动的意义。

2.语义学习任务群

语文学习任务群是语文核心素养的实现路径,因此在备课时需要考虑选文所属学习任务群的学习目标。

本篇课文是高中语文必修上册第二单元的第5课,从单元的整体编排来看,本单元实用类文本居多,除了第6课的诗歌两首,其余几篇都是新闻类文章。从整体上看,本单元应属于"实用性阅读与交流"任务群,但《以工匠精神雕琢时代品质》是评论性的文章,行文的论述和架构与"思辨性阅读与表达"任务群密切相关,且涉及"语言积累、梳理与探究"任务群。因此,在进行《以工匠精神雕琢时代品质》的备课过程中,需要考虑以上三个任务群的目标和内容。

"实用性阅读与交流"任务群指出新闻传媒类内容要"分析其栏目设置、文体构成、内容的价值取向";"思辨性阅读与表达"任务群旨在"增强思维的逻辑性和深刻性";"语言积累、梳理与探究"任务群重在培养学生丰富的语言积累。依据相关语文学习任务群的描述可知,《以工匠精神雕琢时代品质》的教学要关注文本的价值取向,旨在通过本文的学习发展学生的思维能力与语言素养。教师在对本篇课文进行备课时,要着重思考如何在本篇课文的教学中发展学生的语言运用能力和逻辑思维能力。

3.语文核心素养

学科核心素养是课程目标的集中体现,课堂教学是实现课程目标的重要环节。教师在对高中语文教材进行备课时,需要仔细研读语文核心素养的相关要求。

语言建构与运用是语文学科核心素养的基础,语文课程的基本特点在于工具性与人文性的统一,而语文课程的工具性与人文性需要依靠语言文字来实现。因此,教师在备课时要通读全文,深入挖掘文本的语言特点,思考如何通过文本的语言学习去提升学生的语言能力。《以工匠精神雕琢时代品质》这篇文章所用到的"高精尖""炫彩酷""离群索居""臻于至善""正心诚意""技进乎道"等词语,时代性很强,并且用得生动形象。工匠精神是手艺人的安身之本,在自动化生产高速发展的今天,传统社会所孕育的工匠精神是否还被当今社会所需要?是否具有一定的时代性?这些问题是理解工匠精神所必须明确的问题,文章用词所体现的时代性,也是在呼应本文的论点(时代呼唤工匠精神)。教师在备课时应注重引导学生抓住重点词语进行品读、积累。

思维发展与提升是高中语文核心素养的重要组成部分,语言是重要的交际工具,也是重要的思维工具。直觉思维可以在文学作品的创作与解读中生成,逻辑思维可以在分析、归纳与概括中得到锻炼。《以工匠精神雕琢时代品质》虽然是一篇新闻评论,但是兼具议论性文章的特质,行文思路清晰,论证严密,具有一定的逻辑性,值得反复推敲,是训练学生思维的好文本,提供了良好的逻辑示范。同时,学生在梳理行文思路的过程中需要一定的逻辑思维支撑,这可以使自身的思维能力得到一定的锻炼与提升。在备课时,教师要尝试设计相关环节,给予充足的时间,引导学生主动去梳理文章行文思路。

审美鉴赏与创造是高中语文核心素养的四个维度之一,指向学生审美能力的培养。工匠精神所体现的是一种正确的、积极向上的价值取向,应大力倡导。《以工匠精神雕琢时代品质》着重介绍了工匠精神的美,是学生审美能力提升的重要学习素材。但情感是主观的,只有学生感受到工匠精神的美,才会认同这种精神,进而才能自觉传承这种精神。因此,在教学此篇文章前,教师要着重思考如何促进学生对工匠精神的认同。

文化传承与理解是高中语文核心素养的第四个方面,课程标准要求高中阶段的学生要在语文学习中继承和弘扬中华优秀传统文化。《以工匠精神雕琢时代品质》中的工匠精神是中华优秀文化的一种,热爱劳动、尊重劳动一直是中华民族的优良传统,并且劳动无处不在,无处不有。在教学中要引导学生思考是否需要工匠精神,如何在生活中践行工匠精神等一系列问题,这对于继承和弘扬中华优秀传统文化具有较强的现实意义。继承工匠精神需要理解工匠精神的核心理念,明确其精神内核,更重要的是要内化于心,外化于行,认同其当代价值,知晓其传承路径。在教学时,不仅需要唤醒学生工匠精神传承意识,而且还需要将工匠精神与学生的生活实际联系起来,指明其努力方向。例如工匠精神中的"求精""专注""创新",可将其与学生的学习态度结合起来,引导学生在学习生活中去践行工匠精神。

在备课时,教师应该有意识地设计相应的学习活动,引导学生通过阅读学习,积累文章好词佳句,习得语言运用能力,为写作增添色彩,使表达更具魅力。除此之外,还可以安排相关的教学环节,引导学生深入探究文本,在阅读梳理行文思路的过程中提升思维的广度和深度;帮助学生体会工匠精神中所展现的美,强化学生对工匠精神的体验,从而使学生明确工匠精神的当代价值,自觉接受正确劳动观、价值观的指引。

(二)参照助读系统,把握教学重点

教材为了使教师更加准确地把握教学要点,在单元导语、单元学习任务、单元写作主题等助读系统板块都给予了相应的提示,教师在备课时可结合助读系统来确立教学目标,完善教学设计。

《以工匠精神雕琢时代品质》出自高中语文教材必修上册第二单元。首先,从单元导语来看,本单元的人文性主题是"劳动",重点在于激发学生传承、发展、充盈劳动精神;工具性主题是了解新闻评论的观点,学习阐述观点的方法。其次,从单元学习任务来看,明确梳理、体会文章行文思路的要求,思考文章在选择评论角度方面的特点,并学以致用。这些任务提示文章的学习重点是要弄清楚文章是如何议论、如何论证的。最后,从单元写作主题来看,本单元的写作主题为"写人要关注事例和细节",着重于写作时的材料选取与角度。由此,可以确定本篇课文的教学重点:在了解文章观点的基础之上,厘清文章思路,掌握阐述观点的方法和角度;在明确工匠精神内涵的基础上,自觉践行工匠精神。

(三)深入文本内涵,挖掘教学价值

熟悉文本,挖掘文本的教学价值是课堂教学的基础,也是教师进行备课时的基本工作。《以工匠精神雕琢时代品质》这篇新闻评论观点鲜明、逻辑严密,深入阐述了工匠精神的内涵与时代价值,并呼吁成为工匠精神的践行者。从新闻文本特质来看,其教学重点在于文章的时代性与舆论导向作用。从议论文本特质来看,重点在于文章的论证思路。如果教师只从工具性角度去把握,一般会着重引导学生分析文章论点的提出和论证的思路。但纵观本单元的选文,都从不同角度彰显了劳动的伟大意义,目的在于激发学生传承、发展劳动精神。因此,本单元的编排并非单纯着眼于学生议论文素养的培育,而是重在对学生树立正确价值观、劳动观的引导。《以工匠精神雕琢时代品质》的教学价值就在于引导学生理解工匠精神,传承工匠精神,树立无私奉献、锐意进取、勇于创造的劳动观念。

(四)联系教学实际,创设任务情境

学生在课堂教学中居于主体地位,课堂教学目标的完成需要学生的积极参与与配合。恰当地创设情境,设置一定的学习任务,不仅能在一定程度上保证学生的课堂参与度,而且还能让学生在完成任务的过程中激发"主人公"意识,对课堂教学产生相应的学习兴趣,助力学生在"乐学"中培养语文思维。

《以工匠精神雕琢时代品质》所在单元的前面三篇人物通讯分别介绍了袁隆平、张秉贵、钟扬等人的优秀劳动事迹,是工匠精神的具体体现;后面两首古诗表达了劳动的美好与欢乐,是对工匠精神与劳动精神的赞叹和歌咏,由此可以看出单元选文内部之间的关联性与逻辑性。语文教学提倡大单元教学、专题教学,关注群文阅读。因此,教师可以将《以工匠精神雕琢时代品质》与第4课人物通讯紧密关联,结合"单元学习任务二"的第三项进行整合学习,设计情境性任务:"假如你是一位导演,要以本单元的文本为素材,拍摄一部以工匠精神为主题的微电影,你会选择谁成为主角?主要的情节内容是什么?"这样不仅可以让学生加深对工匠精神与时代品质关系的理解,而且还可以引导学生讨论工匠精神在袁隆平等三位优秀劳动者身上的体现,讨论如何选择角度对这三篇人物通讯进行评论。通过这样的任务整合,可以使学生对单元人文主题的理解走向深化,提升媒介素养。

课程标准指出应在具体的语文学习情境和活动任务中,全面考查学生核心素养的发展情况。因此在备课的过程中,教师需要创设一些新颖的、贴近学生生活实际的任务情境,帮助学生将所学知识转变为语文能力。教师可以设计相关实践活动,联系学生日常生活实际,如指导学生寻找"我身边的大国工匠",并为他撰写颁奖词。这样既能加深学生对工匠精神的理解,又能让学生在活动中接受工匠精神的熏陶,产生传承工匠精神的欲望,找到践行工匠精神的实际路径。

备好课是上好课的前提和关键。备课是对整个课堂教学的周密考虑,只有在备课过程中深入研读教材,才能在真正意义上明确教学目标和教学重难点,保证课堂教学顺利进行。如果备课环节有所欠缺,提高教学质量也将无法实现,教师理应重视备课工作。在对高中语文教材进行备课时,可以在明确课程标准要求,通读教材的基础上展开。要以课程标准要求为目标,充分利用教材的助读系统,挖掘文本的教学价值,并依据学情,结合实际情况,创设相应情境任务,助力学生语文核心素养的培育[1]。

四、语文文本备课的实践

传统备课中所存在的种种不足,使我们认识到单靠"知识"这一维目标来进行备课,已经严重束缚了教师的思想和学生的创造力,新课程从三个纬度来设计目标的理念,要求学生要掌握基本的语文知识与能力,养成自觉思考问题、解决问题的习惯,形成正确的人生态度和价值取向。我们应该继承传统备课中的精华,革新传统备课中的不足,在三维目标的设计下来更好的指导教师的备课工作。

而备课,归根到底,还是要落实到具体的文本实践当中。教师备课的依据也是文本。鉴于此,本章就以具体的文本为例,在三维目标的指导下,来进行实践探究。高中阶段,文言文和现代文讲课侧重点是有所不同的。文言文在这一阶段,教学目标更多侧重于知识和技能这一层面,同样是文言文,古代诗歌、散文的教学侧重点也各不相同,此处不可能做到面面俱到。所以以下在选取文章的时候,只是选取一些来作为试例。而具体的教材则以人教版的高一年级第二册必修课为主要对象。

(一)战略性备课

备课通常情况下分为三个部分:备教材、备老师、备学生。而后两者则

---

[1]商娟.高中语文教材备课思路探究[J].基础教育研究,2023(11):24-26.

都是在前者的基础上进行的。教师首先要备的就是教材,教材在教师备课以及教学中发挥着举足轻重的作用。那么,立足教材来进行备课,是每一个老师的职责。

"立足教材,就是要尊重教科书所规定的教学目标和教学内容,充分利用各种相关的教学参考和辅助材料,力戒任何随意性和盲目性"。教师在使用教材的时候,要能够处理好整体和局部的关系。

1.把握好每个单元在每册书中的地位和作用

2004年初审通过的人教版的普通高中语文课程标准实验教科书将内容分为四个部分:阅读鉴赏、表达交流、梳理探究、名著导读。书里明确写到:前三个部分为课内学习,后者可在课外自主安排。同时指出,"阅读鉴赏"是这套教科书的主体,也就是学生学习的主要内容,教师授课的重点。因此,教师在备课当中应把这部分作为教学的重点来安排和设置。而后面三个部分教师可在课内抽出一部分时间供大家来学习和交流,也可以以作业的形式布置给学生在下面完成。

阅读鉴赏分为四个单元:第一个单元是现当代散文的学习,主要倾向于写景抒情的散文,培养学生对散文的鉴赏能力。

第二单元学习的是中国古代经典诗歌,时期是从先秦到南北朝。其中的《诗经》是我国诗歌的鼻祖,《离骚》,就也堪称是中国古代诗歌的经典,《孔雀东南飞》是我国古代最长的叙事诗等,这一时期的作品无论是从思想内容还是艺术成就上来讲,都是后世诗歌的典范。在这个单元的备课当中,教师帮助学生理清文字障碍、疏通文本意思的基础上,更多的是让学生体会传统文化的博大精深,体会古人的情感、意志。如学习《离骚》中屈原伟大而崇高的爱国主义情怀、《孔雀东南飞》誓死不渝的爱情等,形成正确的价值观、人生观。同时,对于诗歌,要反复吟诵。比如《诗经》中的〈国风〉本身就来自民间老百姓所传唱的歌谣。学生通过反复吟诵,细细品味其情感。

第三单元的内容是古代散文。这一部分侧重于对思辨性较强的说理文章进行思考和领悟。新课程理念虽然提出了诸多类似于培养学生的综合素质的发展,反对应试教育等这样一些新的理论。但是,我们的教学工作又丝毫和高考摆脱不了关系。因此,好的课堂教学要在重视学生全面和谐发展的同时,兼顾高考所需。文言文的学习,对于高一的学生来说,是个难点,也是个重点。初中阶段接触到的文言文少而简单。所以,这个单元的学习可以算是阅读鉴赏这一个模块里的重点。侧重更多的是知识层面的学习。关键是字、词、句的学习,在此的基础上,体会和领悟作者的人生思想。

第四单元要学习的是演讲词。演讲词不同于演讲。演讲对于演讲词好比演戏和剧本,有好的剧本,不一定演戏就好。新课程理念所要求的提高学生的实际操作能力、学生要全面发展。那么在这部分教师可以安排指导学生进行朗诵演讲。不仅调动了学生的兴趣,锻炼了学生的胆量,同时,对提高学生的演讲能力、口头表达能力也有一定的帮助。

2.把握好语文教材与其他课程之间的关系

语文这门课程,不同于其他课程的最突出之处就在于:人文性的特点。理科的课堂,几乎全以知识和技能的灌输为重,语文则兼顾知识、情感、素养等多方面,教师在使学生掌握知识的过程中,肩负着引导学生形成正确的人生态度的责任,比如:积极的学习观。学生积极的学习观的形成,则对于其他学科的学习也是非常有益的。因此,要做到语文教材在学科之间的牵线搭桥,促使学科之间的相互融合和渗透。

(二)战术性备课

在总揽了教材的全局之下,教师的备课就落实到具体的每篇文章之中了。三维目标指导下的备课,要求教师要从"知识和技能""过程与方法""情感态度与价值观"来设计教学。

1.重视知识与技能的培养

知识通常是指人们在改造世界的实践过程中所获得的知识和经验的总和,它主要指的是学生要学习的学科知识,包括概念、事实、规律、原理等。技能则是知识的一种运用。即基本知识的运用能力。

这是教师在备课当中所要首先考虑的一个目标,因为学生阅读能力、鉴赏能力、思维能力等都是通过知识的接受进而获得的。离开了语文知识,语文能力和语文素养就无从谈起。例如:一篇文言文,对字词尚且都把握不准确,更何谈阅读能力、鉴赏能力的培养和提高?一篇现代文,不熟悉作者的生平及其创作背景,如何更好地把握作者的情感和文章的主旨。写作议论文,不了解相关写作手法、写作特点,议论文写作能力的提高也就无从谈起了。要通过对本学科基础知识的掌握进而来获得相关的语文学科能力。因此,教师要继承过去备课中"重知识"的优良传统。

那么,在备课当中,如何来使学生获取知识呢?

苏霍姆林斯基说:"交给学生能借助已有的知识去获取知识,这是最高的教学技巧之所在"。换句话说,学生的知识不是直接从教师那里获得的,而是通过自己的思考得来的。

教案设计:

《氓》这篇文章的知识目标:

①学生要了解《诗经》的相关知识。

②能够根据课下注释来翻译文章。

③理清诗歌的叙事情节,掌握《氓》的主题。

首先,教师要给学生介绍《诗经》的常识,《诗经》分为三大类:风、雅、颂。风即国风,大都是民间传唱的歌谣,雅,分为大雅和小雅,多是宫廷乐曲。颂,分为周颂、商颂、鲁颂,多是宗庙祭祀的乐曲。那么教师在设计《氓》这篇文章选择风、雅还是颂的时候,可以把这个问题放在对故事情节大概了解之后,然后,提问学生,《氓》这篇文章选自哪里?学生对故事的内容把握之后,既而得出,选自《诗经》中的《国风》。这样,学生在得出答案的同时,是对已有知识的回顾和温习,也有自己的思考在其中。同时,在这一过程中,也调动了学生学习的积极性。

技能则是知识的一种运用。即基本知识的运用能力。比如说,能通过《诗经》中赋比兴的手法的学习来解决相关问题,知道赋是铺陈直叙,直接叙述事物,铺陈情节,抒发感情。比是以彼物比此物,诗歌所描写的事物并不是作者想要歌颂的对象,只是借以比方,来表达诗人的情感,兴则是触物兴词,对基本概念的了解和掌握的基础上使学生能够在学习《诗经》的时候,能够准确的判断出诗歌所采用的表现手法。例如,《诗经》中所选的第二篇文章:《采薇》,通过上节课对《诗经》中赋、比、兴手法的介绍,那么教师在备课过程中,就要引导学生对内容了解之后,分析出这篇文章采用的"兴"的手法,借助豌豆苗的生长变化,来写出丈夫长期在外作战不归,表达出对丈夫的思念之情。同时,教师在备课过程中,可以多搜集相关知识,通过相关知识的衔接,加强对某一具体技能的掌握和运用。例如,教师在讲到《诗经》中赋、比、兴的手法,就可以举出相关诗篇来加深学生对这一知识的掌握。

2.强调过程与方法的实施

过程与方法指获取知识的过程和手段。也就是教师在备课过程中,为了达到教学目标所采用的方法。

过程与方法在三维目标中起着桥梁的作用,知识和技能的获得要通过过程与方法的实施来得以完成,《全日制义务教育语文课程标准》的总目标的第五条明确提出:学生能主动进行探究性学习,在实践中学习、运用语文。这就突破了传统教学中以教师的"教"为主的教学方式,否定了"满堂灌"的填鸭式教学。教师的讲解员穿课堂的始终,学生只是接受的机器,教师灌输什么样地知识,学生则接受什么样的知识。在课堂学习过程中,学生缺少自己的意识和思考在其中,新课程三维目标注重学生自我、个性的发展,培养学生在学习中的自主、合作、探究的能力。实现了由学生回答问题到学生发现、提出问题进而通过学生之间的互动、合作、探究,最终在老师的指导下解决问题的转变。这也是对普遍学生"高分儿、低智能"现像的挑战。只会做题,不懂思考;只会考试,不懂创新;只会生搬硬套,不懂变通。

比如第二单元《氓》所要完成的知识目标:了解《诗经》相关知识、理清字词障碍、疏通义章大意等,教师传统的通过让学生死记硬背或者老师单纯的知识灌输,对学生掌握知识并不能起到很好的作用,这已经在教学实践中被证明。那么在备课过程中,通过何种途径来使学生掌握知识就显得更为重要了。

教学案例1:

这是我在魏智渊老师的课堂实录中所看到的,魏老师要讲的课文是《诗经》,在介绍《诗经》的时候,魏老师是这样开始的:

《诗经》在中国诗歌史上的地位非常高,是源头,是种子,如果说唐诗是怒放的鲜花,那么《诗经》则还是蓓蕾,相比于唐诗,我更喜欢《诗经》,因为唐诗太过于完美了,没有给人留下想象的空间,而《诗经》则是浓缩的,需要我们借助想象来展开。我还有个比喻:如果说《诗经》是天真无邪的小女孩,那么魏晋南北朝的诗歌则仿佛少女,素衣垂手,'犹抱琵琶半遮面',而唐诗则是少妇,风情万种,宋诗呢,更像是更年期的妇女,絮絮叨叨的,因此以说理见长,而明清诗歌就是老太婆,靠回忆打发时光,因此喜欢用典。

　　可以发现,魏老师在给学生介绍《诗经》的时候,并没有直接说,它是我国的第一部诗歌总集,而是通过纵线的对比,引出介绍诗歌,使学生在了解到《诗经》是我国诗歌的鼻祖之外,对诗歌发展的脉络也有个大概的了解,而且巧用比喻和拟人,使知识的灌输也不显得那么乏味,能够充分调动大家学习的兴趣。

教学案例2:

　　一位老师教《赤壁赋》,最后一段:客喜而笑,洗盏更酌,肴核既尽,杯盘狼藉。对于狼籍一词,课下的注释是:狼籍,凌乱,也写作"狼藉"。很多老师在讲到此处时,只是简单地称之为是苏轼的笔误。把"狼藉"写成了"狼籍"。而这位老师也指出此处乃苏轼之误写,那么这里为什么是"狼藉"呢?同学们注意,"藉"字上面是个草字头,那么狼藉的意思本是狼在草堆里睡觉,起来之后呢,窝里很乱。后来就用来表示一片混乱。所以这里用"狼藉"更为合适。我们的很多老师则只是一再的对学生强调:记住了,这里是草字头,而不是竹字头,不要弄错了。这样的讲解多了,学生不仅容易泛迷糊,而且失去了对语文学习的兴趣。

　　这位老师把知识点的讲解贯穿在带有趣味性的典故之中,笔者环顾四周,发现学生们都听的津津有味。在语文教学中,贯穿一些趣味性的故事、拓展外延知识,即便是学生抱着"看热闹"的态度,而往往在这个过程中,学生会最容易全神贯注的听,在调动了学生的兴趣和积极性的同时,学生对知识点的记忆也通过故事牢记在心了。学生们在字词辨析当中再次碰到用来表示一片混乱的意思的时候,就很容易选出"狼藉",而非"狼籍"。

　　因此,这就要求教师在备课过程中,可以通过拓展相关知识、运用形象生动的文字等来调动学生兴趣,去吸引学生学习,从而来达到掌握知识的目的。而不只是在备课当中,仅仅通过搜集材料、整理信息来获取相关教学知识,要思考通过一些有效的途径来实现知识目标的达成。因此,这也就给教师的备课带来了更大的挑战。从"过程与方法"这层目标来备课,要求教师要通过提高自身素质,通过相关知识的拓展延伸以及采用形象生动的文字等教学手段来使学生达到掌握知识和技能的目的。

同时,三维目标指导下的备课,还要求教师在教学过程中,要突出学生的主体性,培养学生在学习过程中形成自觉、主动、合作、探究的学习方式,这就要求教师在备课过程当中,要采取引导式、互动式的教学方式。而不是传统备课中的单纯讲授式教学。如提到的魏智渊老师的《孔雀东南飞》的课堂实录。

教学案例3:

魏老师在《孔雀东南飞》的第二节课堂中给学生提出了三个问题,其中第二个问题是:刘兰芝的自杀是不是对封建礼教的反抗?

学生C:我认为他们都是屈服于封建礼教的,都在遵守封建礼教的规矩。比如说,她面对两方面的压力:一面是遵守约定,一面是家庭与焦母,我认为她是屈从于封建礼教了。

老师:那是不是反抗?

学生C:如果是,也只是一部分。

学生D:到底什么是对封建礼教的反抗?

老师:这个问题问的好,首先,必须清楚什么是对封建礼教的反抗,接下来的进一步探讨才有可能,接着说。

学生E:如果刘兰芝是屈服于封建礼教的,她就应该规规矩矩回家,之后规规矩矩嫁人,可是,她没有,这就是对封建礼教的反抗。

学生F:她临死说,'我命绝今日,魂去思长留',这里就有反抗的意思。

学生G:我认为她不算是反抗,如果是真正反抗,她就应该坚决的不再嫁,她反抗的不彻底,我认为她是为情所伤,她真心喜欢焦仲卿,焦仲卿却那样说,于是她就很坚决。这辈子不行,那就下辈子吧?

下面纷纷议论。

老师:我还是有些赞成你的看法的,还有吗?

学生H:我认为她不是存心反抗封建礼教的,她想对焦仲卿从一而终,在这个过程里,她无意反抗了封建礼教。

老师:那么,她的反抗是出自从一而终还是追求真挚的爱情?

学生H:追求真挚的爱情。

老师:实际上,很多同学的看法是似反抗又不似反抗。其实这个问题,我提的时候也没有答案,几乎所有的书上都一致说,这是对封建礼教的反抗,那么,什么叫对封建礼教的反抗,我认为可以这样理解:我不接受你的这一套规则,这叫反抗。那么焦仲卿也好,刘兰芝也罢,他们意识里想不想反封建?

学生:想……哦,不想。

老师:大家发现,刘兰芝在家中是有礼有节,她的这种礼节,既来自教养,她的善良天性,也来自对封建礼教的遵从,焦仲卿明明不想让刘兰芝离开自己,却仍旧看着妻子被遣回家,这有没有对封建礼教的遵从?

学生:有。

老师:刘兰芝也明明不愿再嫁,却最终还是听从家人的安排,为出嫁做了准备。这有没有对封建礼教的遵从?

学生:有。

老师:他们一直都在竭力地想要遵从封建礼教,但是,他们也有自己的人性要求。对真挚爱情的追求。结果,二者之间发生了激烈的矛盾和冲突,这种冲突无法解决,最后,男女主人公双双殉情,这种自杀有没有对封建礼教的控诉?

学生:也算有。

老师:我们可不可以这样说,他们在主观意念上没有反抗封建礼教的意思,但是,客观上却构成了对封建礼教的控诉,我个人对这个问题是这样理解的。在这里,几乎所有的人都是在按照封建礼教的游戏规则来行事的。

魏老师的讲课给当前的教学很大的启发:有时候,问题的结果不重要,重要的是思考的本身。我们传统的教学中,教师往往直接把结论告诉学生,刘兰芝,焦仲卿的行为是对封建礼教的反抗,封建礼教坑害了这对年轻人。而学生在学习过程中,缺乏自己的思考在其中。案例中,魏老师在提出这一问题之后,让学生进行思考和踊跃回答,各抒己见,老师在中间起个引导的作用,去启发学生思考,领悟,把学生作为解决问题的"主力",充分体现了"学生是课堂的主体"这一教学理念,因此教师在备课中,要注意实现学生由学会到会学的转变,通过自主学习去发现问题,进而通过老师的引导、与同学之间的交流、探究来解决问题。学生要愿学、会学、乐学。

(三)宏微观结合把握教材

1.注重情感态度与价值观的塑造

通常所指的情感往往指一个人的情绪体验和感情指向。也就是他对待事物表现出来的高兴、满意以及厌烦、不高兴等这样的情绪。体现在教学中,包括学生的学习热情和学习兴趣。态度,指的是一个人对一个特定对象所持有的内在反应倾向。它包括学习态度和学习责任,同时,也包括积极乐观的生活态度、宽容的人生态度等。价值观则指对问题的价值取向的认识,也就是一个人对周围的客观事物所持有的看法。它包括个人价值与社会价值、科学价值与人文价值、人类价值与自然价值的和谐统一,也就是培养学生从内心建立起对真、善、美的追求以及人与自然和谐发展的理念。

情感态度和价值观则是目前语文教学所要达到的又一个目标。而情感态度与价值观的培养也正是在其中得以实现。语文学科本身就兼有工具性和人文性,人文性较之工具性而言,其重要性只能有过之而无不及。因为只有思想、人格健全,人生态度端正,价值取向正确的人才能够在将来更好地服务社会,报效国家。

2.突出三者之间的融合作用

教师在备课过程中,对于三个目标的制定可以单独来完成。比如《氓》这篇文章,知识目标设计:了解《诗经》的相关常识,掌握重要字词、能够疏通文章大意。过程与方法目标设计:以学生交流为主、同时教师予以引导来完成对具体问题的探究学习。情感态度与价值观目标设计:能够使学生形成正确的爱情观和价值观。但是在具体的教学过程中,三者是不可割裂的。对文章大意的疏通是学生们进行交流思想、情感的基础,情感态度与价值观这一目标又是在学生进行探究学习的过程中形成的。同时,培养了学生正确的情感态度与价值观,又能够很好的指导学生进行学习,三者之间没有一个明显的分界线,是相互融合的一个有机统一体。

在三维目标设计下的备课,就是要求教师要从知识目标入手,通过培养学生探究、合作学习的能力来实现目标的达成,进而在此基础上,引导学生形成正确的人生态度和价值取向[1]。

第二节 课前预习环节

一、课前预习的内涵、类型及特征

(一)内涵

关于预习的概念,不同的文献著作、硕博论文、教育专家都对预习做了不同层次、不同种类的界定。叶圣陶学生对于文本的预先翻查、分析、综合、体会、审度之类称之为预习,并指出预先事项的不同视文本、题材的不同而定。王文彦、蔡明认为,语文预习就是学生预先阅读文本,通过阅读筛选出文中重要信息,然后再结合自己头脑中原有的旧知识,进行分析、判断、推理、评价、反馈,在新旧知识之间进行"同化"或"顺应"合成新知识的一个过程。在这个过程中,重点强调学生的独立性,至于对于预习是否需要教师的明确指导以及预习情况的检测则不涉及。艾发其认为语文预习就是在教师指导下,学生所进行的一种浅层次的阅读文本的活动。

笔者认为预习,是在教师讲授新课、学生学习新课之前,教师有目的有计划的布置给学生适量的不同难度、适合不同层次学生自学的作业,使其在旧知识的基础上,通过对文本进行翻、读、查、划、注、标、记等一系列浅层次的理解掌握以及深层次的自主探究、分析、思考获得新知识,为实现"以学定教,先学后教"的一个课堂教学环节。

---

[1]李晓飞.高中语文备课研究[D].开封:河南大学,2011.

(二)类型

通过搜集查阅大量的文献资料,发现论著中对于预习的类型分类主要包括以下几种:

曾芳芳在《重视高中数学课前预习培养自主学习能力的研究》中,以课前预习策略方法的研究为导向,从数学学科的教师授课和学生学习的方式、数学学科中几何图形和图像轨迹的学科特点、高中数学的根本来源、评价试卷采用的方式等几方面出发,深刻总结并概括了高中数学课前预习的类型,即:自制模型的课前预习、参与社会实践预习、导学案前的课前预习、小结归纳预习四种。

李志清在《设计课前预习问题的策略》中从学生对文本内容的解读出发。学生在阅读文本时,需要经历与教科书、教师、文本、作者之间进行心灵的沟通,才能达到对文本的解读。因此,李志清把高中语文的预习分为:走近文本的预习、走近读者的预习、走近生活的预习,并进一步提出有针对性的优化策略。

祝晶《高中语文有效预习的研究》中从对语文教材预习范围的不同出发,将预习分为:专题型预习(课前预习)、单元型预习(阶段预习)、单册型预习(学期预习)。关于专题型预习,一般发生在上课的前一天,通过阅读课文、查阅生字词、寻找重难点、主要内容、作者简介、时代背景及写作特色等来进行预习活动;关于单元型预习,因为现在课文的编制一般按内容相似或题材相同进行单元编排,所以在预习时一般以章节或单元为单位进行,通过采取看单元标题、课文题目、单元概述、单元提示语、单元结束语等形式来进行阶段预习,这样较为节省时间,也会使学习的内容变得更为醒目;关于单册型预习,是从整体考虑,在新书发下来之后,对整本书的内容框架及知识结构有一个整体的了解。这种预习不但发生在学生身上,也发生在任课教师与学校相关领导身上,便于从整体出发,科学决策,使本学的课文内容学习目标更好的得以贯彻落实。当然,因为比较粗而化之的预习,对于课文知识的难点及细微的知识点则不是过于看重。

本节关于预习的类型分类,从预习的有无目的性出发,分为无计划的课外预习、无计划的课堂预习、有计划的课前预习;又从预习的范围出发,分为:成册型预习、单篇型预习。而此处则着重指出:本节所涉及的预习特指主要发生在家里的课前预习,也即单篇型预习。

(三)特征

通过查阅国内外相关预习的文献资料,并结合笔者的亲身实践,大致认为预习的特征如下:先行性、自主性、主体性、差异性、双重目的性。

1.预习的先行性

从教学程序上来看,课前预习伴随新课改实施以来,随着诸多一线教师对课前预习的重视程度的提高,他们逐渐把"课前预习"纳入教学环节中来,并把它提升到与"课堂上课、课后复习"同等重要的位置上来,三个环节不能相互调换、厚此薄彼,从而决定了预习在教学程序上的先行性。从学生学习步骤方面看,学生在教师讲授新课之前,率先利用自己原有的旧知识进行率先学习,在率先学习的过程中,学生积极调动主观能动性,进行率先的阅读感知文本,率先的深入思考,使学生对文本有一个整体的把握,这样可以增强其听课的针对性、实效性。

2.预习的自主性

预习即学生的自主学习,在学生进行预习实践活动时,可以自主利用所有与预习有关的学习资源。包括在家预习环境的自我营造,在预习的过程中,遇到疑难问题,百思不得其解时,独立利用网络查找相关预习文献资料、视频课程资料、电子音像图书等,通过这些资料进行知识迁移、破疑解惑、获得新知。此外在预习过程中,学生可以采取元认知策略进行预习,自我调节预习情境,自我调控预习进度,自我管理预习时间,自我监测预习效果,自我调控预习策略等。

预习的自主性还是进行预习活动的题中之义。正是因为预习是自主性的,学生在预习实践活动中才可以放开自己身心的束缚,开拓思维的疆域,放开情感的束缚,利用自身的经历、阅历、情感体验对文本进行个性化解读,有利于学生情感态度与价值观的培养。同时,在对文本解读过程中,遇到疑难问题,学生独立发散思维,寻求解决疑难问题的方法,有利于培养学生分析问题、解决问题的能力。一旦问题通过自身努力,独自解决了,又可以增强学生的自信心,从而更加有助于自身自主探究能力的提高。

第三章　高中语文的教学过程创新

因此,自主性是课前预习的一个特征。

3.预习的双重目的性

教师上课前需要做好教学设计,还要了解学情。而学生要想有针对性的听好一节课,必须提前阅读课文内容。那么教师了解学情需要通过学生的课前预习反馈来获取相关信息,而学生提前了解课文内容需要进行课前预习。在进行预习活动的过程中,对于学生而言,学生阅读课文、查找生字词、寻找重难点、文章内容、文本倾向、写作特色,对于在预习过程中,能解决的问题在课堂上略听少听,对于在预习过程中,通过质疑问难、开动脑筋、查阅相关资料,依然无法解惑的问题难点多听、详听,这样就实现了学生在课堂上有针对性地听。因为对课文有针对有选择性的听,那么就为学生在课堂上节省出来了时间。为在课堂上"自主、合作、探究"活动的展开提供了充裕的时间和机会,使学生能在一片轻松和谐的学习环境中学到真知识、活知识。对于教师而言,教师通过学生预习情况的反馈,能更好的了解学情,有助于化解课堂预设与生成的冲突,从而提高教学质量。

4.预习的差异性

首先,从事预习活动的学生自身是有差异的,学生自身的差异体现在男女性别的差异、学生心理发展与生理发展的差异、学生的人生经验与体验的差异、学生家庭环境的差异。其次,教师预习指导内容的设置要因人而异,尤其是对于高中语文课前预习而言,因为语文是集言语内容于一体的一门学科,需要学生自身对文本进行个性化解读,学生自身各方面的差异,导致其对于同一形式的文本的解读是千差万别的。因此,作为教师,在对学生的预习内容进行指导时要因人而异、分层设计。在对学生预习后的情况进行检测时、在适时合理的调整教学设计时以及灵活的组织课堂教学活动时,都要时刻考虑到学生预习的差异。最后,教师预习指导内容不同文体的差异性。由于记叙文、议论文、说明文、文言文每种文体自身各有特点,大纲对不同文体的学习目标和要求也有所不同,因此要求学生预习时,也要根据不同文体设置不同的预习内容,教给学生不同文体的预习方法。

5.预习的主体性

预习全过程的实施,都是让学生独立进行,教师和家长在预习活动中主要起引导与辅助作用,努力为学生创设良好的学习情境,让学生尽情发挥与思考,而不横加干涉与过多指导。这充分体现了以学生为本的学习理念,充分尊重学生的人格,确保其人格的独立,确保其在学习中的独立性,这在一定程度上展示了学生在预习过程中的主体地位。因此,预习的主体性也是预习的一个特征。

二、高中语文课前预习的现实意义

(一)有助于增强学生主体意识,确立学生主体地位

传统应试教育模式下,教师满堂灌的教学方式导致教师是权威,"师道尊严"把教师的地位抬得很高,而学生只是被动的接受者,学生的主体意识被忽视,思维方式也趋于单一化,分析问题、解决问题的能力大大降低。

课前预习是一种学生独立自主进行学习的方式。学生在进行预习的实践活动中,不受教师权威性的影响。学生可以根据自己的兴趣选择自己的预习方法,根据自己的需要,选择视频在线、网络或者实体辅助资料辅助预习等。在这个过程中学生的主体意识逐渐增强,主体地位也得以凸显。此外,预习的目的也致力于更好的开展一种"自主、合作、探究"的学习方式,这种学习方式的开展其本身也在向利于确立学生的主体地位方向发展。

(二)有助于强化学生学习动机

传统课堂的学习程序就是教师课堂讲解和学生课后复习巩固。在课堂上,教师从学生对未知事物的吸引力着手,讲习文本加一个能吸引学生的导入过程,设置一系列有趣的课堂追问,设问反问,激疑解惑,便能抓住学生的兴趣,强化学生对学习新课的动机。其实这往往只是教师个人的主观臆想。这样的方式看似有效,事实却并非如此。学生固然在课堂上能因教师的一个个有吸引力的导入而把注意力引回课堂中来。学生也可以因教师在课堂中一个个起伏跌宕的追问环节而把将要分散的注意力重新凝聚起来,积极应对教师在课堂上的提问。但这样的方式,能真正带动学生兴趣的效果极其有限,且不说强化学生的学习动机了。因为学生对正在学习的文本还没有足够的熟悉,也没有对个别问题进行认真的深入的思考。

课堂上教师讲课的时间如此有限,教师提个问题留给学生的思考空间也极其有限。况且学生个体差异导致学生对不同问题的理解程度、反应时间都是不同的。教师在课堂上提出问题,往往是使脑子反应快、专业功底好的学生受益,专业功底薄弱的学生受损。这与教育要尊重每一个学生的发展相违背。要使学生在课堂上对教师所提问题立即心领神会、一点即通,大部分学生估计都做不到。

而把课前预习这种方式引入教学环节,则有效解决了这个问题。学生在课下进行自主预习,使每一个学生在课下都有足够的空间和时间进行独自的思考,获得对文本的独自见解。然后在课堂上通过合作探究的交流,使学生对文本的理解将会深入,也会更有针对性的听课。在交流过程中,一旦自己的见解比较好,便会受到表扬,从而强化学生课前预习的动机。学生在课堂上有针对性的听课,也可以强化学生在课堂认真听课,积极参与思考的动机。

(三)有助于提升课堂教学质量

传统的课堂教学环节主要就是教师讲课和课后复习。一堂课伊始,教师先让学生默读几分钟课文,然后就开始讲解新课,一个好的导入紧紧抓住学生的兴趣,然后教师津津有味地讲解,学生饶有兴致地听,有的听得很认真,有的听的云里雾里。教师以为教学不可能顾及每一个学生,只要有部分学生认真听,就继续讲。只要讲完就算完成了教学任务,学习好的学生能听懂就行。于是接着,教师在讲解过程中就自以为是开始提问那些认真听课的好学生,其结果让教师傻眼,认真听课的学生也居然一问三不知,只是在佯装着配合老师。此时,教师才木然醒悟,原来这堂课是自讲自演。此外,教师在课堂中也无力应对教学变故,其表面原因好像是与预设相差太大所致,其根本原因是"师不识生,生不知师"。

而课前预习这种学习方式纳入教学环节,这种尴尬的局面不但得到了缓解,而且提高了教学效率。学生通过课前预习的学习,对课文内容有了一定的理解,这样在课堂上便能有针对性有重点听教师讲解。并且能就教师在课堂中提出的问题进行积极思考。充分调动了学生课堂参与的积极性,使教师在课堂上不再孤单,不再自编自演。同时,通过学生预习,教师对学生学情有了把握,也不至于出现因课堂变故而不知所措的囧样的出现。从而整体提高了课堂教学质量。

(四)有助于培养学生的自主探究能力

传统的满堂灌的教学方式,使学生被动接受。在课堂上教师提出问题时,为了节省时间,给予学生思考回答的时间极其有限,一旦超过了这个时间,教师就越俎代庖,代替学生思考,代替学生回答,然后教师再把现成的答案让学生记到笔记本上。在教师的眼中以为,学生只要课堂笔记记得够厚,知识积累得就越深,遇到其他相似问题,学生便可以运用笔记本上的知识进行迁移,解决问题。其结果让教师倒跌眼镜,学生在遇到相类似问题时,连比葫芦划个瓢也不会。原因就是教师经常性的代替学生思考,代替学生回答问题,久而久之,学生习以为常,认为教师还会给出答案,所以也就不去积极思考,脑子僵化,动手探究能力消失殆尽。

而把课前预习纳入教学环节后,打破了原有的教师满堂灌的教学方式。学生在自主进行预习过程中,遇到疑难问题时,可以独自运用原有旧知识分析、思考问题,再调用知识迁移解决问题。同时利用原认知策略,进行预习方法的自我选择,预习时间的自我管理,预习情景的自我设置,预习效果的自我监测等等。潜移默化中,学生的自主探究能力提高了。

三、高中语文课前预习现状

(一)高中语文课前预习存在的普遍问题

1.教师缺乏对预习的指导与反馈

有数据分析显示,教师缺乏对学生的预习指导。一些即便有责任心的教师,对于学生的预习指导也是蜻蜓点水、浅尝辄止。要么直接让学生对着课后练习题进行课前预习,要么不考虑不同文体、题材的预习内容的区别,而设置一套终结性预习模版,让学生每篇课文都照着这个模板进行预习,要么是不顾及学生个体性格、学习水平的差异而粗略的设计预习模板。导致程度好的学生感觉题目太容易,没有预习的必要,敷衍了事的完成或者就胡乱抄袭其他同学现成答案。对于预习的检测,大多数教师从来就是口头提提,没真正实行过。只等偶然想起来的时候,才开始对学生的预习进行突击检测。但是检测方式也诸多局限于单一的口头式提问,或者是死板的做练习题、模拟题,几乎很少积极的联合班干部共同去组织学生进行小组合作、交流疑难问题。

对于预习与课堂的衔接,很多教师不说没做好,甚至认为根本没用,而有的老师则更加懒惰,认为学生预习完、检测后便万事大吉,根本不想再去根据学生的学情来调整自己已精心准备好的教案设计。此外众所周知,学生的预习大多都是在家里完成,但是很多教师却不注意与家长的沟通交流,让其家长在家督促孩子完成预习。

2.学生对预习敷衍了事

学生课前预习时间短,不足10分钟有之,不超过半个钟者居多。众所周知,语文课文除了篇幅较短的五言绝句、七言绝句、五言律诗外,其他的像科普文、记叙文、小说、戏剧,单不说精读细读,就只粗读略读一遍,恐怕10分钟也不足以了事。再加上又有不认识的生字词,需要查字词典、划分段落,半个钟解决一篇文本的预习几乎不大可能,即便做到的也差不多是走了个形式过场而已,换言之就是停滞于浅层面的预习。而浅层次的预习效果如何,一目了然。浪费了时间没有取得预期的效果不说,还相当于是在空耗生命。记得某位伟人曾说过这样一句话:"要做一件事,就要决心把它做好,如果一开始就抱着侥幸的态度,那么请停下来,因为你不可能做好它。"

学生没有充裕的时间进行课前预习,对于预习仅仅停滞于表面的查找生字词、划划重难点、段落层次等一些发生在颈部以上的预习形式,从来没有认真的对文本进行深层次的挖掘、思考与反思,也没有针对疑难问题通过自己主动查找资料进行质疑、思辨、解疑。预习缺乏引导与激励,预习机制不健全,感觉题目稍难,立马知难而退,把一丁点的疑难问题留给了课堂,等待老师上课解答,甚至有部分学生习惯于投机取巧,抄袭其他同学现成答案,等等,导致大部分学生很少主动对预习效果进行自我检测。在课堂上也很少与同学进行预习交流的实践活动。总之,对预习就是马马虎虎、走马观花、过过形式。

3.家长对预习不重视

在家长的潜意识中,学生学习是学校的事,教育孩子是教师的责任,家长把孩子送到学校里,学校老师就要为孩子的学习负全责。对于孩子的预习,从来不关心,甚至家长在家里吵吵闹闹、我行我素、矛盾百出,电脑、电视等一系列不利于孩子学习环境氛围营造的东西充斥于家庭中。

(二)高中语文课前预习的归因

1.教师对预习指导疲于应付

首先,随着国家创新驱动发展战略的实施,迫切需要吸收高新技术人才。而似乎通过以分数为导向的高考来选拔高新技术人才有所偏颇,但是高考制度的存在在一定时期内有一定的合理性。使得教师把提高学生的学习成绩作为首要任务,对于大多数教师甚至学校领导而言,预习是浪费时间的,还会白白增加学生负担,与"减负"背道而驰。

以分数为导向的校园氛围依然存在。那么在以分数为导向的高中校园环境下,语文自身由于其潜在的长期性以及潜伏性特点,导致其分数的高低难以用短时间的努力来提升和衡量。而其他科目,譬如与将来就业面宽且比较实用又能快速提分的数理化生科目相比,语文科目的劣势则颇为明显。因此学校领导在进行分配学科任务时,就把本应该给予语文的正当学习时间挪用给其他学习科目。在预习上也是如此,即便学校支持学生预习,也会通过各种手段促使任课教师在语文预习上的时间大大缩短。预习时间的缩短,致使好的预习效果遥遥无期。以至于造成教师对学生的预习指导和反馈不积极等问题。譬如不教给学生具体的关于不同文体、题材的预习方法。不区分文体和学生差异而设置一套终结性的预习模版。教师流于形式的指导,其结果就是:学习水平程度好的学生认为预习题过于简单,没有预习的必要。

2.学生对预习的觉悟低

学生自身作为预习活动的主体,其在预习中不重视课前预习以及低效无效的预习现象的出现是由多种因素导致的。

首先学生没有掌握预习的方法,教师无论再怎么积极的指导学生预习,也是无济于事。预习效果的取得需要学生自身掌握预习方法,并且真正的预习方法最终还是考学生自己根据自己的不同情况，寻找一套专属于自己的预习方法才是重要的，教师教给学生的预习方法毕竟是从教师角度来总结的，并不见得适合于每一个学生。

而在预习中较为常见的现象是，学生对于文本的预习大多是搬出字典查查生字词、标标读音、划划重难点，对于不懂的字词注上释义、划分段落，对于文本的中心思想和写作特色，大多数学生则参考辅导资料，进行记诵。这样的方法只能说学生对于浅层次的预习是做得淋漓尽致，但对深层次的预习却并未涉及。譬如没有开动学生的脑筋进行发散思维，也没有对文本的内容进行质疑、批判，就认为完成了预习实践。我国古代亚圣孟子曾说过："尽信书不如无书"，强调了反思和批判的重要性。学生在预习中如果不敢于批判和质疑文本中的知识，不进行深层次的分析和思考，就不算真正的预习。然而大多数学生却误以为浅层次的阅读、翻查、记诵之类便是预习，由此可见，学生对于预习的觉悟并不高。

其次，进入高中阶段，尤其是普通高中的学生，通过高考进入大学的校门是每位学子的梦想，也是万千望子成龙的家长的美好期许。而要想在高考中取得成功，是以分数提升为前提的。因此在各所高中里，上至学校领导下至学生自身，都格外重视提升自己的单科分数及总成绩。而尽人皆知，数、理、化、生科目因其自身的逻辑性和联系性较强，只要通过努力攻克了其薄弱环节，其整体分数将会有所提高，而对于以言语内容为基础的语文来说，即便整天把精力投入语文学习中来，分数也不可能迅速得到明显的提高。

学生心中持有这样的意识，使学生不自觉的就把本该语文预习的时间转到了其他科目上，从而使学生学习语文的时间不能保证，预习语文的积极性与热情劲也大打折扣，自然理想的预习效果也无法取得。

再次，缺乏教师与家长的督促与监督。"懂事不是孩子的特征，爱玩是孩子的天性。"处于青少年阶段的高中学生，随着他们自身世界观、人生观、价值观的初步形成，这种天性在他们自觉的克制下，有所收敛，但是其自觉性和自控能力还远远不如成年人。而趋易避难的惰性，成年人尚且不能完全克服，更不用说是处于青年早期、尚未成年的高中生了。学习对于大多数学生而言是又苦又难的事情。因此教师理应监督和督促学生学习,使其克服学习中的惰性。而之所以出现学生预习低效和无效现象,自然是家长和教师的监督、督促机制不健全所致。

最后,同学关系不和睦也会间接影响预习效果。心理学研究表明,学生受到群体称赞的数量越多,其心理满足感越大,越会促使其更加再接再厉;而倘若其受到群体的称赞越少、甚至是不称赞,甚者加之以批评嘲笑,那么学生对于后来的学习热情便大不如前,其效果也很不理想。而要使学生在课堂上受到表扬,那么他的预习的效果就必须在课堂上得以展示,并获得最大的满足感,通过小组讨论、分享交流的方式是最合适的途径。而课堂展示需要通过小交流的形式。倘若同学之间关系不融洽,小组合作交流的预习活动便无法开展,学生也便无机会展示自己的预习成果,也就不可能有得到表扬的机会,没有了表扬的机会,学生便无法因为预习而得到心理的满足而更加努力预习了。

因此导致当下高中生课前预习低效或无效的原因,或许与同学之间关系的不融洽有关联。那么进行同学之间的沟通与交流,促使其良好关系的转化和形成,就成为应该为之努力的方向。

3. 家长辅助孩子的预习意识淡薄

学生的预习场所在家里,学生的预习活动的发生也在家里进行。因此其在预习中不重视课前预习或者预习低效无效是与家庭环境分不开来的,而家庭环境对预习的影响大致分为以下几个方面。

(1)溺爱有加,监护不力

伴随着全社会物质文化生活水平的提高,本身出生在蜜罐里的这一代,从小到大就格外受到父母以及爷爷奶奶的溺爱,导致他们从小养成娇生惯养的脾性以及叛逆的性格,即便是送到学校里,也是"江山易改、本性难移"。外伴随着互联网和网游的普及,导致大多数学生平时沉迷于网络游戏,而父母因经常不在孩子身边,只能通过打电话询问其学习,就以其他理由搪塞过去。缺乏有效监督,预习只能流于形式。

(2)能力有限,督察难行

这一代孩子的父母文化水平大多集中于初高中阶段,以这样的学历层次,来指导学生的初中、小学预习科目尚可,但是进入高中阶段,伴随着新课改的推进和素质教育的实施,现在高中各科目的内容更倾向于发散性,诸多科目逻辑性增强,致使家长想指导孩子的学习也力不从心,面对孩子提出的问题"大眼瞪小眼",不知所云。作为家长也只能在一边看着孩子写作业和预习,而对于学生是否真的在认真预习则不得而知。这样的预习因为缺乏家长的督察而导致预习有名无实,预习效果自然无从谈起。

(3)家庭氛围欠佳

某些家庭父母经常吵架、某些爱吃喝玩乐以及以营利为目的的父母,还在自己家里开设棋牌室、麻将馆、老虎机游戏室等触碰红线的事情来,同时更忽视了学生学习的重要性以及孩子预习环境的塑造。试想,孩子需要静心思考时,隔壁房间仍在大吵大闹、喧哗不止,孩子何时能静下心来学习?如此,预习的效果就不难想象到。由此可见,家庭氛围不好也是孩子不重视预习或预习低效无效的一个重要因素。

四、高中语文课前预习的优化策略

高中语文课前预习对于教学意义重大。而在实际预习活动中,高中语文教师认识上的偏差、执行力上的不足,学生对预习态度的不端正、兴趣的缺失、方法的无知,家长的不闻不问等,导致了当下课前预习低效甚至无效。为此,语文教师应该即时更新观念,从多方面营造良好的学习氛围,加大对学生预习的指导,教育学生端正预习态度,积极进行家校联合,多措并举,形成合力,提高课前预习效率。

(一)教师预习环境的营造

1.重构课堂教学时空,翻转课堂

众所周知,学生学习的最好环境就是在学校进行,因为周围有同学比着学,教师监督着学,并且学生遇到疑难,查阅相关资料也较为方便,若再解不开疑难,可以及时询问老师。而学生进行预习活动的主要时间、主要地点是在家里。家里的学习氛围自然无法与学校相比,周围没有同学之间的比拼,没有教师的及时督促,也没有一套固定的学习计划。尤其是学生在家中学习遇到疑难问题时,便不能解决,想通过辅助资料进行解惑,但家庭里与预习相关的辅助资源少之又少。想通过向教师寻求帮助解答,却因距离远不太方便。于是,预习中疑难问题便只能搁置,久而久之,学生在预习中不能解决的疑难问题堆积过多,导致学生对自己解决问题的能力愈来愈质疑,开始对自己不自信。于是,预习无效低效现象便泛滥开来。

而翻转课堂打破了传统的课堂教学方式。它是由教师制作视频,通过视频在线的形式,学生利用自己原有的旧知识,在家里独自进行预习。即使遇到疑难问题也能及时向老师询问解惑。这样学生在预习中遇到的疑难问题便不会堆积起来。通过在线向老师询问,及时解决疑难问题。这样学生的心中也不会有太多的负累,而且一个个疑难问题得到解决,其自信心也会逐渐增强。继续预习,克服预习中疑难问题的欲望也愈来愈强烈。在家预习的氛围也不会太过于枯燥,从而增加学生主动预习的积极性。同时,学生通过翻转课堂,在线提前听老师讲解疑难,可以有效增强他们的自信心和交流欲,使他们通过课下的提前在线学习,积累相关知识素材,以便于在课堂上积极参与"自主、合作、探究"的学习活动。而对于教师而言,通过翻转课堂的引入,学生轻松愉快地进行了先学,这样可以避免教师在课堂上大量解析式现象的发生,可以为教师腾出时间,为课堂有效调度提供时间前提,也可以有效避免"讨论流于形式"现象的发生,整体提高课堂教学质量。

2.以兴趣为出发点,激发学生预习兴趣

众所周知,在教育教学实践中,诸多同学非常倾向于自己感兴趣的科目,其本科目成绩也会较其他科目优异。而对于自己不感兴趣的科目,其这一科目成绩也并不是太理想。这都是兴趣使然。俗语说:"知之者不如好之者,好之者不如乐之者"。那么,作为教师就业应该注意培养学生的预习兴趣。

对于班级中爱预习的同学,教师应该首先提出表扬,鼓励其再接再厉。对于班级中不爱学习的同学,教师要平时多注意观察他们的兴趣点,摸准其兴趣所在。譬如,学生喜欢动画,那么教师在预习内容上可以多加些关于动画的学习内容。当然也要注意激发学生兴趣点的技巧和时机,不能盲目入手提高学生的预习兴趣,否则适得其反。此外,教师还要注意拓展学生的兴趣点。譬如学生喜欢某一科目,那么教师就要想方设法让学生由喜欢这一门科目的学习而转向也同时喜欢其他科目的学习,其手段可以是教师通过提高自身品位和魅力吸引学生,进而由对人感兴趣转向对预习感兴趣,从而提高学生预习的积极性和主动性。

3.以正强化手段,使学生养成预习习惯

预习活动的进行是靠学生自身来实施的,倘若学生在进行了某种预习活动以后,课堂上没有得到老师的及时表扬,学生的心理会得不到满足。久而久之,学生自身由于惰性和自觉性不够使然,其预习活动强度将会减弱直至最后消失。而倘若不论学生的预习有没有达到目标或者是与老师的预期目标有没有相矛盾,教师都施之以表扬的正强化评价,那么就会使学生的身心得到愉悦和满足,会使学生再接再厉,热衷于预习并力求做好。即使他上次没有达到预习目标而得到了老师的表扬,心中引以惭愧而会努力改进和弥补之前预习中的不足之处,争取达标。可见,预习的评价手段中,正强化手段更能使学生的预习兴趣得以维持,进而使预习活动得以持续发生。因此,教师在一定时间内,要适时适量地对学生的预习给予肯定的评价,使学生养成预习习惯。但是正强化的评价手段的实施要注意评价的时机和评价的针对性。评价的时机,就是预习的正强化评价的实施要把握好时机,不能过早也不能过晚。

4.提升自身专业技能,优化预习质量

在学校教育教学活动的开展中,教师依然是主要的领导者、策划者、主持者以及学生学习活动中的监督者、评价者。对于学生的预习而言,教师是预习目标以及预习内容的设定者、预习效果的反馈者、预习与课堂教学衔接的主要实施者。因此,教师要不断提高自己专业知识和技能,才能更好地设计学生的预习指导方案,才能更灵活的对学生的预习进行检测,更恰切的处理好课前预习与课堂教学的衔接问题。教师还要不断丰富自身的教育心理学知识,这样才能更准确的把握学生的性格差异、兴趣点,从而更好的指导学生的预习,优化预习质量的设计。

此外,伴随着互联网时代的到来,学生自身运用教学技术的能力也颇为娴熟,能接触到来自文本以外的网络信息。"亲其师才能信其道",教师除了自身要具有高尚的品行外,更要有令学生取之不尽用之不竭的渊博知识,才能使学生为之折服。

(二)教师预习指导策略的提升

在课前预习活动中,学生做为预习的主要实施者,倘若教师教给了学生预习的方法,那么学生预习起来便游刃有余,既不浪费时间,又满足了学生预习成功的成就感,同时提高了学生预习的兴趣。如果学生没有掌握好预习方法,那么预习起来事倍功半。因此教师对学生进行现成的预习指导,还不如教给学生不同文本的预习方法,让学生自主进行个性化预习。根据文本内容的不同,主要教给学生以下几种文体的预习方法:记叙文的预习方法、议论文的预习方法、说明文的预习方法、文言文的预习方法。

1.教给学生记叙文的预习方法

进入高中阶段,学生对于如何进行记叙文的预习却知之甚少,以至于大部分学生在进行记叙文预习时云里雾里、模模糊糊、不知所云。

因此,教师首先要教给学生识别记叙文的方法,然后要让学生在阅读文本过程中找到记叙文的六要素,结合单元要求、课前导语,在阅读中弄清楚作者写作的背景,圈划出文中过渡语句、揭示主旨及写作意图的抒情议论句子以及对主要人物细节描写的句子,理清文章层次结构,找出支撑文章构思行文的线索(明线或暗线),准确把握作品倾向和作品所透视的思想内容。在预习时,要认真分析故事发生的时间,故事情节选取的场景,人物出场的细节刻画、静景、动景、乐景、哀景等不同陪衬景物选取的作用,进而身临其境的体会作者写这篇文章时的真实感情以及其写作的特色。

2.教给学生议论文的预习方法

进入高中阶段,学生接触的夹叙夹议的文章不少,但是学生对于如何进行纯粹议论文的预习却知之甚少,以至于大部分学生在进行议论文预习时摸不清头绪、眉毛胡子一把抓。鉴于此,教师要教给学生议论文的预习方法,让学生进行议论文的自主性预习实践活动就很必要。

教师首先要教给学生识别议论文的方法。然后让学生在阅读议论文时,找到文章的论点、分论点、论据,理清文章层次结构,概括文章大意,分析文章写作特色。

3.教给学生说明文的预习方法

说明文是高中阶段学生经常接触的一种文体,其设置的目的是为了拓宽学生的视野,增进学生的跨学科知识。但是由于学生对于说明文这种文体接触的不多,在预习说明文时也不知道该从何入手。鉴于此,教师要教给学生说明文的预习方法,让学生进行自主性预习实践活动。

教师先要教给学生识别说明文的方法,然后教给学生区分说明文六大说明方法的方法。最后要教给学生学会赏析说明文中语言运用的特色。譬如约数和确数运用的严谨性、科学性,不能随意替换。

4.教给学生文言文的预习方法

文言文包括古典诗词和一些浅易文言文,都是从古代经、史、子、集中抽离出来的文质兼美的经典文章。进入高中阶段,由于学生接触的文言文不多,对文言实词、虚词、词类活用、文言句式的积累比较薄弱,使学生在预习文言文时感到艰涩难懂,提不起兴趣、预习效果不理想。因此,教师要教给学生预习文言文的方法。

教师首先要让学生明白高中语文课程标准中对学习文言文的要求,然后要让学生在阅读文言文的过程中,找出文中的通假字、词类活用、文言句式等,还要让学生平时注意文言实词、虚词、文言句式的积累。最后再结合作者的个人简介及写作背景,把握文章思想内容,理清文章层次结构,体会文章叙事时如何极力铺张渲染,议论时使用何种论证的写作特点,分析文章的语言特点、作者的写作意图及写作特色。

(三)教师检测策略的健全

课前预习反馈是检验课前预习效率的主要方式,也是保证课前预习这种实践活动得以有效进行的重要手段。其通常检验的手段,其一是上课之前教师等利用多种方式进行检验,其二是通过学生在课堂上的参与程度进行检验。

1.课前优化检测方式

课前预习伴随新课改实施已经多年,但其效果并不理想,究其原因,是课前预习后检测方式不健全所致。

当前教师在预习检测方式上,由于其自身精力有限,会使预习检测方式存在漏洞。而采取与班干部合作的形式,形成"以班干部检查预习作业为主,教师检查与自作业为辅的形式"的检测方式是一种行之有效的方法。班干部在协助班主任进行检测后,其自己的预习作业则直接受老师亲自检查。这样可以有效防止预习不认真和不预习现象的发生。同时要形成"以优带差"小组合作的方式进行反馈,通过小组内、小组间的互相交流与讨论后,为防止那些不预习的同学滥竽充数,教师要随机提问每一个同学,杜绝使用小组推荐的办法回答问题,使那些平时不预习,心存侥幸的同学无所遁形,迫使他以后认真预习。

2.加强预习与课堂的衔接,优化课中检测

课前预习有没有效果或者课前预习进行的是否高效,可以通过课堂预习学生的反应情况来检验,并且通过课堂预习的检验,可以准确的找到症结,查漏补缺,进而反过来弥补课前预习中存在的不足。课中优化检测方式非常有必要进行。而确保课堂上学生的反应能准确反映课堂预习效果的重要一步,就是必须做好课前预习与课堂教学的衔接工作。

对预习效果进行课中检测,进而优化课中检测方式,必须做好课前预习与课堂的衔接工作。从而在课堂上能就预习中的疑难问题进行更好的合作交流。通过课堂上师生间的互相交流学习,使学生在预习中的独到见解得到表现的机会,教师再针对学生的预习具体内容给予适时的肯定和表扬,可以使学生再接再厉,激发预习热情,提高预习效率。

同时要注意,任何情况下都需认清,课前预习不可能代替课堂教学的地位,它只是课堂教学的一个前奏曲。如果进行了课前预习,课堂的教学效率非但没有提高,反而加重了学生的学习负担,那么这样的预习就是多余的、无用的。因此,教师要积极利用课堂教学效果来检验课前预习的效果。

第三节 课堂教学环节

一、制约课堂教学有效性的因素

(一)教师

在课堂教学中教师是起主导作用的,所以在促进课堂教学有效性的方面,教师的作用是不可忽视的。首先,作为一名教师,尤其是语文教师必须具备一定的文学素养,有相对渊博的知识储量。试想一个不爱阅读的老师怎么能培养学生的阅读兴趣呢?其次,要有自己独特的人格魅力。我们都知道"亲其师,信其道"的含义。一名学生可能因为喜欢一位老师进而爱屋及乌喜欢这位老师所教的课。独特的人格魅力,良好的道德素养是赢得学生喜爱的前提。然后,作为新时代的教师要树立终身学习的理念。当今时代是知识爆炸的时代,信息科技的变化更是日新月异。在这样的时候,一本教材、一本教案打天下的时代已经过去了。教师必须努力更新自己的知识储备,不仅要有一桶水,还得要有一桶新水才行。只有这样才能不被时代淘汰,才能够在竞争中立于不败之地。最后,教师要有自己的教学特长。作为一名教师,要不断总结自己的经验,形成与众不同的教学模式。魏书生的"六步读书法",钱梦龙的"三主四式导读法"都是可以借鉴的,但我们不能生搬硬套。因为我们不是他们,不知变通的学习只能是邯郸学步,误人误己。我们要强调教师职业的专业性地位是不可取代的,但要积极反思自己的教学。在理论上加强学习,在业务上要求进步,要有当名师的理想。总之,具备良好的个人素质,过硬的教学基本功才能成为"有效教师",才能实施有效教学。

(二)学生

在教学中,学生不仅是教学的对象、主体,而且是课堂生活的共同创造者。这就意味着我们要把日常教学的立足点转向学生。学生才是整个教学的主体,是教学活动得以实施的关键。那么怎样才能发挥学生的主体地位呢？兴趣是最好的老师。通过各种方法调动起学生的学习兴趣，让他们喜欢学习、热爱学习，而不是枯燥地、机械地被动接收。只要学生的兴趣培养出来了，学生就能自觉地参与到课堂教学活动中，更好地完成教学任务，实现教学目标。学习兴趣调动起来了，学习方式的转变也是至关重要的。我国《基础教育课程改革纲要（试行）》就提出"转变学生学习方式，要注重培养学生独立性。引导学生质疑、调查、探究，在实践中学习，促进学生在教师的指导下主动地、富有个性的学习，逐步实现学习方式的变革"。学生是自主学习的主体。教师的职责是让学生树立主体意识，发展主体能力。也就是我们常说的，学生是主体，教师是主导，以学生为主体是第一位，以教师为主导是第二位。这也体现了新课标中明确指出的"语文教学必须体现以人为本"的精神。而自主学习就是学生能自觉地担负起学习的责任，不断挖掘潜在的独立学习能力，在学习活动中表现为"我要学"，使学习成为学生的一种内在需要。所有这些对于有效教学的开展都是必要的，可以说没有了学生的参与，有效教学也就失去了赖以生存的根本。

（三）良好的师生关系

师生之间的关系决定课堂教学的面貌。建立新型的师生关系是新课程教学改革的内容和任务。良好的师生关系可以促进学生的学习。把学生当作自由个体的存在，尊重学生的个性，允许他们发表不同的见解，鼓励他们积极思考、探索人生。高中生的特点决定他们多热情少恒心，那么老师的尊重与鼓励就显得弥足珍贵。给他一个肯定的目光、一个赞许的微笑，一次积极的评价，或许会对学生影响深远。爱学生，包容他们的缺点，让学生在老师身上体会一种温暖的爱。在关爱中找回自信，重燃学习的兴趣，而不是把学习当作痛苦的折磨。所有这些都是建立良好师生关系的前提。只要这种良好的关系建立了，那么给学生上课就不是痛苦的事，而是快乐的享受，看着讲台下关注的目光那是一种鼓励。当你的讲授被学生认可接受，那么提高课堂的效率就会事半功倍。良好的师生关系可以营造良好的课堂氛围。这种轻松、幽默、平等的学习环境可以让学生情绪高昂，帮助学生学习。良好的师生关系可以更容易推进学习任务的完成。相互间的合作是愉悦的，那么学生也会主动完成学习任务。

(四)课前准备

我们都知道"凡事预则立,不预则废"。也就是说我们做任何事都要事先做好准备。准备可以让事情获得成功,不准备就会遭到失败。苏霍姆林斯基在《给教师的一百条建议》中讲述了这样一件事:一个在学校工作了33年的历史教师上了一节非常出色的观摩课,以至于听课教师听得入了迷,竟连做记录也忘记了。邻校的一位教师问他:"你的每一句话都具有巨人的思想威力。请问,你花了多长时间来准备这堂课?可能不止一小时吧?"那位教师回答说:"这节课我准备了一辈子,而且一般地说,每堂课我都准备了一辈子。但是直接针对这个课题的准备,则花了约15分钟。"这个故事对于所有的老师都有反思的意义,尤其是对高中的语文老师,要想上好课,提高课堂的教学效率一定要花时间认真备课。而我们所说的语文备课从内容上来划分又可以分为两类:一是广义的备课,它是语文教师时刻在进行的为提高教学水平的准备活动。日常的看书、看报、进修和培训都可以视为广义的备课。一是狭义的备课,是指教师为完成一节课的教学任务而做的一系列课前准备活动。如熟悉教学目标、钻研教材、准备教学方法、制作多媒体课件等都属于这一类。具体前文已有论述。

二、提高课堂教学有效性的对策

课堂教学是我国教育的主要形式,是培养人才的主渠道。课堂是学生思维最积极,最活跃的场所。课堂教学的质量直接与学生的能力发展密切相关。只有保证课堂教学的效果才能实现提高课堂教学有效性这一目标。下面联系自己的教育实践,谈谈提高课堂教学有效性的几点对策。

(一)抓好课内的前五分钟

课内的前五分钟是一个过渡的过程,利用好课内前五分钟可以起到水滴石穿的效果。笔者从任教的第一年开始就坚持这个活动,多年下来有了很多很好的实践经验。例如高一刚入学,在大家都很陌生的情况下,笔者首先设计了一个演讲环节,即利用三分钟的时间介绍自己。介绍的内容包括自己的特点、爱好、专长以及你想和大家分享的一些事情。之后的两分钟模拟答记者问的形式,大家就你的演讲提一些问题,你来回答。当然涉及个人隐私的问题可以回避。刚开始的时候大家都很拘束也没有提问的,笔者就领头问一些学生感兴趣的话题,比如:你喜欢足球吗,原因?对于姚明你有什么想法?几次下来,感兴趣的同学逐渐参与进来了,而演讲的气氛也变的热烈了。一轮下来,大家不仅是互相有了一个初步的了解,还锻炼了自己的胆量。其实老师只要积极引导,创设环境气氛,那么让学生敢讲真话、敢讲真情、敢张扬个性也敢于暴露自己的弱点就不困难了。之后笔者又设计了一个"一分钟演讲"的活动,这也是趁热打铁,大家的热情还没退却之前要好好利用。有过切身体验的人都知道要在没有准备的情况下围绕一个中心说一分钟话并不容易。有的人可以做到落落大方、滔滔不绝;有的人却会因为紧张而大脑一片空白、语无伦次。其实"一分钟演讲"也是一种能力。笔者尝试着每天安排一个学生即兴演讲。能力强的学生跃跃欲试,而平常不太善于表达的学生却低着头不敢走上讲台。为了让每个学生都得到锻炼,笔者要求按学号顺序轮流来。为了降低难度,笔者根据该生的具体情况提出两个适合他的问题供其选择。比如:我最喜欢的人,我最伤心的一件事,我最后悔的事,我最喜欢的水果,我梦想中的学校,我最想做的事情,我理想中的老师,我最信赖的朋友,假如我长大了,我的爸爸妈妈,我印象最深刻的老师等等。话题主要是贴近学生内心的感受和体会上的,但学生在一分钟内要不间断地讲述这个话题也很具有挑战性。别看小小的一分钟也让不少七尺男儿憋得脸通红,讲完了不算还要接受大家的评点。从站姿、眼神到语体大家都会提出意见。这样的苛刻之后是学生当众发言再不会嗯嗯半天表达不明白自己的意思了,而科任老师也反映本班学生回答问题的积极性变高了。

高一阶段,笔者主要是培养学生"说"的能力。有的人在平时私下里能说会道的,可在人面前就是不敢说,不知如何说,说什么。这两个活动就是通过"说"让别人认识了解自己,也通过"说"锻炼自己的胆量,克服不敢说的胆怯心理。

接着是培养读、说能力,笔者定的主题是"美文赏析"。大家利用三分钟的时间有感情的朗读文章,然后简短地说说自己的读后感,最后是大家点评。"读"的能力,也是语文学习的一个很重要的能力。同学们在读的活动中,相互比较,相互学习,掌握一些技巧,再加上感情投入,能与作品共鸣,提高学生的朗读水平。可以说这项活动极大的激发了学生课外阅读的积极性。为讲一篇文章,有的学生有可能要翻看一本书,或者好几本书。有的学生看杂志,如《读者》《青年文摘》。在其中选文,他就要看完全本,再选一篇文章。从量上而言,比以前扩大了很多倍。有了阅读的兴趣,有了一定的阅读量,阅读的水平自然而然的就会得到提高。而把读、说、评作为切入点和突破口,也是创设了学生比较喜欢的一种活动方式,不仅激活了语文课堂教学,也可以形成以学生自己教育自己的开放式、互动式的新的课堂教学模式。

笔者还把课内前五分钟的活动设计与自己的教学内容结合起来。讲授诗歌时,笔者结合教材内容把活动设计成"天天好诗相伴",即每节课由学生向大家介绍一首诗。介绍作家、分析重点诗句,串一下诗的主要内容等。全班55人,讲一轮就学习了55首。诗的选择上是以中外的现当代诗歌为主。这主要是因为古诗虽很重要,但教材已经选了很多,而中外的现当代诗歌可以说由于高考不考几乎成了学习上的一个盲点。虽只是利用课前的时间向大家介绍,一学期下来了解了北岛、舒婷、汪国真、余光中、席慕蓉、海涅、济慈、雪莱、波德莱尔等诗人。这些诗人的作品对于丰富学生的精神世界起了很重要的作用。

结合小说单元,笔者让学生向大家推荐一本好书。书必须是自己喜欢并且精读过的,且不要讲别人讲过的,而且要讲明介绍的理由。这项活动有利于提高学生的课外阅读兴趣,改变学生精神世界贫乏荒芜的现象。当今的高中生,学习任务重,压力大,作业多,有的同学根本没有课外阅读兴趣和课外阅读习惯,课外文章读得异常少。语文课中突破课本范围,把学生课外阅读到的优秀作品引入课堂,有利于促使班级课外阅读环境和课外阅读氛围的形成,从而激发学生的课外阅读兴趣,增强阅读本身的吸引力。

针对理科生基础知识较差的现状笔者又设计了几个模块。首先笔者进行了两个月的字词练习。把学生试卷当中常见、易考又易错的词挑出来每天考10个,之后进行批改,然后学生纠错,之后再考,如此反复强化学生的记忆。之后是成语练习,成语教学没有现成的教材,怎样让学生对这些零散的知识学着有趣?积累是前提,每天由学生按字母顺序找出三个成语给大家进行意思的讲解。每周笔者还会安排听写(检查字形词义)。一学期之后,学生词语见得多了,看着亲切,对语文卷的试题也不那么头痛了。语文零零散散的知识很多,那么利用每天的五分钟把这些知识整合,日积月累就会有水滴石穿的功效。

(二)有效的课前导入

好的导语能把学生分散的思维一下子聚拢起来,好的导语能给学生以启迪,提高思维的积极性。所以我们不要把导入看成可有可无的东西。导入能给学生一个提示的信号,告知学生要进入到新的学习中了,吸引学生的注意力。而注意力的集中能够让学生排除干扰,快速进入到学习情景中。好的导入能够营造适合的情境,对学生的学习产生持续性的作用。优美的导语,可以为学生创造出一个氛围,让学生进入特定的情景中,奠定整节课的基调。这些对于理解文章很有帮助。好的导入能够调动学生的兴趣,而兴趣又是最好的老师。好的导入,吸引了学生关注的目光,唤起了他们探求未知的欲望。所以要重视导入。在日常的教学实践中笔者经常用的导入方式有:

1.典故传说导入

这是笔者经常使用的方式。在讲授枯燥的古文时,笔者经常从《东坡志林》《世说新语》中挑选名人的逸事、趣闻来讲,让古文不再枯燥而是变得有血有肉。比如在介绍王羲之的文学常识时,笔者用"东床快婿"的故事导入,让学生能够亲密接触历史名人。而学生也非常喜欢听故事,往往是嘈杂的教室,只要一听要讲故事学生都安静下来,集中精神来听。

2.图片导入

这种导入方式笔者通常在讲科普文章时使用。比如在讲《中国建筑的特征》这篇课文时,笔者的导入是这样的:"同学们,中国是一个历史悠久、文化灿烂的国家,她有数不尽的名胜古迹,雄伟的古代建筑艺术,比如北京故宫、苏州园林、佛塔、道观等,(多媒体出示相关的图片)中国的建筑是独具特色的。那到底有什么样的特点,使得中国的建筑独立于世界建筑之林呢?今天我们就来学习梁思成的文章,共同领略中国建筑的永恒魅力吧。"一幅幅精美的中国古代建筑的图片用幻灯片展示出来。中国建筑的基本特征,中国建筑的结构方法,斗拱的作用,中国建筑外观、颜色、装饰等方面的特点,翘起如翼的屋顶,中国建筑的装饰部件,大到结构部件、脊吻、瓦当,小到门窗、门环、角叶,有色的琉璃砖瓦、油漆、木刻、石雕、砖雕等都能真实地展现。可以说漂亮的图片导入,增强了文章的趣味性,又可以帮助学生理解文章的内容。原本枯燥的专有名词有了实物的帮助讲起来就很容易理解了。

3.音乐和视频导入

在讲授《合欢树》时,《懂你》的音乐响起了。学生在聆听音乐的时候,也进入到特定的文章意境中。讲解《红楼梦》的人物形象时,有关王熙凤的视频导入对学生理解人物形象非常有帮助。演员精彩的表演可以很好地诠释未见其人先闻其声的意思。又比如杜甫《登高》一诗的教学目标是帮助学生走进诗歌意境,进而理解作者所表达的思想感情。围绕这一目标,名家的配乐朗诵以低沉的语调、缓慢的语速、深情的语气给学生展现了文本凄楚悲凉的意境,对于学生理解作者要表达的感情很有帮助。

4.背景知识及作者介绍

有些文章距离学生太遥远,那么适当的背景知识对于理解文章的主题很有帮助,尤其是外国作品,必须把背景知识介绍给学生,才能让学生对文章有一定的理解。关于作者的介绍一定要客观、翔实。尤其是古今中外无法忽略的大家,要注意引起学生的兴趣,不要产生畏难的情绪。

5.设疑和制造悬念

在导入时设置问题,可以给学生留下思考的空间,引导他下一步的学习,也可以激发学生想要了解答案的兴趣。比如讲解鲁迅的《药》这篇课义,笔者的导入就是"20世纪初叶的中国就像一个病入膏肓的人,许多革命者和仁人志士,都在探索救国救民的道路,寻找疗救中国的良药。有一位作家,他用小说的形式形象地反映了这一现实。那么什么样的药才是救治中国的良药呢?他找到这剂良药了吗?这节课我们就来学习鲁迅先生的小说《药》。"在导入时抛出这样的问题可以引发学生深入探讨作品的主题。

6.温故知新

有些课是承上启下的,在讲课的时候把上节课的知识点拿出来提问,不仅能够温习知识,而且也可以让两节课很好地融合,做到严丝合缝。比如在讲《梦游天姥吟留别》时,笔者的导入就是用复习旧知,来导入新课。由背诵李白诗歌竞赛导入,一方面可以复习以前所学的古诗词,加深印象;另一方面又可以顺利导入到新课文。

7.告知目标,明确目的

在导入的时候把这节课的目标告诉学生,可以让学生听课时不遗漏重点知识。学生听课的目的性更强,效率也会更高。在讲《鸿门宴》时笔者就用幻灯片把教学目标告诉学生:①学习作品中塑造历史人物形象的方法:在矛盾斗争中刻画人物,个性化的语言,对照手法的运用。②继续学习比较阅读法,增强学生读史的兴趣。③了解项羽、刘邦等人的个性特征,认识鸿门宴这场斗争中刘、项胜败的原因。目标明确了学生听课自然就有头绪,能够集中精力突破难点。

好的课前导入调动了学生的注意力,创设了好的意境,激发了学生学习的兴趣。而好的导入也必然对提高整个课堂教学的有效性起到领航的作用。所以我们要加强导入的科学性、时效性,为提高课堂效率做好准备。

(三)抓好课堂节奏

课堂是学生学习的主阵地,我们在提高教学的有效性时,一定要注意调控好课堂的节奏。有经验的教师会保持一种顺利的、相对快捷的节奏。虽然教学活动的速度很快,但却与课程内容的难度和学生的能力很匹配。课堂上要注意张弛有度,快慢有节。一堂课从导入到高潮再到收束要有一定的节奏,让一堂课充满活力,激发学生学习的主动性和创造性。开课要快,要调动起学生学习的兴趣,让学生进入到课堂学习的情境中。切入正题要适当放慢速度,高潮设置要及时。采用诵读、辩论、戏剧表演、精彩提问等手段来推动高潮的到来与进行。结束稍快,戛然而止,给学生留下回味的余地。在课堂中如何才能最好地调控节奏呢?首先,要注意授课时语言的节奏,不能一个腔调,波澜不惊地下来。这样子学生只能昏昏欲睡,丝毫提不起兴趣来。若是始终激情澎湃、高潮不断,俗话说过犹不及,学生听课时不知哪里是重点,影响了学生学习的效率。其次,要注意了解学生学习时注意力的变化。学生的有效听课时间很短暂,不可能一堂课都保持十二分的注意力,要仔细观察学生的疲劳度。在兴趣最足的时候讲授重难点,在注意力分散时适当过渡,调控气氛。而且要注意讲授时由浅到深,由易到难,保证学习过程的循序渐进。最后,要重视教学环节的过渡。过渡是课堂上的常见现象,他在很大程度上决定了课程的顺利进行。不好的过渡会破坏课堂的节奏,妨碍教学的效率。因此要保证过渡的数量不要太多,而且过渡合理、简洁。

(四)提问的有效性

课堂教学的本质上是一个对话的过程,而对话又起于问题,在互相交流中满足各自不同的兴趣。学会提问,对于教师改变从上到下的灌输式教学有很大的帮助,让教师更加有效地了解、理解、掌握教学的过程。但是目前在高中语文课堂上提问的情况并不理想,有时问题设计得不太合理,重复性、回忆性问题居多,浪费大量的时间,降低了课堂的效率。有时不能给学生思考的时间急于公布答案,扼杀了学生思维的创造力。有时忽视了学生自主提问能力的培养,学生不会也不善于提问。我们在日常教学活动中应该怎样做才能达到提问的有效性?怎样的有效提问才能真正引导学生主动参与学习?

1.提的问题要难易适中

太直白的,学生已经懂的或是一看就会的不要问;问题太艰深的,学生回答不出的不要问。提出的问题最好能引起学生的思考,并且思考后还能回答的。例如在讲授《林教头风雪山神庙》的时候,笔者问:"林教头听了小二的叙述,买刀寻人,假如林冲找到人了,按其性格会发生什么事?文中的这一节是否多余?"关于这个问题,学生由林冲性格推论即使找到了也不会杀人,这对学生进一步理解林冲隐忍的性格有帮助。"那么这一情节是否多余呢?"对于这个问题的思考可以更好地理解名著情节设置中设置悬念,埋下伏笔这一点,能让学生从情节设计的高度整体把握名著情节安排中跌宕起伏的特点。

2.提问要留给学生思考的时间

一个问题抛出后,不要急于让学生作答或是公布答案,而是给学生一点等待的时间,留一定思考的空间。"研究发现,当教师运用3—5秒的等待时间时,学生能够获得以下的种种益处:学生会给予更长的回答。学生会为他们的观点和结论提供证据。学生会进行猜测和假设。学生会提出更多的问题。学生与其他学生的交谈更多。笔者不知道的次数减少了。纪律情况得到了改善。更多的学生参与回答。学生的回答更自信。在认知水平比较复杂的考试项目上取得进步。"所以一定要留下等待的时间,不要为了所谓的进度抹杀了学生的思考,不然那是得不偿失的。

3.提问要尽量关注全体

现在我们还在实行大班制授课方式,一节课让所有的学生都站起来回答问题是不现实的。但是我们尽量保证照顾到大多数,让所有的学生都积极思考。针对问题的难易我们提问不同的学生,让每个人都有机会展示自己的思考成果。比如是记忆性的问题,笔者一般会选择语文成绩相对薄弱的人回答。有争论的问题,会先采用小组讨论后选代表回答的方式,这样所有的人都能够参与。对于答案的设计要尽可能突破"标准答案"的窠臼,让答案更加丰富多彩。如教授《合欢树》这篇课文时,若问"合欢树的象征意义是什么",就显得机械刻板,僵化了学生思想。若改问"这篇文章以写人记事为主,以写树为辅,可又取名'合欢树',你觉得合适吗",这有利于深入挖掘教材的思想内涵,能够更好的理解课文题目与课文中心的关系。并且在思考这个问题时,自然而然就会联想到合欢树的象征意义,这样可以培养学生思考问题的品质。

4.提问的最终目的是让学生提问

在日常教学中我们常常是设计问题然后学生回答。笔者觉得提问的最终目标是培养学生发现问题的能力。有时候发现问题比解决问题更有意义。而对于学生提问能力的培养也是漫长的过程。在进行选修部分讲授时,笔者有意让学生提问,刚开始学生的问题简单、粗糙,只能问一些浅显的东西,但是笔者没有灰心,而是花了半学期进行训练,而最终也有了初步的成果。比如在讲授梁遇春的《吻火》时,学生提出了"为什么徐志摩的眸子是银灰色的"以及"吻火的动作特写与徐志摩性格的关系"等问题。这些问题都是基于课文内容而来的,可是对于理解徐志摩的性格非常有帮助。

(五)课堂教学媒体的有效性

随着科学技术的发展,人类已经进入信息化时代。作为信息载体的媒体也越来越多的被运用到教学过程中。多媒体更以它丰富的手段,声音、图片、动画、音乐、视频让教学手段更加多样化,为当下的语文教学注入了新的活力。而在教学中多媒体的作用主要体现在以下几点:

1. 创设情境,引发动机

多媒体的音效能最大地调动学生的视听感官系统,创设优美的情境,吸引学生的学习兴趣,引发学习的动机。比如讲《红楼梦》时笔者用《枉凝眉》歌曲导入能很好地奠定主题基调。

2. 突出重点,丰富资料

语文教学中往往引经据典,需要为学生补充很多的材料。如阅读教学中的背景介绍,作家作品的补充,前人对文章的评论观点,重点的知识要点,利用幻灯片都可以展示给学生。在介绍老舍先生时,对于他的作品介绍如下:"老舍以长篇小说和剧作著称于世。他的作品大都取材于市民生活,为中国现代文学开拓了重要的题材领域。他所描写的自然风光、世态人情、习俗时尚,运用的群众口语,都呈现出浓郁的"京味"。优秀长篇小说《骆驼祥子》《四世同堂》便是描写北京市民生活的代表作。他的短篇小说构思精致,取材较为宽广,其中的《柳家大院》《上任》《断魂枪》等篇各具特色,耐人咀嚼。他的作品已被译成20余种文字出版,以具有独特的幽默风格和浓郁的民族色彩,以及从内容到形式的雅俗共赏而赢得了广大的读者。"这么多内容用幻灯片展示省事、省力又高效。

3. 欣赏审美,陶冶性情

小说单元教学中,为了让学生更好地理解文章,插入相关的视频对于培养学生的审美能力陶冶学生的性情很有帮助,例如《边城》的教学目标是了解作者在作品中所歌颂的人性美的内涵以及学习抒情地表达人性美的技巧。"一方水土养一方人",正是这种山水之美孕育了这种人性之美,所以为了更好的理解人物,就不能忽略小说中关于湘西风光的描绘。笔者播放了与课文相对应的电影《边城》片段,让学生感受小说中自然环境之美。画面和文字的重合,扩充了学生的视觉感知力,在美的熏陶中提升了对美的认识。

综上所述,多媒体的使用是对传统语文教学手段的有力补充,能够提高我们的课堂效率。但同时我们也要认识到多媒体只是语文教学的一种辅助手段,是我们教学的媒介与桥梁,而不是教学的全部。我们不能困于高科技中,让课件牵着我们走,要注意课件的实效性,不能只是为了用而用。只有正确认识多媒体制作应用的优越性和局限性,才能为我所用,真正为语文教学服务。我们要树立正确的多媒体教学理念,并指导多媒体课件制作,增强语文教学的审美性和社会性,使语文多媒体教学符合学生的学习规律,并富有时代气息。

(六)课堂小结的有效性

课堂教学小结是语文课堂教学环节中非常重要的一环。一堂完美的课不仅要有好的开头,还要有完美的结尾。这就像评书中的结尾,惊堂木一拍"欲知后事如何,且听下回分解",短小精悍,为大家留下无尽思考的空间。好的课堂小结能够对课堂内容进行高度提炼,给学生完整系统的语文知识,培养和提高学生学习语文的能力。好的课堂小结简洁明快、灵活多变。不能拖沓冗长、拖泥带水。下面结合自己的教学体会谈一下小结中应该注意的事项:

首先,要重视点避免面。小结长的有五六分钟,短的则一二分钟,那么在小结中就要突出点。而所谓的点就是给学生指出课堂教学中的重点、难点。让学生能够在整体上把握一节课的学习要点,这对于提高学生的学习成绩非常重要。避免面,就是不要什么东西都面面俱到,如把课堂上讲的内容在小结中重复再来一遍,这就既无新意又浪费时间。

其次,注意调动学生的注意力。一节课的结束部分,学生容易出现倦怠情绪。那么小结时我们可以采用多种方式来进行。比如与导语的照应,用诗文作结,用优美的语言做结。小结的形式与方法很多,教师可根据教学内容以及学生情绪灵活运用,而不要拘泥于形式,死板单调。

最后,强调学生的主动性。小结部分完全可以让学生自己来做。谈的内容可以是这节课知识的所得,也可以是自己的经验收获,还可以是自己困惑与思考。由于小结是学生自己做的,是自己的东西,学生的记忆和理解会更深刻,真正达到有效教学的目的。

课堂小结对学生学习的知识具有归纳、小结的作用,对他们的思维起着整理的作用,对整堂课的教学起着"回炉"提炼的作用。它也是衡量教师教学艺术水平高低的标志之一。总之我们必须重视课堂小结①。

第四节 课后教学效果评价环节

教学评价是对课堂教学活动过程及其效果进行价值判断的行为,是为教师和与教学有关的方面提供教学状况的信息,是提供改进、完善与探究建议的课程改革与开发的活动,是教学的有机组成部分。教学评价主要涉及学生学业成绩的评价与教师教学专业活动的评价,本文主要谈学生学业成绩的评价。

当前教学评价特别是学生的学业评价和考试命题(尤其是高考命题)是社会关注的热点问题,它对课程改革起着重要的导向作用。随着新课程改革的推进,人们日益认识到教学评价改革的迫切性和重要性,如果没有评价改革"保驾护航",课程改革将寸步难行,也就是说课程改革能否成功关键是看教学评价。

一、新课程下的评价理念

(一)语文教学评价对象的改变

以往的传统课堂教学评价中,评价的着眼点往往只是观察老师在课堂上的表现如何,即教得怎样,对学生则主要是看其对教师配合得如何。这种评价思路,反映的是一种典型的"以教授为主,学习为接受服务"的评价理念,是一种不利于学生学习和成长且较陈旧的评价观念。高中语文课程改革倡导"立足过程,促进发展""以学习论教授,教授是为了促进学生学习"的新的教学评价理念,其宗旨是有效地促进学生的全面发展与健康成长。课堂教学评价的关注点由注重教师的教学行为转到关注学生的课堂

---

①葛秀春. 论高中语文课堂教学的有效性[D]. 大连:辽宁师范大学,2010.

学习行为表现上来，关注学生是"怎么学"的，"学"得怎样，即以学习效果如何来评价课堂教学的成败。例如：要关注学生是否实现了对语文知识的真正掌握；是否主动参与到语文教学目标的设立和获得语文知识与能力的活动过程中去；是否获得了积极的主动情感体验；学生的学习态度是否变得主动认真；学生的质疑能力是否得到了有效提高等。

但是高中语文新课程不是不评价教师，而是随着新课程的推进，对教师进行课堂教学评价时，在某些传统的评价方式中注入了大量新的内涵。如，语文教师是否为学生创设了一个语文知识自主建构的情境，是否能增强学生语文学习的动力，是否为学生的自主探究语文问题创造了空间和提供了条件等，在教学目标方面是否由过去仅仅注重双基和学科能力转向知识与能力、过程与方法、情感态度与价值观三维目标的落实，在教学方式方面是否由过去控制学生转变成为语文学习情境的创设者、组织者和学生学习活动的参与者，从文本处理方面是否由过去把语文教科书看做是唯一的教学资源，转变为把语文教科书看做是语文课程资源的重要组成部分和工具。

（二）语文教学评价内容的改变

以往是以语文知识的掌握即记忆语文知识和运用语文知识的能力作为评价的唯一尺度。由于新课程中的语文教学评价目标已发生重大转变，评价的核心是指向以能否促进学生的全面发展、终身发展为根本，强调评价以人为本，所以评价内容不仅仅要考查语文知识、语文技能的掌握，还要考查语文学习的过程与方法，并把隐性的情感态度、价值观的表现（含学习态度）纳入教学评价之中，且当做至关重要的部分。总之由过去仅仅关注认知领域单维目标的能否实现，转变到关注知识与能力、过程与方法、情感态度与价值观三维目标的有机结合上转变，转变到"三维"课程目标的整体落实上来。

（三）语文教学评价方法的改变

以往的教学评价往往淡化甚至忽略语文学习的过程性评价，过程评价的方法仅限于课堂提问、小测验、单元测验等。新的教学评价观强调学习过程的全程评价、动态评价，将评价贯穿于日常的教育教学的始终，给予多次评价的机会,重在促进学生的转变和发展;强调评价方式多样化,综合采用观察、记录、调查、访问、讨论、作业、测验、档案等方法;强调对评价对象进行全面综合考察,尤其注重把定性评价与定量评价相结合。

二、有效评价的策略

高中语文学科学业的基本目标就是能够促进学生的全面发展,具体说就是使评价能够真正地诊断学生在学习中存在的问题,能够真正地和客观全面地确认学生所达到的学业水平,能够真正地促使教师和学生都能认真地反思在教学过程中出现的问题。要做到这一点,我们就要掌握一定的评价策略:一是确定评价的目标;二是制订评价的方案;三是运用灵活多样的评价方式。

(一)确定科学的评价目标

要实施有效的语文教学评价,教师应该首先确立评价目标。在阐述目标的时候,教师要注重三个方面的问题:第一,评价目标要完整且易于操作,即行为主体是学生,行为的动作叙述要规范,行为的结果要具体。第二,评价目标应该具有层次性,即包含描述性评价和量性评价且两者要统一。第三,评价目标的制订要符合语文学科的特点。

例如:《项羽本纪》的评价目标:①学生要了解项羽跌宕起伏的一生。②把握项羽的性格特征,对项羽进行辩证的评价。③通过探究项羽的英雄形象,感受历史英雄人物的人格魅力,激发学生加深对人生的认识,砥砺自我人生修养。这样的评价目标既包含了知识与技能、过程与方法,又包含了情感态度与价值观,实现了三维目标的合一。

(二)制订科学的评价方案

有效的教学评价方案可以帮助学生和教师完成一段时间内所要追求和达到的教学和学习目标。有效的教学评价方案具有指向性,老师和学生都清楚自己要做什么,努力的方向是什么。实施有效教学评价时,教师要注意以下几点:一是评价要全面,即对学生的评价应该是学习动机、学习过程和学习效果三位一体的评价。二是评价要及时,即评价与教学要合二为一,互相交融,"教学——评价——教学——评价",只有这样教师才有可能及时了解学生的情况,适时调整教学谋划。三是评价要灵活。在讲究评价目标的标准化和方法的规范化以及评价结果的客观性和精确性的同时,教师要注重评价环境的自由化与评价气氛的轻松化。四是评价要深入,即由知识层次到能力层次再到道德品格层次,不能以一个单纯的分数来评价学生。

(三)运用灵活多样的评价方式

1.注重评价主体的多元化

由过去以教师为主的单一评价学生,转向由学生、家长、学校、社会共同参与的多元化评价。重视学生自评与互评以及重视学生、教师、家长的交互评价。只有这样,才能更有效地评价学生的学习情况,才能更广泛地收集各方面的反馈信息,帮助学生正视自己的优缺点,取得更大的进步。

2.注重评价方式多样化

打破闭卷考试一统天下的评价格局,提倡多种多样的评价方法。例如在《项羽本纪》一课中,笔者采用的是多样化的评价方法:①闭卷考试;②编写《鸿门宴》和《垓下之围》的课本剧并表演;③为项羽设计一座丰碑,并附上一个简单的说明;④写一篇感想。

3.既关注评价的结果,又关注评价的过程,建立新的评价体系

过程性评价是一种评价理念和评价方式,其本质特征是对学生的学习动机、学习过程和学习结果进行三位一体的全面性评价。单纯地强调或淡化某一方面都是不正确的。评价学生的动机,是为了让他更好地达到学习的目标;评价学生的学习过程,是为了让他把学习的过程与评价的过程结合在一起,因为学会评价本身也是学习的重要内容之一;评价学生的学习结果力图把评价结果反馈、回流,促使学生反思学习过程,改进学习方法,提高学习效率。

例如:《项羽本纪》这一课的过程性评价笔者是这样进行的:①评价内容:了解项羽的生平,探究他失败的原因,讨论项羽站在历史的风口浪尖该如何抉择?②评价方式:举办知识竞赛和辩论会。③达到的技能:学会搜集语文资料的方法,培养学生认识问题、思考问题的能力,提高合作学习的技能。这种评价方式一是比较充分地体现了过程性评价和结果性评价;二

是具有可操作性和可测性;三是体现了新课程三维目标的整体运用原则。

4.既关注量的评价,又关注质的评价

以前的高中语文学业评价是一种以量的评价为核心的评价体系。量的评价强调以数量关系来描述评价的结果,在发挥评价的功能上,量的评价是科学、简便、有效的,但是由于我们不可能把所有的教育现象都进行数字化处理。因此就需要采用质的评价方法,质的评价方法是能很好地描述被评价者的本质特征,但是过程繁杂、费时费力,因此我们要把量的评价与质的评价相结合。对学生既作量的评价,又作质的评价,以求对学生有一个公正客观的描述,促进学生的全面发展。

5.注重发展性、激励性教学评价

发展性评价是一种形成性教学评价,它针对以分等级和奖惩为目的的终结性评价的弊端而提出来。以促进评价对象发展为根本目的,重过程、重评价对象主体性的教学评价。不是重于甄别和选拔,而是在于改进,重于人格的尊重。重视人的可持续发展,是帮助教学过程的主体做得更好。正如钟启泉教授所说:"教学评价应该体现以人为本的思想,关注个体的主动处境和需要,尊重和体现个体的差异,激发个体的主动精神,以促使每个个体最大可能地实现其自身价值,实现人的终身发展"。

以上所讲的评价主要是高中语文学科的学业评价。因此在教学中应以高中语文教学目标和高考考试说明为依据,以一切可靠、可行的方法来系统地收集一切有用的信息,对高中语文教学中所引起的、在学生知识与能力、过程与方法、情感态度价值观上的评价的变化进行评价,进而以此为依据改变教学决策。

总之,对学生的评价要以"促进学生的发展为本",注重三维目标的整合,注重科学方法的运用。评价时,教师既要用发展的眼光来看待学生,对学生充满激励与期待,又要指出学生的优点、缺点;既要有启发性与指向性,以引导学生深入思考,指导学生实际操作,使学生有种豁然开朗的感觉,又要尊重学生,富有真情实感,以帮助学生树立自信,激起强烈的求知欲望[1]。

---

[1]顾琴.高中语文教学的课后有效评价策略[J].语文天地·高中版,2011(9):46-48.

第四章 高中语文的教学方法创新

第一节 阅读方法教学的创新

一、高中语文阅读教学概述

（一）高中语文阅读

王剑锋在《浅析高中语文阅读的重要性》中指出："高中语文阅读就是让学生们在阅读中接受教育，不断地积累经验并得到启发，形成健全的人格，提升个人修养的一种活动。"高中语文阅读是教师以教材中的范文为阅读中心，从中了解基本的文学常识，掌握知识点，并且品读其中的思想的活动，在阅读活动中依据学生的实际情况，适时地引入课外阅读，进行大量的阅读训练，来促进学生思维发展，提高学生的语文素养，最终达到学以致用的目的。还有的学者表示："高中语文阅读就是让学生主动的阅读书籍知识，让他们的扩充知识，增强理解能力，最后能自己有能力去解决语文中遇到的难题。高中语文阅读就是学生积极主动的感知、理解、探究文本、发展思维、获得丰富的感受和知识的过程。"

从中我们可以了解到，高中语文阅读是一种在教师引导下学生主动阅读的一种活动，还是学生接受教育、提高自己、提高解决实际问题能力的重要途径，可以使人类社会能够更好的传播、继承、发扬优秀的传统文化，创造出更多灿烂优秀的文化。

（二）高中语文阅读教学

《普通高中语文课程标准（实验）》指出："阅读教学是教师、学生、教科书编者、文本之间的多重对话，是思想碰撞和心灵交流的动态过程。"这种对话是双向的、多重的、多元的，教师和学生都是阅读教学的阅读者和参与者,教师不要进行传统的注入式教学,学生不可以当被动的接受者,应该强调教师和学生、教师和教科书编者、学生和文本、学生和学生之间的对话与交流。架起学生和文本的桥梁,与优秀的作者进行灵魂沟通,提高学生的审美情趣,形成高尚的道德情操。在《普通高中语文课程标准(2017版)》的课程内容学习任务群1中提到:"引导学生阅读整本书,拓展其阅读视野,形成好的读书方法,提升阅读鉴赏能力,养成好的阅读习惯,促进学生对优秀的传统文化和社会主义文化的思考,形成正确的世界观、人生观、价值观。"

从中我们了解到,高中语文阅读教学是教学生从文本中获取信息,实现教师、学生、文本、教科书编者之间的对话与交流的动态过程。阅读教学也是一门社会科学,人文精神是其基本性质,在教学中老师引导学生运用各种阅读方法对文本进行深入的研读,组织同学进行有效的交流,加深学生对文本的理解和体验,促进学生对文本思想内涵的思索,培养其高尚的道德情操和民族精神,增强文化自信,提升学生的学科素养。

二、高中语文阅读教学现状

(一)教师方面存在的问题及原因

1.问题

(1)高中语文教师阅读教学素养有待提升

相关研究调查数据表明,针对"您会在阅读教学中有意识地向学生渗透德育吗?"这一问题,有18%的教师会,有46%的教师在阅读教学中偶尔和不会有意识渗透德育,也就是新课程标准提出的立德树人的理念,有一部分语文教师并没有遵从和实施。针对"在阅读教学中,您能很好的将任务群进行整合吗?"这一问题,只有21%的教师很肯定的选择了能,有46%的老师偶尔可以把任务群很好的进行整合,也就是说把任务群合理的运用于阅读教学中,对老师来说还是有很大难度的。部分教师是很重视新课标提出的语文核心素养的,但在实际阅读教学中,有37%的老师会更重视培养学生的考试技能,也就是说,大多数的教师还是更加重视考试技能的提升。只有13%的老师选择会指导学生进行跨媒介阅读,说明大多数教师并不重视跨媒介阅读,仍然坚持传统的纸质文本的阅读。调查表明,只有

18%的老师会加强文本内容和学生生活的联系,有46%的老师讲解阅读时偶尔或不会联系生活实际,由此可以看出,还有一部分老师不重视引导学生建立阅读与生活的联系,阅读教学存在脱离学生生活的情况。

(2)高中语文教师阅读教学能力有待提高

有效的阅读预习需要教师和学生有预习共识,但问卷调查显示出部分教师对阅读预习的态度很随意,学生更是敷衍了事。根据调查显示,有44%的学生认为老师提出的问题并不能激发阅读兴趣,这就表明在阅读教学中有大多数教师问题并不能激发学生的积极性。调查显示,有41%的语文教师经常采用的评价方式仍然只是纸笔测验,只有8%的教师会采用学生档案的评价方式。由此可以看出:新课程标准倡导的学生档案袋评价方式教师很少用。大多数的老师大多数的时候还是可以做到坚持教学评价主体多元化,但仍然有32%的教师偶尔、从不坚持评价主体多元化。由此可知,当前教师的评价方式和评价认知仍需提升。

2.原因

(1)阅读教学与现实生活联系不紧密

在阅读教学中,一些教师们过于重视语文学科的工具性,有些教师偏重于抠"知识点",侧重学生知识传授,忽视了阅读教学中的渗透德育,甚至有的老师让学生投身于题海之中,很多与现实生活有紧密联系的内容,教师未能引导学生观察感受形成自己的生活体验,也不注重引导学生建立文本与生活的联系,忽视了阅读与感悟人生结合起来。一些教师在阅读教学中只是对文本进行简单的解读,甚至只是突出文本的知识性理解的教学,只是生搬硬套对学生进行说教和灌输,很少联系学生实际生活,忽视了学生阅读能力的提升。

(2)新课标的相关理念没有很好的运用到教学中

教师对于培养学生的核心素养还不够重视,新课标要求教师要培养高中生各方面的能力,包括:学生在语言、思维、审美鉴赏、文化理解等方面的能力。在语言积累方面,思维训练方面和创造性思维的培养等方面都有待加强。教师没有深入地理解任务群,一些教师对任务群的理解不够深入,就开展各种活动,并且有的教师还是会坚持传统的教学模式,没有找到课程内容和形式创新的结合点。2017版新课程标准设计了18个学习任务群,每个任务群分别有自己的学习目标和内容,课时有限而内容却无限。教师需要在实际教学过程中对不同学习任务群进行重组和整合,来提升高中语文阅读的教学效果。要在有限的课时内,保证任务群的完成度,又要结合教学来落实任务群。毫无疑问,这对高中语文教师是一次巨大的挑战。

(3)忽略了学生的主体地位

在阅读问题设计方面,教师问题设计难易度失当,严重影响了学生学习兴趣和师生之间的互动,学生不主动思考,也就无法培养学生的思维能力和语言运用能力。在阅读指导方面,教师只是任务的下达者,学生的预习情况和阅读情况如何,教师一般不会给予及时、认真的评价。学生交上的阅读作业不及时检查和反馈,很容易让学生失去学习的主动性,以致学生丧失阅读的爱好。在多媒体使用方面,很多教师多媒体做得非常认真,把所有的教学内容都呈现在课件里,上课时就单纯地照着课件读,缺乏用语言对学生的引导。多媒体信息技术的作用在于为教师在必要时提供语文阅读教学的辅助,增强学生的感知,为课堂提供多姿多彩的教学情境,我们不能舍本逐末。

(二)学生方面存在的问题及原因

1.问题

(1)学生阅读兴趣不浓

调查结果发现,有41%的学生偶尔甚至从不阅读古今中外的经典名著,也就是说一部分学生没有阅读习惯,缺乏阅读兴趣。通过对学生的观察,有的同学会阅读书籍,但其中大多是言情小说、武侠小说、科幻小说或者明星杂志等大众文学,有比较少的学生会阅读课外经典名著。问题"您进行阅读的最大的动机是什么?"有56%的学生阅读是为了完成任务和提高成绩,只有16%的学生是发自内心地喜欢阅读的。由此可以看出,有的学生还没有良好的阅读习惯,有的学生目的性阅读严重,阅读兴趣不浓。

(2)没有养成好习惯

调查显示,在语言积累与运用方面,有53%的学生偶尔甚至从不主动积累优美的词语和精彩的语段,有的认为语言的积累无关紧要。但是,有60%的学生有时、不能很好地运用语言去与人进行交流。所以学生平时应该重视语言积累,教师在教学时也应该加强学生的语言表达能力;在思维品质方面,调查结果显示,有20%的学生对人物形象解读单一,有41%的学生不善于多角度解读人物形象。有47%的学生不能运用联想和想象丰富自己对生活和文本内容的感受和理解,由此可以看出阅读学习中,学生很少发挥想象力,阅读思维的发展并不理想,教师还需要进一步提升学生的思维品质;在审美能力方面,有大部分教师不是很关注学生审美能力的培养。赏析文本的过程中,36%的学生偶尔能感受到语言美、意境美、情境美,还有23%的学生感受不到。由此可以看出教师的阅读在课堂没有激发起学生的审美兴趣,导致学生无法自己感受到文本的语言美,也可以看出学生的语言鉴赏能力不强;在传统文化理解方面,调查结果显示,只有13%的学生能完全理解中华文化的思想理念和人文精神。由此表明,学生学习传统文化还是有一定难度的,平时对传统文化也不是很感兴趣,所以在传统文化的讲解上,还需要老师多下功夫。

2.原因

(1)学生阅读功利思想严重

学生就算是学习阅读也是由于老师的要求,提高成绩这些外部因素。平时学习生活中,在与其他功课相比之下,根据笔者教学期间观察到学生花费在其他功课上的时间更多,花费在语文阅读上面的时间很少,一般只停留在作业层面,如果作业不多会有一小部分人选择学习语文阅读,了解之后他们说理化生阅读量小提分还比较快,并且题做对后也很有成就感,而学习语文阅读看不到成效,阅读量大还浪费时间。所以他们不愿意把多余的时间花费在语文阅读上。由此可见,学生花费在阅读上的学习时间是不够的,阅读的积极性不高,功利化阅读思想严重。

(2)学生自主学习能力不强

很多学生被动地接受老师传授的知识,被动地接受阅读教学的内容,不能积极地探究阅读方法,一些学生懒于思考,教师讲什么自己在书本上记什么,有的学生甚至在认为,语文阅读没什么可学,就是读读课文,背诵必背篇目,然后再刷一些阅读理解题,缺乏对读物的自主选择和阅读的自觉规划。

三、提升高中语文阅读教学效果的策略

(一)提高教师的阅读教学素养

1.创新阅读教学理念

(1)坚持立德树人,促进学生素质发展

高中生正处于思想道德发展的关键期,在高中阅读教学过程中,要坚持立德树人,传播优秀传统文化,培养文化自信,让学生形成积极地人生态度和正确的人生观。立德树人是高中语文阅读教学的重要使命之一,语文教师要发挥自身德育的示范作用,加强阅读教学设计,丰富语文实践活动,以此来培养素质人才。语文学科具有很强的人文性,那么如何在语文教学中渗透立德树人的思想呢?

首先,发挥教师德育示范作用。教师是在学校与学生接触最多的群体,要立德树人,一方面,教师要立师德。语文教师要强化师德素养,以自身健全良好的品格陶冶学生。严格遵守国家的《教师职业道德规范》,以身作则,修身立德,彰显出教师高尚的情操和文明素养,从而对学生的言行产生潜移默化的影响。如此,教师言传身教的效果便显现出来了。另一方面,教师要敬业。教师的敬业精神在教学工作会有所体现,教师认真教学,热爱学生,热爱教学事业,以积极地态度处理教学工作中的困难,发挥出教师的教学态度和崇高的职业精神。学生会深受感染,热爱学习,热爱生活,形成奋发向上的人生态度。高中语文教师的师德和敬业精神直接影响着学生的世界观、人生观和价值观的形成。

其次,在阅读教学中渗透德育。高中语文教师要发挥阅读教学在立德树人方面的独特优势,善于挖掘阅读教学中的德育资源,加强教学设计,促进学生与阅读文本的对话。在阅读教学中,教师应该引导学生从作者的角度出发,关注文本和作者之间的关系,了解作者的生活经历、遭遇处境、思想观念、创作背景,重视它们与作品之间的紧密联系,并且从中找寻依据和线索挖掘作者的创作意图,深入地解读文本。"文学作品是作者对社会生活的反映,也是作者心灵的投射,所以作品必然受作者本人的生平、经历、时

代和思想精神的影响,这毫无疑义。"阅读教学时,教师要善于引导学生挖掘作者的生平资源,尤其是作者的高尚的情操、积极地人生态度以及崇高的爱国主义精神,对学生进行思想道德教育。通过阅读和学习文本,受到作者和文章人物的熏陶感染,形成正确的思想观念和崇高的爱国主义精神。

最后,通过阅读训练培养德育。在阅读教学中,语文教师可以把德育渗透到语用训练中,通过对学生进行熟读、说话、博览、写作等训练方式提高学生的语文综合能力。"读"是在阅读教学中最常用的方式,反复读有利于对文本的解读;"说话"作为阅读中使用最常见的方式,主要表现有对话、讨论、复述、陈述、演讲等形式;"博览"是说学生应该好读书、读好书、博览群书;"写"则是阅读感知内化的外在表现,通过写可以展示学生阅读积累的功力。

(2)培养学生阅读自主性,树立终身阅读理念

当今时代,随着社会和科技的发展,新知识不断地涌现,新问题不断地出现,无论是一个国家、一个民族、一个人,都必须注重阅读。建构主义学习理论认为,学生学习新知识,不是教师的单向传递过程,需要学生主动的对阅读内容的信息进行主动的选择和加工。所以在阅读教学中,教师需要加强学生阅读的自主性,让学生学会自己制定阅读目标,选择恰当地阅读内容,使用多种阅读方法进行阅读,培养学生独立阅读、独立思考、经常阅读、自主学习的良好习惯。学生阅读文本的过程是与文本作者进行精神对话的过程,在这一过程中学生可以汲取作者的思想精华,促进学生自我意义的建构。

现代教育思想达成了共识,提倡终身学习。终身学习就是学习要贯穿于一个人的整个生命过程,是人自发的、持续的教育过程。教师要让学生明白终身学习的对自己、对社会的重要性,培养学生正确的人生观和世界观,鼓励他们终身阅读,让学生全面发展,养成自觉学习的好习惯。

总之,语文阅读教学的变革需要语文教育工作者不断进行完善,需要教师逐步提高自己的阅读教学素养,尊重学生的阅读诉求,让学生意识到阅读不是一劳永逸的,需要主动地积累,树立终身阅读的理念。

2.促进阅读教学变革

教师应该优选教学内容,促进教学模式变革,简单来说就是"教什么""怎么教",课堂教学效果如何主要取决于这两方面。

(1)鼓励感受体验,唤醒学生社会责任感

一方面,根据加德纳的多元智能理论,要尊重学生的个性体验,阅读教学要预设场景,鼓励学生感受体验,培养学生的爱国情怀,让学生在阅读过程中感受中国语言文字的魅力和中华文化的魅力。另一方面,阅读要启迪感悟,让学生有强烈的社会责任感。《语文课程课标准》指出:阅读教学要让学生有所感悟和思考,通过对优秀作品学习,启迪学生的思想,锻炼学生的思维,培养学生的文化认同感和民族自豪感。阅读教学中,教师要注意引导学生对文章主题思想有所感悟和深悟,结合教材编排中的非智力因素训练目标,鼓励他们要积极参与社会活动,让学生明白一个人应该有责任和担当。

(2)加强阅读实践,促进阅读教学生活化

语文课程改革对阅读教学提出让学生"直接接触语文材料,关心当代文化生活",这一要求使得阅读与学生生活紧密联系起来。新课标中的学习任务群2"当代文化参与",也要求阅读与学生生活紧密联系起来。阅读材料是生活的浓缩,阅读是生活的外延,生活为文学作品的创作提供了丰富的资源。因此,只有实现阅读生活化,才能够真正提升学生的阅读能力,增强学生的阅读兴趣,领悟到生命的真谛。所以说教师应该加强阅读实践,树立阅读教学生活化的理念,可以从以下几方面进行:

第一,营造生活化的阅读学习氛围。营造生活化的语文学习环境,学生在轻松愉快的生活场景中,表达自己的观点,与同学和教师进行思想上的交流和切磋。例如:在学演讲类的课文时,让学生上台演讲;当学生观点不一时,让学生进行辩论;学生话剧时,让学生进行角色扮演;学习诗歌时,举办诗歌朗诵。让学生积极地投入到阅读课中,更深入的理解文章内容,体会人物形象,吸取优秀作品的养料,学习其中做人的道理,在阅读中加入生活活动,也能为学生未来的生活打下坚实的基础。

第二,体会生活中情感的相似性。在高中语文阅读教学中"生活"主要

包括：作品中所描述的生活、作者的生活环境和背景、教师的生活阅历以及学生的生活体验等。不管时代如何变化，情感都会有相对的一致性，高中阅读教学中教师应该引导学生将自己的生活经验带入文本中，去体悟各个时代中类似的情感，培养学生的语感。

第三，课上研讨与生活紧密结合。在日常的语文阅读教学中，语文教师要充分利用课堂内外的资源，主动积极地联系现实生活，选择与学生生活紧密相关的信息与材料，针对当下热门的社会现象在课堂上进行研讨，让学生积极地加入课堂，激发学生的探讨热情。

（二）提升教师的阅读教学能力

1.提升阅读教学研究能力

传统的"教书匠"只是机械地教学，对教学问题的处理是经验式的，遇到新问题则束手无措，很容易产生职业倦怠，这种负面的心理也会影响到学生的学习。新课标要求教师由"教书匠"转变为教学的研究者，要想培养具有研究能力的人才需要教育者本身具有研究能力，这就要求语文教师去认真研究新课标和新教材，探索阅读教学规律和学生的身心发展规律，提升教师的教学研究能力。

要想提高语文教师的研究能力，首先，语文老师需要具有撰写研究论文的能力。撰写论文要注重选题，语文阅读教学内容范围之广，要探索其中的规律，必须有一个突破口，围绕这个选题收集资料，资料是研究的依据。其次，要研究和把握课标的相关要求，2017年12月新版《普通高中语文课程标准》颁布，提出了"学科的核心素养"和18个"学习任务群"，对语文教师提出了更高的要求，教师需要不仅要掌握语文学科的知识，还要掌握与之相关的其他学科的知识。要学习美学、地理、政治、音乐、自然科学等知识，也就是说从诸子百家到天文地理，教师都要熟悉并掌握。教师应该着眼于课程的深度，明确教学目标，从学生实际出发制定教学计划。最后，养成钻研的好习惯。钻研整套教材，熟悉整本书，了解各单元之间的关系，把握课文的个性。新高考对语文学科的要求越来越高，今后高考语文阅读量也将持续提升。需要教师钻研教材，查阅资料，弄清知识点，将研究性阅读教学的理念融入教学中，迎来阅读教学的新突破。只有认识了阅读规律,遵循语文阅读规律进行教学,才能推动课程与教学优化,达到师生互促、教学相长的效果。

2.提升阅读教学设计能力

教师应该以教育教学理论和新课标为依据,研究全套教材,熟悉整册课本,分析教学内容,针对学情去设计教学,选择教学方法。

(1)积极改进预习环节

第一,指导学生做好课前预习。

指导学生做好课前预习,不仅是培养自学能力、养成良好的学习习惯的有效途径,学生做好课前预习,也是语文课堂教学效果的有效途径。笔者发现在布置完预习任务后,有的学生认为就是读读课文,课堂上读就行;有的学生只是读课文,不在书上留下任何思考痕迹;有的学生把参考书上的解析抄的满书都是字,这些预习方法都是不对的。因此,教师的预习指导就显得非常必要,笔者结合自己的教学实践和别的优秀教师的做法,总结了以下几种预习的方法:

一是阅读。首先要理清文章思路,了解是什么文体,从整体上对文章有大概的感知,节省课堂时间。

二是查阅。遇到生词、偏僻词时要查询字典或者参考书,弄懂字词含义来扫清阅读障碍。查阅有关书籍去弄清文章中的历史典故,提高听课效果;查询作者的生平经历和文章的写作的背景,以便更好理解作者的心境。

三是圈画批注。俗话说:"读书破万卷,下笔如有神。"要指导学生在预习时在文中作简单的标记,在重点和读不懂的地方作圈点,以便在课上集中注意力。例如,给不认识的字标上拼音,在陌生难懂的词下提前查阅,写下解释,含义深的句子下面划上横线,有疑难的地方做个标记打个问号等。做上这些记号,等到上课的时候就会认真投入课堂。

四是思考存疑。在预习的过程中,学生肯定会有疑问,会有不明白的地方,带着问题去听第二天的课,去学习课文,会增强学生的兴趣。

教师要加强预习方法上的指导,不断更新自己的观念,运用方法,采取相应措施,让学生明白预习的重要性,提高预习的自觉性、让他们体会到预习的乐趣,这样才能更好的进行师生的互动,提高阅读教学的效果。

第二,精心设计预习作业。

阅读教学的教学活动是为了实现教学目标而服务的,预习也不例外,也应该围绕着教学目标。比如《雷雨》一课的教学目标之一是"分析周朴园和鲁侍萍的人物形象",预习作业可以留你认为"周朴园爱鲁侍萍吗?说出你的理由。"比如预习《春江花月夜》,教学目标之一是"反复诵读,发挥你的想象,体味诗歌的意境美和语言美",教师可以让学生"选择自己喜欢的两句,自由评析。"作为高中生已经具备了一点古诗词的鉴赏能力,在此基础上,再有意的训练学生的鉴赏能力,让他们形成自己的阅读体验,就不怕在考试的时候无从下笔了。

有的课文可探讨的点很多,教学目标也比较多,教师不能急功近利,要安排好课时和每一节课的教学目标,以《祝福》为例,安排两个课时。由于文章过长,所以需要学生提前回家预习,通读全文。第一课时要理清文章脉络,教学目标是"理解倒叙手法的作用",对于高中生来说这样的教学目标,不需要一节课的时间来解决,所以在留预习作业的时候需要补充文章的写作背景以及作者的相关介绍。第二课时的教学目标是"分析祥林嫂、其他相关人物的人物形象和祥林嫂的死因",所留预习作业可以是"文中用了哪些描写人物形象的方法,并画下相关句子""你认为祥林嫂是被谁杀死的"。《祝福》篇幅比较长,如果布置太多预习作业,会让学生产生畏难情绪,围绕教学目标分课时预习,会让学生觉得没有压力,愿意去预习。

第三,及时检查,科学评价。

事实表明:"阅读教学的预习无效低效,主要是因为缺乏预习习惯的培养,作业评价检测不到位。"由此可见,教师只布置不检查,会削弱学生预习的积极性。

要想让预习落到实处,教师布置预习作业后,一定要及时检查预习作业。教师检查学生的口头作业,一般可以在学习新课文的前几分钟,通过提问或抽查的方式,要科学的评价学生,坚持以鼓励为主,进行正面教育,并对学生及时提出建议。如果是书面的作业,一定要在讲课之前检查完毕,在时间不够用的情况下,可以委托课代表或者小组组长进行检查。然后用一个本子记录学生的整体预习情况,教师要赏罚分明。预习作业要定期进行总结性的科学评价,把学生的阅读成果加以展示,只有及时的检查而又科学的评价才能让预习真正的发挥作用。

(2)灵活运用多种教学方法

根据加德纳的多元智能理论,在进行阅读教学时,教师应根据课程内容和学生的智力特点、发展水平、性格特点等特征选择不同的教学内容和教学方法。教学目标让我们知道了"教什么",而教学方法要解决的是"怎么教"的问题。教学方法有很多种,"常见的阅读教学方法有:讲解法、谈话法、讨论法、自读法、练习法、情境教学法等。"教学活动是教师和学生的互动,教学方法就是要使教师和学生实现真正的交流、沟通、互动。教学活动是多变的,教学方法也要灵活多变,学生的状态是不稳定的,教师应根据学生的状态来随机调整教学方法。例如,当教师长时间使用讲解法,发现学生开始注意力不集中,开小差时,就要开始转变用问答法引起他们的注意。发现有用语言描述不出的景象时,就可以借助现代教学手段,采用情境教学法。教师在通过提问发现学生已经掌握了要讲的知识,就可以用练习法,让他们把知识转化为能力。

事实证明,正确的教学方法不仅可以增强学生学习阅读的兴趣,而且提升教师的教学效果。

哲学家黑格尔曾经说过:"方法是一种不可抗拒的至高无上的力量。"学生在学习中遇到学习困扰和困难时,不建议教师直接解答,应适时引导、讨论、探讨,使学生主动去获取答案。因此我们应该采用灵活多样的教学方法,使得语文课堂更加生动活泼。

3.提升阅读教学评价能力

根据美国哈佛大学教育学院教授霍华德·加德纳的多元智力理论,提出人的智力至少包括:言语、空间、数理、体能、音乐、社交、自知和自然这八种。这些智力在人体身上的不同组合使每个人的智力有着明显的独特性,很难用统一的评价标准评价一个人的聪明程度和智力水平。因此我们要坚持评价主体多元化、评价内容整体化、评价功能综合化。

(1)评价主体多元化

高中阅读教学鼓励教师、学生、家长以及教学管理人员等参与到评价过程中。不同评价主体的评价可以提供给学生多种反馈,帮助学生认识自己的优点和不足。

首先,教师评价是高中阅读专题教学的主要评价方式。课堂表现是最直接的观察方式,通过教师设计相关的问题,根据学生的回答就大概能了解学生的理解水平、思维层次和学习情况。但要注意的是,在提问后,尽量避免评价学生好或不好,要告诉学生好在哪里设计的问题,不足在哪里。通过分组探究合作,观察学生在小组内的表现,能否与其他同学合作并且进行良好的沟通交流。课后作业是否认真,学生的学习态度好不好。学校班级活动中学生的表现、还有日常行为等都可以作为教师评价的一部分。

其次,在阅读教学评价中应当给予学生应有的参与权。在传统的阅读教学评价中,教师评价是最主要的评价方式,"在学校教学中,评价者一般是由教师来承担,但是就评价的一般和根本的性质而言,这并不是绝对的。"要让学生从以前被动地接受评价转变为主动地参与评价,使评价主体多元化。学生对自己的阅读学习表现要有所反思,教师再整合学生的评价,把教师的建议反馈给学生,形成良性的师生互动。

最后,在高中阅读教学评价中,我们提倡交互式的评价。即师生相互评价、生生相互评价、家长和学校也可以参与到评价中来。学生与教师相互评价有利于学生清楚地认识自己,发现自己存在的不足,也有利于教师认识自己的不足,形成民主、和谐的评价关系。学生与学生相互评价,有利于学生之间相互交流、借鉴、学习。只有这样,才能让评价真正成为发现问题并解决问题的过程,促进阅读教学的整个过程更好的发展。

(2)评价内容整体化

评价内容整体化是指在语文学习情境和活动中,要全面考查学生学科核心素养,加强对语言运用、思维品质、审美能力与文化素养的评价。这就要求教师针对新课程标准提出的18个任务群以及必修课、选择性必修和选修之间的联系与区别,去进行评价。

(3)评价功能综合化

评价功能综合化,可对学生进行书面评价、表达评价、阶段性评价、和终结性评价。在阅读教学的过程中,要对学生进行及时有效的评价,学生回答完问题,耐心地引导学生,以激励的原则为主,让学生获得规律性的知识,使学生在评价过程中获得发展。不能仅仅以一两次考试结果来评价学生的学习效果,还要在阅读教学中结合学生的语言运用、言谈举止、小组研讨成果、作业情况等方式来对学生进行评价。教师可以建立完整的学习档案袋,注意观察学生的优点和不足,全面记录学生的发展轨迹,并针对学生的表现提出发展性的建议。可以说评价的过程也是学习的过程。评价的目的是为了让学生发现自己的问题和不足,提升学生的语文核心素养。同时也能让老师针对反馈,反思阅读教学的不足,调整自己的教学设计,为学生核心素养的整体发展提供坚实的保障。教师也能借此反思自我,促进自我提高。

(三)注重学生语文核心素养的提高

根据加德纳的多元智能理论,阅读教学不能向学生展示某一个或两个智力领域,应该保证学生全面发展。通过阅读学习教师要让学生获得语言方面的知识和思维的发展、形成正确的审美意识、继承和弘扬中华文化。这就要求教师开发利用多种课堂资源,促进学生多种智能发展。2017版《普通高中语文课程标准》将"语言建构与运用""思维发展与提升""审美鉴赏与创造""文化传承与理解"确定为学生语文素养的核心要素,这四个要素既相互独立,又相互依存;既有所侧重,又相互贯通。其中,"语言建构与运用"是语文核心素养整体结构的基础。学生在阅读中,可以根据自己的言语经验建构语言,提升思维品质,发展审美素养,继承传统经典文化。

1.阅读教学中注重对学生语言运用能力的培养

新课标中学习任务群4"语言积累、梳理与探究"集中体现了"语言建构与运用"这一核心素养的基础性。从语文课程特点来看,"语文学科区别于其他学科的特质,就在于它是以培养学生理解和运用祖国语言文字为核心的根本宗旨,语文课程的任务就是要提高学生的语言文字素养和语言文字运用能力。"其中的关键是"理解与运用","理解"是前提,运用是终点。因此,教师要引导学生阅读和积累大量的语言材料,让学生在具体的语境中理解词语的意思,梳理古今词义的异同,领悟语法规律,注重运用语言能力的培养。

无论进行哪一项专题教学,都要注重引导学生对语言的感知能力和运用能力。教师要整合课内和课外的资源,让学生在阅读和实践活动中,逐渐养成运用自己所积累语言知识的好习惯,教师要积极地开展实践活动。利用演讲、辩论赛、讨论、写作以及话剧表演等活动来让学生调动自己的语库,能根据自己的需要准确地使用祖国语言文字,把积累的词汇、语法运用到具体的情境中。进而增强学生热爱祖国语言文字的感情,提高学生语言运用的能力。

(4)阅读教学中注重对学生进行文化传承教育

新课改之后的高中语文教材将很多关于民族传承的优秀篇目编入课本。高中阅读专题教学设置了中国的传统文化经典研习、当代文化参与、革命作品研习、当代作家专题研讨等学习任务群,要求学生在学习经典、现代、当代文化作品的过程中,理解和继承我国优秀传统文化和社会主义先进文化。在高中阅读教学中,教师不仅要让学生掌握语言知识,还应注重对学生进行文化传承教育。以此来增强学生的文化感知力,激发学生的民族自豪感。

部编高中必修语文教材下册的第一单元的人文主题是"中华文明之光",所选课文是篇幅较长的文章,涵盖了儒家、道家和古代史书的经典,涉及中国传统文化中很多有价值的思想观念、社会理想、行为方式。通过本单元的学习,要加深学生对中华传统文化的认识,强化继承传统文化的意识,但也要批判继承,要结合时代特征去分析和看待历史事件,取其精华,去其糟粕,进行批判性阅读,这样才能更好的传承中华传统文化。

(四)强化师生互动与阅读方法指导

基于新课标提出的语文核心素养,高中阅读教学应该注意加强多边对话,即教师和学生的对话、学生与文本对话、教师与教材对话等等。阅读教学过程中,要想实现多边对话,就必须强化师生互动,强化阅读方法的指导。因此,把教师、学生、阅读材料、现代化信息技术、教学方法和环境等相关因素有机结合起来,才能更好地提升高中语文阅读教学的效果。

1.强化师生互动

在目前的语文教学中,阅读教学作为占比较大的教学模块,承担着语言积累、文化传承、习得知识、提高修养等目的,提升阅读教学效果需要师生双方进行有效的交流和互动,即教师提出问题去训练学生的思维能动性和创造性,增强学生的理解性。教师与学生的对话需要教师发挥主导作用,尊重学生主体地位,促进教师与学生课堂上垂直性对话互动和水平性对话互动交织进行。教师和学生相互交流,学生和学生相互讨论,相互发表意见,使课堂活跃起来,碰撞出思想火花,培养其创新、合作的精神,最终加深学生对文本的理解。加强师生的双向互动,可以从以下几个方面入手:

(1)增强学生的阅读兴趣

教学活动,特别是语文教学活动,是一种最需要自由的活动,教师带领学生去感受最真实、最美、最有感染力的语言。从中我们可以得知,兴趣可以激发学生更好的探究欲望,推动学生更加投入的完成教学任务,从而提高语文阅读课堂的教学效果。学生感兴趣的事物会使得学生感到轻松,学习起来就没有压力和负担。

第一,用导入引发阅读兴趣。导入的基本任务就是确定教学目标,激发也是兴趣。首先,教师可以巧秒的解释标题。标题可以展示文章的主要内容,这是经典的导入方式。其次,教师可以巧妙的设置情境。运用语言、音频、视频、图片等手段,营造情境氛围,激发学生强烈的情感,引发兴趣。最后,教师可以巧妙的设置问题。在设计阅读教学时,应设计能吸引学生注意和探究热情的问题,设置悬念,引发学生的好奇心和求知欲。

第二,用问题维持阅读兴趣。有了精彩的导入,算是有了好的开始,为了确保在教学中可以维持学生的兴趣。教师可以设置问题,采取以问促思的方法,促进学生的思考,培养学生自主探究的能力,从而提高阅读教学的效果。在教学过程中,教师如果一直讲,学生单调的听,学生就会觉得枯燥之味,所以教师要适当地提出问题,引发学生思考,促进阅读活动的深入。除此之外,教师还可以采用分组讨论的教学方法,活跃气氛。

第三,用讨论活跃课堂气氛。在教学过程中,教师如果一直讲,学生单调的听,学生就会觉得枯燥之味,所以教师要适当地提出问题,引发学生思考,以此来促进阅读活动的深入。除此之外,教师还可以采用分组讨论、学生合作交流、小组展示等形式,活跃气氛,增强学生的合作意识。

(2)广泛阅读课外读物

随着信息技术的迅猛发展,以媒介为载体的信息交互网络正影响着我们的学习和生活,阅读文本的方式也发生着巨大的变化,从纸质阅读到网络阅读、手机阅读到社交阅读,阅读媒介的发展趋势呈现多样化的特征,这就给传统的纸质阅读教学带来了新挑战。随着高考语文阅读量的持续提升,对学生的要求也越来越高,推进学生的广泛阅读读物,培养学生的跨媒介阅读的能力,也就成了教师不可忽视的教学环节。在高中阶段,学生已经具备了一定独立阅读的能力,掌握了基本的阅读方法,教师要培养学生阅读跨媒介阅读的习惯。

一方面,坚持纸质阅读。纸质阅读是最传统,最有效的阅读方式,教师要鼓励学生自选择阅读材料,培养学生阅读的好习惯。针对不同的年级,推荐给同学不同的阅读书目。推荐的书目要全,并且符合学生的年龄特征,要让学生有选择的余地,这就要求教师了解学生的爱好,推荐他们感兴趣的书籍。可以是与教材相关的书籍,也可以是古今中外的经典名著。最好是一个月就列一张清单,学生就可根据自己的喜好来阅读,阅读后可以在语文课前让学生演讲3分钟演讲推荐的书目的任何一本,内容自拟。演讲完后,教师还可以及时地进行阅读点拨。这样不仅锻炼了学生的表达能力,还能促进学生之间的思想交流。

另一方面,提倡跨媒介阅读。新课程标准提出的学习任务群3"跨媒介阅读与交流",由于文本内容、形式的多样性,"阅读"的内涵不再限于对书面文字的理解上,也拓宽到对图片、音频等信息的获取和处理和应用上。跨媒介阅读,我们可以运用手机、平板、电脑和互联网媒介进行阅读,与传统的纸质阅读相比,跨媒介阅读具有自主性、便利性和快捷性的特点。教师应该引导学生利用多媒体,进行跨媒介的信息获取,加深对不同媒介语言文字运用特点和规律的认识,提高对跨媒介传播的内容的辨别力和评判力。阅读之后,要让学生交流阅读感受,分享阅读成果,这样不仅能增强师生的互动,还能增强阅读教学的效果。学生能在短时间内快速地搜索到自己需要的资料,但面对杂乱的信息,学生如何去获取和选择阅读材料,在没有教师的监督下,不被互联网中与学习无关的内容所吸引,调节和控制学生的跨媒介阅读仍然是教师需要继续研究的课题。

(3)营造阅读教学情境

当代社会,信息技术飞速发展,带来了信息的激增,为了提高阅读教学效果,全面发展学生的能力,每个教师应该积极的将信息化教学手段与阅读教学进行深度结合,恰当地创设声音与图像相结合的教学情境。多媒体音频丰富、形象直观、图像清晰、色彩鲜明,为学生创设情境,可以很好的吸引学生的注意力,增强学生的阅读兴趣,促进师生互动。

例如,教师在讲解杜甫《登高》时播放《二泉映月》这首曲子,教师有感情地范读这首诗,学生再读,全班齐读,在讲之前,就已经通过音乐以及这种形式的朗读,把握住了《登高》伤感、悲凉的情感基调,为之后的讲解做铺垫。讲解《孔雀东南飞》时,课文篇幅较长,笔者发现,一味地讲解和提问学生很容易走神,可以在制作的PPT课件里加入少许的电视剧经常的片段来配合教材讲解,吸引学生的注意力,引导学生理解文章,体味情感,把握人物性格特点,学习文言文知识点。讲授《鸿门宴》时,这篇课义主要是通过分析项羽的人物性格特点,找出他悲剧的原因。一些学生对项羽并没有过多的了解,可以让学生回家预习,教师也在课件里找一些关于项羽的典型故事,或者话剧《项羽》的片段,让学生能更好的分析项羽的人物形象。讲解《我有一个梦想》时,用多媒体播放马丁·路德·金的演讲视频,调动他们阅读的兴趣,让他们学习马丁·路德·金的语音、语调、节奏和表情,请同学进行范读,全班同学进行点评,教师进行鼓励,学生们模仿马丁·路德·金声情并茂的进行朗读,发现每个学生都有着自己独特的演讲风格,课堂教学效果非常好。在讲解《琵琶行》《离骚》《归园田居》时可以播放相关的流行音频,在讲解时配上音乐,发现两三个课时下来,学生已经基本会背了,还总在课间听到学生小声哼唱,解决了这个难背的问题。

2.强化阅读方法的指导

在教学过程中,教师可以传授给学生以下这些阅读方法:

(1)朗读法

大声朗读课文,把无声的文字转化成有声的语言,这是语文从古至今行之有效的阅读方法。但需要注意：用普通话准确地读，不加字、不漏字；在读准确的基础上要读流畅；要有感情地朗读。古人云："书读百遍，其义自见"。

(2)默读法

默读是不出声的阅读。在指导学生默读时，要让学生养成阅读不出声、只用眼睛进行扫视的习惯，并且速度要快，边读边思考，语言文字背后的含义。默读允许学生在不懂的地方反复停留，是在考试的时候最适用的方法，在平时就要训练学生，在默读时，提出问题，学会质疑。

(3)精读法

精读是对阅读材料的充分理解的一种阅读方法，要求读者认真仔细地研读文章，理解阅读材料的内容和形式，在语文课堂上，精读是最常用的阅读方法。

(4)略读法

略读是对文本求其大要的一种阅读方法，教师要培养学生注意力集中的好习惯，快速的从阅读材料中搜索有用信息，快速理解文章，阅读时不出声、不回视、不重读，灵活运用多种筛选信息的方法。使理解材料的思维过程简化，在要求阅读量的今天，这种方法务必要让学生掌握。在阅读结束后，教师可以训练学生说出主要内容、写出要点、检查阅读的效果。

(5)勾画标记法

这是一种边阅读、边勾画标记的阅读方法。勾画标记是有区别意义的符号，用来提示自己的阅读进度和掌握程度，用一套符号勾画出要点、难点、疑点，逐步形成自己惯用的符号系统。惯常采用的勾画标记有：====难点；△△△要点；‖分层次；()重点段落；×××谬误；？重要语病；#待摘录的资料。

总之，在阅读方法的指导中，教师应针对学生的具体情况，有目的、有计划地让学生掌握阅读方法，就会提高学生的自读能力，阅读教学效果就会越来越好[1]。

---

[1]樊月. 提升高中语文阅读教学效果的研究[D]. 哈尔滨：哈尔滨师范大学,2020.

第二节 课文学习方法教学的创新

一、高中语文课文审美趣味

不断地增强高中语文课文的审美性分析,可在一定程度上有效地促进学生对语文课文中的语言的理解与掌握,进而提高学生的语言欣赏能力和语言运用能力。因此,语文教师应深入分析与研究高中语文课文的审美趣味,从而提高学生的语言审美性。

(一)意境美

意境美是语文课文所具备的基本特征,一篇文章只有具有一定的写作意境,才能有效地激发读者的阅读兴趣。因此,在对高中语文课文进行审美趣味分析时,我们一定要深入地分析课文内容所表现出的意境美,进而才能从文章所创设的意境中感受到作者的写作背景以及写作目的,以此才能有效地了解和掌握文章写作的中心思想。此外,在高中语文课文讲解的过程中,老师还应运用优美的句子来讲解课文的主要内容,进而让学生能自己想象到作者的写作意图,进而促进学生对文章内容的理解。

(二)语言美

语言美也是在对高中语文课文进行赏析的过程中所要表达的主要因素。通过对高中语文课文语言的赏析,可有效地帮助学生体会到语言的特色,进而将优美的语言运用在文章的写作中。此外,在高中的语文课文讲解过程中,老师还应为学生讲解相关的语言修辞手法和文章写作手法,让学生能够体会到语言的魅力,以此来有效的促进学生能够在文章写作中学习运用语言的修辞手法,以此来提高学生文章写作的魅力。

(三)情趣美

语言的运用可直观地表达出作者内心的想法,体现出作者的内心思想。因此,在对高中的语文课文进行赏析时,语文教师还应不断地赏析文章的情趣美,促进学生对文章的理解与掌握。此外,在上课的过程中,老师还可采用一定的多媒体技术促进学生了解文章写作的情趣美,以此来有效地促进学生对文章的理解。

新课程的改革对高中语文教学提出了更高的要求,教学中不仅要求学生掌握基本的语文知识和技能,而且还要培养学生具备一定的文章鉴赏能力和语言应用能力。因此,我们语文教师要不断的研究与分析高中语文课文的审美趣味,进而从意境美、语言美以及情趣美等三方面来增强学生对文章的鉴赏能力,进而不断地提高学生的写作水平,这不仅能够有效的提高课堂的教学效率,而且还能有效地提高学生的综合素质[①]。

二、高中语文课文学习方法

高中语文教材中编排了很多符合高中学生知识、能力、情感发展规律的文章。可是传统教学模式下,学生将高考作为唯一目标,学习只为了分数,在紧张的学习中,不找方法,只求死记硬背,这样的学习状态是不利于我们的语文学习的,教师作为学生学习的引领者,可以帮助学生获得学习语文的方法,让他们爱上"学",而不是爱上"背"。下面笔者来谈谈语文课文的学习方法。

(一)审题目

文字的题目,是作者精心挑选的,它其实最能概括作者所想、所述。经过学生多年的学习与亲身实践不难发现题目对于一篇文章的作用。一篇文章的题目犹如文章的"眼睛",起到了提纲挈领的作用,从中我们可以得知文章所写的主要内容,甚至于作者的情感倾向。因此,我们要引导学生从文章的题目入手,展开对文章的讲解与探究。例如,贾国璋的《南州六月荔枝丹》,把题目作为切入点,简短的标题只有七个字,但却为我们点明了文本的写作对象是荔枝,时间点是六月,地点是南州以及荔枝的特点红色。准确、简练,却又包含丰富的信息,如果抓住了题目就一下子抓住了这篇文章的最为关键的信息,这样对接下来的对文章的学习、分析就事半功倍,目标明确。

---

① 李明.高中语文课文审美趣味分析[J].中学语文,2017(12):143.

(二)抓"文眼"

一篇文章的写作总有一个主题,这个主题就是作者想要表达的思想,而这个思想在文章中总会在一个恰当的地方出现。这个关键性的内容就是文章的"文眼"。在阅读的时候,只要抓住这些,就抓住了文章的要领。在学习《故都的秋》时,抓住文章的文眼"故都的秋来得清,来得静,来得悲凉",引导学生去分析理解郁达夫笔下的秋,无论是秋声、秋色,还是秋雨、秋蝉都带着浓浓的凄清之感。李清照的《声声慢》,她所要表现的就是一个字"愁",抓住这一字眼,不管是间接用"黄花、淡酒、细雨、梧桐"来抒情,还是直接用"凄凄惨惨戚戚"抒情,所有的问题都离不开"愁"这一文眼。所以以文眼为切入点,事半功倍。

(三)理思路

文章的写作都是经过作者精心思考书写而成的,它们有一定的脉络可循,作者表达的思路也是他想要一点点告诉你的心中所想。学习和阅读文章的时候,只有分析清楚文章的结构,理清作者的思路,才能够整体把握好课文,而且通过分析学习文章的结构,还能为以后的学习和写作打好基础。例如,在教学苏洵的《六国论》时,笔者是从文章的结构切入的。这篇文章结构严谨,层次清晰,中心论点鲜明突出,论证透彻。开篇提出中心论点:六国破灭,非兵不利,战不善,弊在赂秦。接着把中心论点分为连个分论点。第二段三段,分别论证两个分论点,从而证明自己的中心论点。第四段总结经验教训,第五段又联系现实,借古讽今。层层展开,反复论证,透彻严密,具有强大的说服力,是指导高中生写议论文的经典范文。

(四)"读"文章

"书读百遍,其义自见。"这句话说明了阅读对于我们高中语文学习的重要性,通过多年教学,笔者觉得朗读是最好的"读"课文方式。长期以来,高中教学以传授知识、应付考试为轴心,追求现成的、确定的知识,过分侧重于技能训练,忽视、漠视阅读带给人的审美体验与审美享受。这应该也是学生对语文不感兴趣,或者是不能真正地提高语文修养的原因之一。从朗读入手,精读、细读、大声读、有感情地读,读到诗歌里面去,感动自己,打动他人。读好了,就能够说明对诗歌所要传递的情感与情味已经掌握理解了,就无需教师再去分析、分解诗歌了。徐志摩的《再别康桥》,学生们分组读,每组又采用不同的形式读,男女混合朗读,全班齐读,从各种各样的诵读中,我们推荐出朗诵的最好的同学,进行配乐朗读,在这个过程中,学生的朗诵水平提高了,也在朗诵中得到锻炼,感受到了康桥的优美,作者的不舍,使人获得了美的享受。如笔者在教《大堰河——我的保姆》时,没有讲解文章的内容,只是让学生分组分节地朗读,读完后请学生相互讨论、分析该如何读,从语速的快慢、语音的高低、语调的轻重缓急、情感的把握等等各方面,当学生能够读出作者要对自己的乳母大堰河所表达的情感,读出了凄凉深沉怀念的情味,说明他们已经理解了文章,只有理解了才能从朗读中传递出来,因此做教师的完全可以不必再做过多的讲解。通过反复朗读,熟读成诵,在读的过程中体会古文的魅力,感悟古人的精神品格,提高自己的文学修养,培养学生对传统文化的兴趣。读进去之后,语文素养自然就会在潜移默化中逐渐得到提高。

(五)纳思想

作者写作的中心思想,是作者写文章的纲领,他的文章布局都围绕这个思想,他写作的素材组合最终也是为了展现这个思想。抓住文章的主题思想,就抓住了作者的写作意图。鲁迅先生的《祝福》一文,就是通过祥林嫂这一形象来揭露封建礼教和封建迷信的罪恶。我们就抓住文章的主题入手,设置问题,让学生分组探究:害死祥林嫂的到底是谁?有多种可能,是鲁四老爷?四婶?我?卫老婆子?还是鲁镇的人们?经过学生的分析、争论、探究,他们都没有直接害死祥林嫂,因此被一一否定了,害死她的是所有人包括她自己在内的思想里的封建迷信、封建礼教。这篇文章学生不太喜欢读,我抓住课文的主题,采用学生喜欢的辩论形式做为切入点,通过它学生就能迅速、准确地把握主题,鉴赏文章的能力也可以得到提高。因此,切入点要能体现课文的主题思想,表达作者的创作意图。

总之,任何学习都有适合它的方法,找到这个方法可以使学习事半功倍,从而促进我们实现高效课堂。作为学生学习的引领者教师,在高中语文教学中也要帮助学生找到适宜的学习方法,培养学生终身学习的能力,让学生能学、会学、爱学[①]。

第三节 作文创作方法教学的创新

一、高中语文作文教学的原则

高中语文作文教学不能盲目进行,只有在作文教学原则的指导下进行,才能保证作文教学有序有效。

(一)先模仿后创新

作文教学首先要建立在阅读经典的基础上,深刻理解经典,从布局谋篇、情感表达、遣词造句、表达技巧等方面进行模仿性写作,既要做到形似又要做到神似。在模仿的过程中,一方面学生可以学习积累好词好句好技巧,开拓思路和眼界;另一方面可以使学生逐渐理解高考作文的评分标准,思考怎样才能在考试中使作文有亮点,使作文得高分,从而初步学会如何写作文。然而作文教学不能仅仅停留在模仿的阶段,模仿的最终目的是创新。读书破万卷,下笔如有神。在作文教学中,教师要引导学生形成自己独特的观点和行文思路,尽量在作文中体现出学生在布局谋篇、情感表达、遣词造句和表达技巧方面自身的风格。这一原则有利于学生作文能力的快速提高。

(二)先自主后限定

这一原则要求在作文教学初期,教师尽量不为学生制定条条框框,要让学生自主地写作文,尽情地表达,不用顾忌作文的篇幅长短、情感是否充沛、用词是否准确。在学生有一定的作文基础之后,教师再进行限定,按照考场作文的评分标准对学生作文提出更高要求。在这一过程中,教师要注意多对学生作文进行个性化指导,因势利导,多鼓励,逐步做到去粗取精、去伪存真,使学生作文水平在已有的基础上再上一层楼。这一原则的提出符合学生身心发展规律以及学生学习接受的规律,尽量弱化学生在学习作

[①] 刘小燕. 高中语文课文学习方法之我见[J]. 速读(下旬),2015(11).

文初期的畏难心理,有利于提高学生对作文的兴趣,激发学生的写作动力。

(三)先量变后质变

"纸上得来终觉浅,绝知此事要躬行"。教师仅仅指导学生积累阅读,为学生讲授写作技巧是远远不够的,教师要指导学生将所学所得灵活运用到作文中去,让学生多练笔,提高作文教学的训练量,这样学生才能在实实在在的写作训练中真正提高作文水平。提高作文写作的训练量,一方面表现在要学生"多写",平时养成写日记、写周记或是写随笔的习惯,对生活中的点滴及时记录,学会感受生活的同时积累作文素材;另一方面表现在要学生"多改",即使写作功底再厚实,作文也不可能一蹴而就,好文章都是改出来的,只有学生在教师的指导下不断修改、反复修改,才能使作文尽量完善。通过大量的写作训练最终提高学生作文质量。

在作文教学中遵循以上三项原则,才能使作文教学不偏离正确的轨道,做到有序、有效提高学生作文能力。

二、高中语文作文教学的现状

要想保证高中语文作文教学顺利有效进行,就要找出作文教学中的症结所在,知其然并知其所以然,对症下药才能从根本上解决问题。

(一)高中语文作文教学中存在的问题

新课程改革的实施,使高中语文作文教学不断求新求变,在此基础上获得了不少成就,为了提高学生的作文水平,教师在作文教学中采取了许多方式方法,但效果不佳。通过分析我们不难发现,在教师授课过程中仍然存在一些亟待解决的问题。

1.作文教学缺乏理论指导

有一些高中教师的教学质量一直没有明显的提高,虽然他们也很努力,他们很认真地备课、上课、批改作业、辅导学生,这类老师有一个共同的特征就是重视课堂传授知识,但却选择相对落后和简单的教学方法和手段。要讲授一节优秀的作文课,离不开教育理论的指导。高中教学任务繁重,许多一线教师要完成诸多教学任务的同时还要注重提高教学效率,因此无暇学习作文教学理念。在作文教学中,教师常常以自我为中心,忽视学生具体学情,将课堂变为一言堂,主要采用讲授式进行授课,由于在教学中注重"讲",却忽视了学生"学",没有给学生独立的学习安排,没有留足够的时间给学生思考的空间,使得学生只是在被动的接受,却没有主动去思考和训练,因此导致学生不能体会到作文教学的乐趣,从而失去对作文的兴趣。

2.作文教学缺乏创新性

在作文教学方面,大部分教师都传递给学生一种"避免求险"的思想,不管任何文体、任何题材,都给出大致相同的模板,作文指导鲜有变化,以求学生在高考中获取相对保险的分数。这就是学生在作文教学当中不敢求新、不敢打破常规,于是渐渐失去了自己独立的思考,只能在考试中中规中矩模式化地写作文。这样的作文教学缺少创新性,不利于学生创造性思维的发展,造成学生写出的作文千篇一律,缺乏可圈可点之处,难以从考场作文中脱颖而出。

3.作文教学评价方式单一

在《高中语文课程标准》中着重明确了评价的最终目的就是为了提高学生各方面的整体素质。因此,教师对学生作文的评价应做到:能够检查发现学生作文中存在的问题,能够诊断学生作文中的问题类型及原因,能够根据学生作文中的问题对其提出解决问题的相应策略。作文在语文考试中占60分,可以说对作文把握程度的好坏,决定了学生是否可以考取理想的语文成绩,因此大部分学生都很重视作文的单项分数。然而由于教师作文教学评价体系过于单一,在考场作文中仅仅给出分数,平时作文教学中也只有泛化的简单评语,使学生只侧重关注作文分数的高低,认识不到作文当中存在的问题,依然不知道个人作文能力有哪些不足和差距,无法进行及时修正,作文能力也就无法得到提高。

高中语文作文教学中存在的问题是多种多样的,通过研究和总结,教师要积极解决问题,尽量避免同类问题的再次出现,提高作文教学的效率,提高学生作文水平与能力。

(二)高中语文作文教学问题成因分析

高中语文作文教学中上述问题的出现是有一定原因的,通过分析可知主要原因在于以下方面：

1.缺乏作文教学理论研究氛围

我国许多高中对教师培训方面的工作认识和意识不足，有些教师很难有机会去跟外界进行沟通和交流，不能第一时间了解到当前国家在教育方面的改革方案和提议。新课改提出以学生的发展为根本的理念，构建三维教学目标，转变教学中"教"的过程为"教"与"学"的过程等等这些教学新标准和理念都欠缺。

2.缺乏创新思维和人文关怀

在平时的作文教学中，多数教师作文教学方法千篇一律，大多采用教师出题，学生写作，教师讲评的三部曲，这几乎成为了高中语文作文教学的固定模式。作文教学过于重视学生作文生成的结果，却将写作前对学生写作思维的训练和开发忘却不提。在作文教学过程中，上述两者都很重要，教师要做到不偏不倚，两手都要抓。

3.作文评价难度大

近年来，相对于常规教学中的评改，人们更关注高考作文的评改。因此，常规作文教学的评价方式较为单一，主要分为评分制、评级制和评语制三类。但作文评价标准难以把握，无论采用何种评价方式，都具有一定难度，都会产生误差。其中两个原因应引起重视：

（1）教师的专业水平

作文水平是一个人语文素养的综合体现，每一个人都不是完美的，语文教师也不例外。每个语文教师都有自己专业知识方面的短板和长处，这就导致部分教师在作文教学中会存在缺陷。有的教师擅长"描写"，则以描写见长的学生更易获得较高评价；有的教师擅长"议论"，则以议论见长的学生更易得到教师的详细指导。因此，学生作文水平的提高和进步与教师的专业水平息息相关。

（2）教师的情感定势

教师的情感定势主要表现在两个方面：一是教师对学生学习情况的定势，认为学习成绩好的学生写出的作文一定也是优秀的，学习不好的学生写出的作文一定也是一塌糊涂。二是教师对学生作文水平的定势，认为议论文写不好的学生一定也写不好散文。这种情感定势容易使教师忽略学生作文水平的提高,造成作文评价时的偏颇。

高中语文作文教学问题形成的原因是多方面的,在常规教学中我们应该针对问题多分析,多研究,知其然知其所以然,才能从根本上解决作文教学中的问题。

三、高中语文作文教学的方式和方法

分析了高中语文作文教学中存在的问题,以及问题产生的原因,就要针对问题提出相应的策略进行解决。

(一)改变作文教学理念

随着新课程改革的深化与推进,建构主义学习理论逐渐成为改革的理论基础之一,并对高中语文教学产生的而深远的影响。在高中语文作文教学中,教师应树立以建构主义学习理论为基础的新型教育理念。

1.转变高中语文作文教学思维模式

新课程改革对作文教学提出了更高的要求,而建构主义理论正符合其要求。由前文中提到的《高中语文课程标准》针对写作提出的具体要求和教学建议可知,建构主义理论正逐步改变着作文教学的思维模式。教师应转变思维模式,灵活利用建构主义理论,在作文教学中创设情境,指导学生在已有的社会经验中发掘作文素材,激发学生的写作热情。教师还组织学生构建作文学习小组,在作文教学中共同讨论存在的问题和解决的方法,使学生畅所欲言,以此提高学生的作文水平。

2.转变高中语文作文教与学角色

在传统作文教学中,师生关系为以教师为主,教师主要采用讲授式的授课模式,是课堂的"独裁者"。为了适应建构主义理论指导下的新课改,教师应积极主动转变作文教学中的师生角色,成为能够和学生共同讨论并解决问题的朋友,形成以教师为主导、以学生为主体的平等民主师生关系。在作文教学中,教师应以学生为中心,从学生的学情出发设计教学,在作文教学初级阶段为学生创设良好的写作情境,在作文教学过程中帮助学生解决问题,给予学生引导和鼓励,在作文教学终极阶段鼓励学生通过自主、合作、探究的形式完成写作。作文教学中角色的转变能够使学生在轻松愉快

的课堂中享受作文学习的快乐。

3.转变高中语文作文教学构成要素

在传统作文教学中,教师是唯一构成要素,作文教学构成要素较为单一。在建构主义理论指导下,教师应尽可能使作文教学的构成要素多元化,如加入学生的参与,家长的监督,学校的配合等。加强教师与学校之间、教师与教师之间、教师与学生之间、学生与学生之间、学生与家长之间的对话,丰富作文教学模式,优化作文教学效果。

(二)改进作文教学环节

作文教学环节的创新既要符合学生身心发展规律和学习规律,又要同时注重形式和内容,环环相扣,才能显著提高作文教学效果,提高学生作文水平。

1.教学安排科学性与系统性统一

作文教学中,教师的教学内容要符合学生的身心发展水平和学习规律。教师在学生高中三年的学习期间要分层次、有系统地进行作文教学。

分层次,即教学内容要循序渐进,由浅入深、由易到难,便于学生学习接受,不能从高一开始就以高考作文评分标准要求学生,这样不遵循学生学习规律,不重视学生写作能力的逐步提高,想一口吃个胖子,反而适得其反。

有系统,即教学内容的编排要归类形成完整的体系。例如表达方式这一角度,可分为议论文、说明文、记叙文;议论文又可细化为议论文三要素,即论点、论据、论证;论证方法又可细化为举例论证、道理论证、对比论证和比喻论证等。系统地学习各类文体的写作技巧,便于学生作文时灵活运用,为文章添分加彩。

2.创设多样化的生活情境

著名教育家陶行知先生的"生活教育理论"主张"生活即教育",生活是作文的源头活水,只有真正去感受生活,从生活中取材,才能写出有真情实感的作文。因此教师要指导学生将生活与学习相结合,充分利用学生的生活体验充实作文课堂。要指导学生学会留心观察生活,从生活当中捕捉细节。英雄事迹、天灾人祸固然能够引发强烈的情感波动,但是日常生活中平凡普通的小事也能够引起情感共鸣。在作文教学中,教师要根为学生创设既切合题意又切合学生学习生活环境的的生活情境,加深学生对命题的理解,将生活引入课堂,使学生作文时有话可说,有感可发。

3.拓展作文内容的广度与深度

"巧妇难为无米之炊",要想写出内容充实、感情真挚的作文,就要学会积累并学会利用作文素材。

(1)挖掘课内资源,充实作文素材

高中学生有充实完整的课程,课程作业占据了大部分时间。而教材中的篇目都是经典作品,无论是文章布局结构还是情感表达,无论是写作技巧还是遣词造句,都值得学生学习研究。所以学生在培养个人素质和积累素材方面,要尽可能利用好语文教材。

教师要指导学生学会挖掘教材中的素材,每学完一课一总结,每学完一单元一归纳,分析素材所服务的话题及如何服务于话题。通过长时间的积累,建立符合学生自身写作习惯的专有素材库。

教师要指导学生学习课文的布局结构,对照相应文体不断进行模仿写作;要指导学生学习课文的情感表达方式,或豪迈奔放或含蓄隽永;要指导学生学习课文的写作技巧;要指导学生学习课文的遣词造句,积累优美的辞藻、灵活的句式、恰当的修辞。

(2)广泛阅读课外书籍,积累作文素材

在作文教学中仅仅指导学生挖掘课内资源是远远不够的,因为同一篇课文所有的学生都在学习,积累的素材大都雷同。要想使作文出彩,离不开广泛的课外阅读。高中学生课业任务繁重,缺少阅读课外书籍的大段时间,因此,教师可指导学生利用学习之余的闲散时间阅读杂志短篇,《读者》《青年文摘》等文章短小精悍又富有深意,是学生积累素材的绝佳途径。在阅读中,教师要指导学生不能只"看个热闹",每看完一篇都要进行总结概括,根据主题归纳进素材库,摘抄好词好句和精妙之处,转化为学生自己的知识,以便作文时可以灵活运用。

(3)利用现代化信息手段,拓展作文素材

为了适应时代的要求和新课程改革提出的标准,教学过程中把信息技术、人力资源和课程结合在一起的新的教学方式应运而生,多媒体辅助教学方式随之被广泛应用。教师由原来的知识输入者转变成为学生学习的促进者和帮助者。这种新角色的转变就要求教师必须利用一部分的时间和精力来学习这些新技术,并且要慢慢的摸索如何通过这些网络技术设计教程。当今社会,网络技术发达,为教师和学生认识世界提供了全新的途径。学生可以通过网络搜集感兴趣的话题和素材,大家在网络中交换对材料的看法和见解,实现资源共享。教师还可以利用网络选取名家大师的文学作品供学生鉴赏,经共同筛选后纳入素材库。

(三)建立高中语文作文教学评价体系

作为作文教学的重要环节,作文评价在传统教学中并不出彩,主要由评分制、评级制、评语制三种形式构成,评价主体为教师,而学生缺少参与感,一直处于被动地位。对于教师给出的评价,学生也只关注分数或等级,并不关注作文中存在的问题及产生问题的原因,难以从根本上提高作文水平。因此,教师要建立符合新课程标准要求的作文教学评价体系,多元化评价学生作文。

1.公平性、激励性、针对性的评价原则

作文教学的评价并非随意,而要遵循一定的原则。

(1)公平性原则

高考作文评价要公平公正,常规作文教学评价也要做到公平公正。学生通过教师的作文评价,可以客观地认识到自身写作水平的高低,可以更透彻地理解作文评分标准的要求。教师在作文评价时要做到不偏不倚,不能一味地鼓励,同样也不能一味地打击。如果违背了公平性原则,教师的作文评价也就失去了权威性。

(2)激励性原则

激励性原则是作文评价的重要原则。对于只看分数或等级的学生而言,越高的评价就意味着自己的作文水平越高。因此,教师可以利用适当的高分或高等级对作文有亮点或进步明显的学生加以鼓励,激发其写作兴趣。但值得注意的是,教师在作文评价中不能一味地给高分:学生作文水平本不高,但总能得到教师的高分,这样会使学生对自己的能力评估不准确,易产生自满心理,不利于进步;学生经常性地得到教师的高分,会失去对学生的激励作用,令学生产生麻木心理,不再精益求精追求进步。

(3)针对性原则

作文评价解决的不是共性问题,不是泛泛而谈,而是要针对学生的不同学情、不同问题进行评价。对作文水平较高的学生要提出较高的要求,对作文水平较低的学生要学会发觉其作文的亮点,适时加以鼓励。准确指出学生作文中存在的问题,学生才能意识到自己的不足,修改作文时才能做到有的放矢。

2.多种多样的评价方式

作文教学的指导主要分为写作前的指导、写作中的指导以及写作后的指导。写作前指导要针对学生的个人需求,在作文教学中进行科学有序的理论指导,这样才能使作文教学更加高效。写作中的指导主要有三个要点,一是,将本节课相关的每一个写作知识点都细致、清晰、透彻地讲给学生,使学生将这些具体的写作方法和技巧灵活运用于写作当中。二是,从书本中获取灵感,结合经典文学作品进行讲解,提取经典文学作品中的优美的辞藻、行文思路、写作手法、表达情感的方式,用以学习和借鉴,学会迁移,学以致用。三是,针对学生的作文进行指导,做到有的放矢。对学生的共性问题尽量在课堂上进行解答和指导,对学生的个性问题在课下进行解答和指导。

写作后指导主要是指导学生对其作文中产生的问题进行修改和完善,作文教学评价主要集中于写作后指导阶段。

(1)小组评价

将学生分为不同的小组,发放教师提前制定好的作文评价标准,随机发放学生作文。先由学生自己批阅,找出作文中的错别字、病句等基础语法错误;再由小组讨论交流本组作文的优点和不足,并推选出最优秀的作文,交由全班共同讨论学习;最后由教师对推选出的优秀作文进行简单评价。小组评价的方式有利于调动学生的积极性,减少作文教学的烦闷感。最重要的是能够让学生通过批阅他人的作文,与自身形成对比,找出差距和不足,学会取长补短。只有作为读者来评价作文,才能更直观地体会作文评价的标准,从而总结出适合自己的方法。

(2)范文解读

如何评价一篇作文的优劣,最好由教师亲自示范。选出一篇优秀范文,在全班范围内进行讲评,详细分析范文的布局谋篇、情感表达、写作技巧以及遣词造句。既要分析出作文的优点,供学生学习借鉴;又要分析出作文的不足,并指导学生进行改正。接下来由学生相互之间对作文进行评价修改,在评改过程中,学生可以畅所欲言,大胆发表自己的见解,学生之间相互讨论,教师进行个别指导,帮助学生解决作文评价中遇到的问题。这样的作文教学评改方式有助于激发学生的兴趣,提高学生对作文评改的积极性,从而提高作文水平。

(3)自我评价

作文教学评价方式中,自我评价和修改最能反馈学生对评分标准的理解,最能体现自身作文水平,但这一方式常常被教师和学生忽略。在教师评改之后,学生往往听之任之,不认真总结修改作文中存在的问题,导致作文水平停滞不前。

首先教师要指导学生在写作文前列出提纲,并学会对作文提纲进行修改,这样能够帮助学生正确理解作文题目,确定作文所要表达的主题,在此基础上理清作文思路,使布局结构更加合理化。其次在初次成文后,教师要指导学生整体评阅自己的作文,检查作文的表达顺序是否合理,所选用的素材是否恰当,表述的观点是否清晰等,并将出现的问题进行修改。最后教师要指导学生对作文进行精雕细琢,检查作文中错别字是否存在,语句是否不通,修辞手法是否使用恰当,标点符号是否使用正确等,更加细致地修改作文,使作文语句更加通顺,表达更加生动形象。

以上三种作文评价方法都区别于传统的作文评价,更加注重学生在作文评价中的主体地位,更加学生的参与度,以此激发学生对作文的兴趣,使其更加关注作文教学,有意识地对自身作文能力进行训练。

3.专业、激励、优美的评价语言

作文评语是教师与学生针对作文中存在的问题进行交流的窗口,作文评语写什么内容,怎么写,都会对学生产生不同的影响,所以教师要对作文评语加以关注。

(1)评价语言要具有专业性

教师在学生中具有权威地位,权威性的评价更能使学生信服。一方面教师要注重提高自身语文素养,博览群书成为"杂家",对学生作文中涉及的内容都能够一一点评;教师更要注重提高自身作文水平,经常写"下水文",与学生站在同一起跑线上,更易与学生交流。另一方面,教师要认真阅读分析学生的作文——教师要对学生作文的布局结构、情感表达、写作技巧和遣词造句进行全面准确的分析;教师评语要注意专业性和口语性相结合,既让学生获得专业性修改意见,又让学生易于理解。

(2)评价语言要具有鼓励性

学生作文水平有高有低,无论学生作文写的好坏,都是学生智慧的结晶,教师要学会尊重每一个学生的劳动成果,对每一篇作文都认真评价。当发现学生作文中的亮点时,要不吝啬赞美和鼓励;当体会到学生作文中流露出的真情实感时,要以朋友的身份与其交流,建立与学生进行情感交流的窗口。师生关系和谐发展,使学生心理得到满足的同时,更能激发其对作文的兴趣和热情,使学生更愿意投入到写作当中并不断进步。

(3)评价语言要具有优美性

学生作文要体现生活美、情感美、语言美,教师的评价语言也应该体现出美感。首先,教师要学会发现学生作文中美的存在,并学会欣赏作文中的美。其次,教师的评价语言要避免呆板,评语中可以适当使用修辞手法,使表达更加生动形象。再次,教师评价语言的书写要整洁工整,避免潦草出现学生看不懂的情况,同样也给学生作文书写树立榜样。

作文评价是一项费时费力的工作,但只要教师从作文学习初始阶段就建立科学完善的评价体系,有意识的培养学生良好的作文习惯,学生作文能力等够得到提高,教师的评价工作就会越来越轻松[①]。

①丁薇.高中语文作文教学策略的探究[D].沈阳:沈阳师范大学,2017.

第四节 口头表达方法教学的创新

一、加强语言口头表达训练的必要性

(一)从语文教学的目标看,语言口头表达训练不容忽视

部分高中语文教师并非不知道语言口头表达交际能力对于学生将来踏上社会后的再发展有着重要的作用。现在,在语文教学改革中,我们必须认识到提高学生口头表达能力的重要性。提高学生"说"的能力作为语文教学主要目标任务之一,必须在语文课中给它应有的一席之地。

(二)从社会发展的要求看,语言口头表达训练非常必要

社会发展到今天,早已进入了大协作时代,人际的横向联系大大加强,在社会工作与社会交往中,许多时候需要谈判、辩论、宣传、演讲……语言口头表达对于一些人来说直接影响到其事业的成功与否,所以越来越多的人试图通过强化训练,来提高自己的语言口头表达能力。

(三)从学生的基础看,加强语言口头表达训练十分迫切

从教学看,大多数学生的口头表达能力都不尽如人意。进入高中阶段的学生,目标始终瞄准中高考。而现在的中高考只有笔试,没有口试,于是学生们课外整天埋头于练习、试卷;语文课上忙于听分析、记答案、做题目,"金口"难开,以至于有时老师提问,学生知道了这个问题的答案,却难以表达出来。

二、进行语言口头表达训练的主要内容

(一)普通话语音训练

在语言口头表达训练中,首先要关注的是进行普通话语音的辨正与训练。演讲是一人讲、众人听的过程,演讲者的发音准确与否,将直接关系到听众的理解是否正确。不仅演讲是这样,其它的口语表达亦如此,特别是在一些庄重严肃的场合,使用方言或带有严重方言口音的普通话会影响其效果,在口语表达训练中加强普通话语音的辨正与训练是十分必要的。

（二）心理素质的训练

对学生进行语言口头表达训练,提高学生心理素质也是极其重要的,相对于书面考试与比赛来说,在口语考试与比赛中良好的心理素质尤为重要。

对每届新生,笔者都坚持让他们从第一节课起就利用课前五分钟上台演讲,范围不限。刚开始他们由于害羞有点被动,于是笔者就选那些胆子稍大的同学,让他们上台自我介绍。在对学生进行口语表达训练时笔者注意培养起他们的自信与勇气,抓住他们哪怕是微小的一点"闪光"处进行表扬鼓励,特别是对那些不敢迈出第一步的学生,笔者更注意鼓励他们抓住每一次机会锻炼自己,想方设法伸出热情之手把他们"拉下水",只有下了水才能不怕水,只有通过当众说话才能克服害怕当众说话的心理。慢慢地,全班同学都对这个活动感兴趣了。三年下来,同学们在胆量方面、口语表达方面都有很大的进步。

（三）思维的训练

口语表达训练中的另一个重要内容是思维的训练。相对于书面表达来说,口语表达对思维的要求更高,特别是即兴说话,对思维的要求尤其高。书面表达可以思前想后,想好了再写,写了后面的还可以再修改前面的;而口语表达则是边想边说,说前面时就得想着后面的,这就要求表达者有敏捷清晰的思维。我们对学生进行语言表达训练的过程,实际上也就是培养学生思维能力的有效途径。在思维训练中,首先必须强化脱稿说话的训练。有些同学长期以来养成了离开了稿子就说不了话的习惯,这样形成恶性循环,越是拿惯了稿子,依赖性就越强,依赖性越强就越离不开稿子,而拿稿子是无法训练思维的。所以在思维训练中一开始就要采取强制措施,一律进行脱稿说话训练。其次,还要重视即兴说话训练,这是语言口头表达训练中的高难度训练项目,这要求表述者有极其清晰的思维。因此,即兴说话训练也是培养思维能力,促进思维发展的最有效的方法之一。[1]

---

[1] 赵贵生.高中语文教学中加强语言口头表达能力训练刍议[J].教育导刊,2014(6):93.

三、培养高中学生语文口头表达能力的创新路径

在飞速发展的社会生活中,口头表达作为最基本、最便捷的交流方式,日益受到人们的重视。可以说,良好的口头表达能力是人的一笔宝贵财富。但是,面对高考的压力,要想保证工作的实效性,我们必须脚踏实地地从以下几方面着手。

(一)重视积累,充实学生的话语储备

一个人超强的口头表达能力离不开丰富的词汇积累。然而,由于生活环境、家庭教育、个人性格等原因,有些学生的语言积累较少,以致在口头表达方面存在很多问题。有的扭捏拘谨,张不开口;有的开口词不达意,不知所云;有的内容空洞,语言干瘪。因此,要想让学生有话可说,必须增加学生的知识储备。对于教材中的名家精品、美文佳话,可组织学生进行赏析积累,扩大课外延伸,以课文为中心,拓展与之相关篇章、背景等,以此丰富学生的话语资源。

(二)重视学生兴趣培养

兴趣对人的学习有着神奇的内驱动力,能变无效为有效。高中语文教材中多了些晦涩难懂的文言文和诗歌。教师在讲解文言文时应化繁为简、化整为零,让学生分组查找、归纳各文言现象,令其学习起来自然轻松。鉴赏诗歌时,教师可以引导学生以自学的形式,根据自己的兴趣爱好选择喜欢的字、词、句进行赏析、谈感受。学生的学习兴趣被调动起来了,表达欲望自然强烈。所以,教师应不遗余力地为激发学生学习兴趣而努力。

(三)充分利用课堂资源,培养学生的口头表达能力

1.课前预习

学生做好课前预习,主要是为了延伸补充与口头表达训练相结合。高中教材比初中教材有深度、有难度。如果不了解相关背景和链接,在理解上很容易出现偏颇。教师的教如果只局限于教材中的备注介绍,学生就很难把握深层内容。所以学生可以通过课下查阅的方式,补充对课文的理解。

2.课堂提问

课堂是学生学习的主阵地,也是锻炼学生口头表达能力最直接的地方。课堂提问最大的优点是以学生为主体,以精妙的问题带动学生的思维,增强学生参与课堂的意识,培养学生的综合分析能力和口头表达能力。课堂发言对学生的发展有着不可低估的作用。因此,教师在授课时,应该根据学生的实际情况,精心设计不同层次的问题,鼓励学生积极投入课堂教学中,锻炼学生口头表达能力。

3.朗读训练

叶圣陶先生曾经说过:"吟诵就是口、耳、心、眼并用的一种学习方法。"在吟诵过程中,学生不但可以加深对文章内容的理解,更好地感知文章的美学因素,而且可以有效地培养自身的思维能力,锻炼其口头表达能力。在高中教材中,有很多美文、诗歌值得学生去感知、鉴赏。在朗读中教师要对字音、感情、语调、语气给予指导,使学生明确朗读要领。对于朗读过程中出现的问题,老师应给予及时的纠正,鼓励学生朗读,无形中锻炼学生的胆量和口头表达能力。

(四)搭建语言实践平台,提高学生的口头表达能力

1.在作文教学中,培养学生口头表达能力

高中语文教学中,课本内容的繁多导致作文训练大受冷落。其实作文训练是培养学生有条理地、完整地表达自己观点的重要方法,是培养学生口头表达能力的较高层次的训练。教师要利用好每次作文训练,由易到难,可以通过审题立意、拟题、概括事例、列提纲等形式训练学生有条理、有层次地表达。同时可以通过最直接、最有效的点评方式锻炼学生的口头表达能力。学生通过点评,既能取长补短,又能通过组织语言交流、探讨,达到训练口头表达能力的效果。

2.充分利用研究课,训练学生口头表达能力

研究课比起正常课堂教学,内容更加丰富多彩,形式灵活多样,更能吸引学生,调动学生的参与热情。教师可结合教学进度,根据学生实际情况,组织有利于学生训练口头表达能力的活动,如影视欣赏点评、成语接龙、演讲比赛、名篇名句诵读等,还可以根据一些节日引导学生以积极的态度、饱满的热情去生活、学习,同时锻炼学生的口头表达能力。

总之,培养学生口头表达能力是一个漫长的过程,教师在教学中应探索、创新方法,善于引导学生,使学生敢说、乐说、会说,最终成为一个会表达的人[①]。

---

①李燕. 培养高中学生语文口头表达能力的实践探索[J]. 教师,2014(24):70.

第五章 高中语文的实践应用创新

第一节 激发学生对写作的兴趣

语文学科一直都是作为培养学生汉语能力、使其自觉继承中华优秀传统文化科目存在的,其中最为重要的一项教学任务便是写作教学,旨在稳步提升学生的写作能力。但是,要想写出一篇好作文,就必须保证高中生能够产生丰富的创作灵感、强烈的写作兴趣,否则将难以使其自觉参与书面表达活动。因此,高中语文教师要及时激发学生的写作兴趣,由此优化学生的写作情感。

一、使用信息技术创设写作情境

创设写作情境是激发学生写作兴趣的重要手段,且只有让学生及时产生生活回忆,回顾情感体会,才能切实唤起学生的写作灵感,使其自主展开书面表达。为此,高中语文教师便可利用信息技术来创设写作情境,及时丰富学生的视听感悟,由此优化学生的写作思维,使其在愉悦的情感驱动下生成写作兴趣。

就如在"直面挫折,学习描写"一课教学中,笔者就在备课时全面调查了网络资源,从中整理了几则微视频,比如地铁上一位年轻人一边哭一边吃面包的视频等。在作文课上,笔者就播放了这些视频资料,由此营造了沉重、肃穆的写作氛围,让本班学生都进入沉默、深思状态。接着,笔者就让学生分享自己面对挫折所选择的方式,由此组织学生开展口语交际,引导学生及时整理语言材料,为后续的写作教学做好充足准备。

二、通过写生活动引导学生积累写作素材

传统的高中语文写作教学一般是发生在单元教学结束之后、固定的作

文课上的,虽然比较规范、系统,但是难以判断学生是否积累了充足的写作素材、是否产生了强烈的书面表达欲望。从本质上说,写作活动是学生用文字描绘生活、记录生活的书面表达形式,必须以生活为依托。对此,高中语文教师要组织丰富的写生活动,引导学生观察生活、整理生活素材。如此,则可直接丰富学生的活动体验,更易于激发高中生的写作兴趣。

就如在"亲近自然:写景要抓住特征"写作教学中,笔者设计了一次自然写生活动,即高中生要观察大自然的美丽景色,自主记录、描绘自然景象。比如,有的学生认真观察了路边的野花、小草,有的学生则重新观看了自己外出旅行时所见过的大好河山,有的学生则重点观察了校园一角,等等。这就可以让高中生自主整理写景素材,然后笔者便引导学生学习了写景作文的常见表达方式,使其根据观察顺序确定写景作文的篇章结构,使用比喻、拟人等修辞手法突出景物的自然特点,且要适当抒情,使得作文变得更加丰富、充实。

三、通过小组讨论发散学生的写作思维

一直以来,组材、构思与写作活动都是由高中生独立完成的,但是高中生在写作时很容易形成固定思维,且对语言材料的解读比较单一,很难生成创造性思维。对此,高中语文教师要尝试通过小组讨论活动来创新写作教学形式,切实丰富生生互动,使其及时分享自己的思维成果、写作经验等,由此改善学生的写作思维,使其写出优质作文。如此,也可直接激发高中生的写作兴趣,使其自觉进行书面表达。

就如在"学会宽容:学习选择和使用论据"一课教学中,高中生就要重点学习撰写议论文时应该如何选择论据,以"宽容"为主题进行书面创作。在本轮写作教学活动中,笔者便组织了6人小组合作学习活动,让高中生及时分享自己对宽容一词的理解,同时要合作探究如何才能通过恰当的论据证明宽容主题。首先,高中生要独立撰写写作大纲,阐述文章的中心论点、整理论据。其次,高中生要在小组内平等沟通,及时了解同伴是如何选择并使用论据来证明宽容主题的,由此寻求同组成员的帮助,及时调整写作内容、篇章布局形式。接下来,高中生便要独立完成书面创作,然后继续通过小组讨论初步进行作文修改。如此,则可切实丰富学生的能动创作经

验,使其产生写作兴趣。

总而言之,在高中语文写作教学中落实激趣教学任务是改善写作教学质量的前提条件,同时也可促使学生自觉展开书面表达,使其养成良好的写作习惯。因此,高中语文教师要客观分析学生的写作需求、心理变化规律,由此确定激趣教学策略,切实激发高中生的写作兴趣,为培养学生的写作能力做好充足准备[1]。

第二节 鼓励学生进行阅读活动及分享心得

在高中的语文学习中,语文课本是十分重要的学习素材,很多学生都花费大量的时间和精力进行课内阅读,忽视了课外阅读的重要性。课外阅读能够有效的延伸高中生的视野,培养高中生的语文素养,让高中生获得更加丰富的情感体验,形成正确的三观,从而提升高中生的综合素养,促进高中生的全面发展。笔者结合个人多年的语文教学经验,就如何借助课外阅读,提升高中生的语文素养,提出了几点意见。

一、阅读经典,感受文学之美

经典的文学作品,是经历了时间的打磨和锤炼所沉淀下来的精品,给予人们无限的启迪和警醒,值得被世人传颂。阅读经典文学作品,带领高中生感受文学的魅力,进而提升高中生的文学素养和习作技巧。

学生们在阅读《红楼梦》《呐喊》《家》《巴黎圣母院》《边城》等优秀的文学著作时,语文教师可以进行有意识的引导,让学生们掌握三步阅读法,将书本内容"吃"透,深刻的走入到故事情节之中,感受每一个人物的情绪和性格,与故事产生强烈的共鸣,从而提升学生的文学素养。阅读的第一步,是先让学生掌握故事的发展脉络,旨在提升学生的阅读积极性,不必深入探讨文章的细节之处。让学生养成随手做笔记的习惯,将质疑处、感兴趣处一一标注出来,以便于进行再次阅读。阅读的第二步,则是进行深层次

---

[1]祁黎峰.高中语文激发学生写作兴趣的有效方法[J].新课程,2020(33):118.

的阅读。在经过了第一次的阅读之后,高中生可以以艺术形式、文章主旨、人物等方向切入,深入阅读文学作品,并写出相关的读后感。阅读的第三步,是进行研究性阅读。即便是同样一部文学作品,由于学生阅读能力、成长环境、共情能力等不同,对文学作品的理解也各不相同。因此,教师可以让学生结合个人的理解,自由进行小组合作,阅读该文学作品的评论文章,互相探讨,积极交流,实现思想的碰撞。在日常的教学过程之中,教师要结合学生的实际情况,给学生们创设良好的阅读环境,开展多种活动类型,让学生们积极主动地参与进来,提升学生的课外阅读量。整整一个学期,在教师的引导之下,开展了《红楼之殇》《实时呐喊》《家与社会》《丑陋外表之下的美丽灵魂》《边城爱情》等专题读书会,给予学生充分的发挥空间,实现了多种思想的碰撞和交流,促进了学生文学素养的提升。

二、好书推荐,开阔学生视野

由于成长环境、人生阅历、审美水平、价值观等不同,学生们喜欢的书籍类型也各有不同。有的学生喜欢婉约派的文学作品,有的学生侧重于故事情节丰富的文学作品,有的学生则偏爱古典诗歌等。在进行课外阅读时,高中语文教师可以让学生以自己的阅读爱好为主,进行阅读,提升学生的阅读质量。还可以以月为单位,开展好书推荐活动,让学生走到讲台上来,给同学们推荐自己心目中的好书,通过绘声绘色的讲述,提升其他学生的阅读兴趣,让他们自觉的投入到阅读中来。学生在推荐书籍时,理所当然的会选择自己最为熟悉和喜欢的文学作品,结合书籍内容,准备相应的演讲稿,梳理整体剧情和读后感,在讲台畅所欲言,带领学生们进入到文学世界中来。推荐者在推荐的过程中,会加深对书籍的理解,感受到推荐好书的自豪感,提升对课外书籍的阅读兴趣。

比如说,有一位学生,专门制作了PPT,在讲台上推荐了《西厢记》这本书。以古代爱情为切入点,绘声绘色的讲述了张生和崔莺莺之间悲壮的爱情故事,吸引了其他学生的注意力,引起了其他学生的强烈共鸣,收到了良好的推荐效果。

三、课堂延伸,扩充学生的知识面

高中语文课本之中,有着诸多优秀的名家名篇,语文教师在上课时,就可以结合课文内容,适当性的进行课文补充,实现课堂的有效延伸,让学生更加全面的掌握名家的写作风格和表达手法。比如说,在学习诗歌这一单元的内容时,语文教师就可以结合学生的实际情况,挑选一些现代诗歌,以供学生阅读。比如说,舒婷的《致橡树》、顾城的《门前》《远和近》、北岛的《一束》、卞之琳的《断章》、余光中的《乡愁》等。让学生在感受诗歌的基础之上,开展朗读比赛或者诗歌创作比赛,从而让学生更加深刻的体会到诗歌之美,产生对诗歌的向往。同时,还可以结合课本内容,开展多种多样的阅读活动,提升学生的参与积极性,创设良好的阅读氛围,让学生主动去搜索课外阅读资料,扩充学生的知识面。

通过阅读,能够有效的提升高中生的审美能力,开阔高中生的视野,丰富高中生的情感体验,在阅读的过程中,形成良好的价值观、人生观和世界观,培养良好的文学素养和阅读习惯,提升高中生的写作水平和表达能力,促进高中生的全面发展[①]。

第三节 将课本知识与社会实践相结合

一、正确认清高中语文教学与社会实践二者关系

社会是不断发展、变化的,语文又是这一多变社会的及时反映。语文教学融入社会实践,就可使课本教育内容动态而鲜活地呈现,让枯燥的课堂在结合社会生活实践中活跃起来,从而提高学生发现与解决实际问题的能力,也利于把学生从一味追求成绩的"书呆子",变成适应社会发展需求综合素质高的"社会人"。其实语文课堂教学与社会实践二者是相辅相成,发挥着共同完成语文教学目标的作用。主要表现在:目的统一性,都是为培养学生语文知识,而采用不同方式拓展课本内容实现的过程;主体的差

---
①白茹. 高中语文课程关于鼓励开展课外阅读的方法[J]. 课程教育研究,2020(13):28.

别性,课堂教学活动中教师为主体,学生与教材同为客体,而实践活动中学生主体性得到发挥,教师只是协调指点;获取知识层次与环境的不同,课堂教学以固定传授理论为主,对于学生来讲抽象、间接,而社会实践完全开放,以感性知识为主,学生可有亲力亲为感,印象深刻,适用可靠。

二、高中语文教学融入社会实践的路径

既然社会实践是语文课本教学的重要补充,能让学生在学习语文理论知识后得到印证,进一步巩固学习结果,提升整个语文综合知识结构,那么采取何种措施具体融入呢?以下展开了简单地阐述。

(一)借助课内的情境模式,实现语文教学贴近时代气息

语文教学实践活动一部分可在课内进行,教师要围绕课本所授的教学内容,针对性地创设特定情境,要求需联系时下的生活实际和热点问题,组织指导并鼓励学生积极参与,然后提出问题讨论,让学生准确领悟以及学会用所学观点去分析课本理论知识。这样不但让学生将情感融入文章中,省去教师繁琐的讲解,而且学生在体验实践中加深和巩固了学习效果,同时还引导学生关心国家大事,激发思维创新能力等,一举多得。比如在《雷雨》授课中,可创设让现实中的学生来出演剧中人物的条件,引起学生在情感上的共鸣,这样,学生才有兴趣积极思考,整堂课才有气氛,也有目的地训练了他们在社会生活中的一些技巧以及心理适应能力。

(二)确立丰富的活动主题,挖掘语文学习创造生活潜能

语文包罗万象涵盖方方面面知识,阅读会让人如同走进了生活的"万花筒"。但单靠课堂教学是无法真正让学生掌握到全面知识的,而实践的活动主题就是一本活生生的教材,包括了学生与自然,与社会的诸多问题。因此,教师可以确立出不同实践的活动主题,带领学生融入社会,真切体验生活,通过语文学习挖掘出学生更多的生活潜能。比如:就高中作文这一块,它的主题设计和实施可针对不同写作体裁,鼓励学生积极参与和家长的融入。如,写建筑类的说明文时,家长可带学生参观标志性建筑物;写游记时,教师可组织学生前往到山水秀美的地方游玩;写记叙文写人物时,教师可启发学生通过调查采访,观察受访者的言行举止等加深对人物形象理

解。总之,通过全程体验,获取积累丰富的写作素材,激发写作灵感,也体现出个人与社会、自然的内在整合。

(三)围绕教学的效果评价,激活语文实践活动开花结果

语文教学中的社会实践,需要教师带领学生通过有计划的安排组织实施,通过不断地探索反复尝试,才能获得丰富的知识,积累经验。在这个过程中,学生是主体,教师是引导者,而内外活动又是相互交叉的,掺杂了情感、兴趣、创造等成分的心理内部活动,也体验、感受、经历了外部的不同收获。因此,也要重点围绕教学效果进行及时的点评,点评以促进学生健康发展为原则,尊重学生个体差异,不需要套用绝对化的规格和标准,从而让学生通过语文教学的社会实践,能真正提高他们综合能力开花结果。如:在讲《短新闻两篇》中,教师可安排学生通过社会调查写出新闻,完成后及时总结点评,促使学生能获取实践中的新闻写作经验。

(四)推广课本的课题研究,促进语文教育贴近现实改革

通常来说,文化的形成与发展体现着人们的精神风貌。如果教师能以语文课本为核心,通过引导学生去参加一些感兴趣的生活实践活动的小课题,让他们在活动过程中形成积累社会生活经验,产生问题意识。教师可激起学生在民居、建筑方面的兴趣和研究欲望,掌握到一些基本知识。将在生活实践活动中培养的探究能力主动延伸到语文学习中去,发掘他们在语文教育中的创造潜能,如学习课文《胡同文化》,就可以去开展一些语文方面的课题研究,不但丰富语文教学内涵,为教育注入新的活力,而且也给语文教学带来意想不到的良好效果。

三、高中语文教学学生社会实践能力的路径

从高中的整体教学氛围来看,教学重心仍然是高考,在高考的重压下,适当减少一些实践活动是可以理解的。但是教师应保证学生有一定量的活动,以培养学生的基本实践能力。笔者看来,高中语文是提高学生社会实践能力的一个重要方式,因为语文的教学相对灵活,可以为学生创造一些实践的机会。教师应该改变对社会实践的固有看法,在保证高考复习质量的同时,为学生制定丰富的社会实践计划。

(一)正确认识社会实践的作用,合理分配语文课堂时间

对高中生而言,主要任务仍然是备战高考,努力复习。社会实践的目的是为了培养学生的实践能力,做足准备以接受更高水平的教育。以往的高中语文教学中,教师对社会实践活动持有主观且片面的观点,认为社会实践活动的存在影响了学生的复习计划,让学生无法专心复习。从一定程度上说,社会实践活动占用了学生的部分学习时间,影响了学生的学习,但这不是教师减少学生社会实践机会的理由。在繁重的备考环境中,学生承担着过重的压力,社会实践活动是一个很好的缓解复习压力的渠道。

对教师来说,应该正视社会实践的作用,合理课堂时间。以劳逸结合的复习方式,缓解学生的学习压力,培养学生的社会实践能力。在这个过程中,教师要有全面的计划,从学生的实际情况考虑,确保每个学生都可以得到足够发展。为使计划更能满足学生的需求,教师也可以适当采纳学生的建议。学生的建议往往反映了学生最迫切的需求,教师应该多听取学生的声音。值得注意的是,教学计划应有一定的原则,在教师听取建议时切忌为学生左右,这样会影响学生的整个复习计划。

值得注意的是,高中的学习仍然以备战高考为主,教师应该分清主次,在保证学生复习计划的同时,开拓社会实践活动。而对学生来说,也应该改变对语文学习的传统认知,积极参与实践活动,丰富高中生活,在实践中促进自身的全面发展。社会实践活动是一个锻炼的绝佳机会,学生应该把握住机会,为高校学习做准备。

(二)根据语文课堂内容,积极开展社会实践活动

语文教材内容丰富,适合开展实践活动。在开展活动之前,教师要对学生的需求和个人情况进行合理分析,从学生的实际情况出发,拟定活动的注意事项。社会实践活动不同于校园中的学习,有许多潜在影响因素,这些有可能发生的情况都要在教师的考虑范围之内。为了贴近学生的学习,教师应该能够根据教材内容制定活动方案,以活动作为课堂内容的延伸。这样的好处是既可以促进学生的理解,也可以开拓学生的思维。

例如,《发现幸福》这一开拓性的活动课题,教师可以合理利用,用以开展社会实践活动。"幸福"的范围十分广泛,一次理想的成绩、朋友之间的友

谊、夫妻之间的感情，都是对幸福的定义。实践活动可以"发现"为切入点，组织学生发现校园内的"幸福"。为了让学生有更多的自主性，教师可以将学生分为若干个小组，以小组的形式发现幸福。学生可以采访的形式随机采访学生，寻找学生的幸福，也可以用问卷调查的方法，对学生进行普遍调查。这都是此类实践活动中十分有效的调查方法，在实践结束后，应该做好总结工作。

社会实践的目的是通过一些具体的活动，丰富学习生活，同时培养学生的实践能力。而实践活动后的总结则是促进学生自身发展的一个环节，因此教师要做好实践互动的总结工作。总结是对整个活动过程的叙述，以及在活动中的感悟，教师和学生都应该认真对待。

(三)社会实践中应避免的问题

学生接触社会实践的时间尚短，活动中难免会遇到一些问题。在做一些调查类的实践活动时，学生应该注意调查群体的普遍性，能够反映调查问题所反映的问题。除调查人群外，学生也要做好记录和分析，通过对调查问卷的分析，得出普遍性结论。为了促进自身的升华，学生也应该在这个过程中寻找自身的收获，促进自身的进步。

在进行校外实践活动时，教师和学生都应该注意安全问题。高中生的社会经验不丰富，为了做好安全问题，教师应在活动开始前做好安全防患工作。对学生来说，应该有自我保护意识，在遇到超出自身能力的问题时，要及时和教师联系，避免受到伤害。对教师来说，应该选择安全的实践场所，尽量降低来自外界的安全威胁。在活动进行过程中，教师也要时时关注学生的动向，确保学生的安全。

社会实践是高中学习生活的一部分，而高中语文教学为社会实践活动提供了良好的条件，教师可以利用语文教材知识，延伸为社会实践活动的准则，这样既加深了学生的理解，又能产生一定的亲切感。除此之外，教师也要正视实践活动的作用，合理分配语文课堂的时间。最后，教师也要注意一些问题。在实践中，教师要教导学生正确且安全地开展活动，善于总结经验,促进自身发展①。

语文与生活息息相关,来源于生活又要最终回归并服务于生活。因此,在高中语文教学中应该与社会生活实践相结合,以注重培养学生综合素质为目标,从根本上很好体现出语文学科的工具性和人文性,才能调动学生学习语文的兴趣,促进高中语文教学取得更好的成绩②。

第四节 将知识与人文素养培育相结合

语文是培养学生人文素养的有效途径,优秀的语文知识能够熏陶和感染学生,有助于学生形成正确的三观。根据心理研究显示,高中生处于价值观念形成的关键时期,在高中语文教学中,教师应在充分了解学生的基础上,将人文精神与语文教育相结合,通过多样化的教学手段促进学生人文素养的形成,使学生能够更好地发展和实现人生价值。

一、人文素养与高中语文教学关系

语文教学和人文素养之间有着密切的关系,教师要对二者关系有正确的认识,明确二者不可分割、相辅相成。在语文教学过程中,教师应结合知识点对学生进行人文素养的培养,在提高学生人文素养的同时,拓宽学生的视野。教师应重视二者的结合,发挥出语文学科的育人价值,帮助学生形成良好的思维品质及正确的价值观念。从语文学科角度出发,指导学生在获取知识的同时,能够使学生升华人文素养。高中语文教材中还包含着中华优秀传统文化和红色经典,引导学生细细品悟,能帮助学生感悟历史,唤醒学生的爱国意识。另外,高中生在以往的学习中,已经初步形成了人文精神与修养,在写作、阅读、口语交际等学习环节中可以起到重要的作用,让学生对教学过程有更深刻的感悟。换言之,人文素养对于学生学习语文知识有显著的启发性,可以保证教学实践活动具备人文教育性质。

---

①姚宪强.高中语文教学如何提高学生的社会实践能力[J].中学课程辅导(教师通讯),2016(2):31.
②冯斌.浅析高中语文教学如何融入社会实践[J].语数外学习(高中版),2013(1):1.

二、在高中语文教学中培养学生人文素养的策略

(一)树立语文人文教学理念

1.营造人文气息浓厚的课堂氛围

课堂氛围对于调动学生的积极性有着较大的影响,爱因斯坦认为,宽松、自由的学习氛围要远比依靠刻板训练的教育手段高明。语文是一门内涵丰富的人文学科,教材中内容丰富且形式多样,同一篇文本在不同角度的解读下有着不同的内涵,这种灵活性和不确定性使其充满魅力。但高中语文教材中的文章更具深度,部分学生在阅读后无法获得深入的感悟,容易产生紧张和恐惧的情绪,间接影响了学生人文素养的提升。对此,教师教学中应重视为学生营造自由的学习氛围,通过观看影片、诵读精彩语段、角色表演等多种形式,帮助学生理解文本内容的同时,感悟其中意境,进而喜欢上人文气息浓郁的语文课堂。

以统编版高中语文必修下册《鸿门宴》教学为例。在课堂教学中,教师应先通过提问来调动学生的好奇心:有一场宴会被称为"千古一宴",改变了两个人的命运以及天下大势,大家知道是哪一场宴会吗?激发学生的探究兴趣后,巧妙借助多媒体设备来展示《楚汉传奇》中"鸿门宴"的精彩片段,通过视觉刺激来加深对知识的感悟。教师提出问题:既然鸿门宴是场饭局,那么都有哪些人参与了饭局?谁与谁又是一个阵营的呢?学生结合视频内容可以认识到刘邦、张良、樊哙等人是一个阵营,项羽、范增、项庄等人为另一阵营。随后,为了帮助学生了解参与宴会人的性格特点,教师应先根据学生的意愿对其进行分组,鼓励学生围绕文本内容进行角色扮演,在实践中进行揣摩,通过人物语言、动作及宴会中所处形势,多角度地认识到刘邦、项羽、张良等人的性格特点,进一步对文本展开深度解读。最后,教师应结合刘邦和项羽的特点,以及二人在楚汉之争中形势的变化,让学生认识到项羽错失了数次斩杀刘邦的机会,最终兵败垓下,落得个乌江自刎的下场。引申出"性格决定命运"的道理,让学生引以为戒。教师通过运用视频资源和设计角色扮演活动,在课堂中与学生展开积极互动,为学生营造具有浓厚人文气息的课堂氛围,使学生在学习过程中实现思维发散,提升人文素养。

2.构建平等、互相尊重的新型师生关系

教育改革后,提倡在教学中构建新型的师生关系,即师生相处过程中,教师要充分尊重学生,平等对待学生,其根本目的在于尊重学生的个人意志,推动个性化发展。但在传统语文教学中,教师更注重知识的传授,常出现"一言堂"的情况,忽视了学生的主观能动性,导致教师在课堂中权威过重,师生地位不平等。对此,教师应转变教学理念,在教学中与学生彼此尊重和信任,活跃课堂氛围的同时,引导学生个性发展,通过教育教学活动使学生体会到教师的尊重与爱护。具体来说,当教师围绕教学内容提出问题后,要给予学生充足的探索和思考时间,在学生勇于发表自己的看法和理解后,给予鼓励和肯定,营造和谐的课堂氛围,构建和谐、平等的师生关系,为人文素养培养提供坚实的基础。

以统编版高中语文必修下册《雷雨》教学为例。首先,教材中的内容是选段,且学生的艺术素养参差不齐,学生在学习中大多会感到语言生涩难懂。教师应引导学生观看《雷雨》的戏剧,以戏剧中的冲突为突破口,引导学生围绕人物对话来重点探究人物形象。过程中教师应给予学生讨论欣赏、合作探究的时间。随后,为了突出学生的主体性,教师应化读书活动为游戏,鼓励学生分角色演绎文本中的精彩片段,参考原文内容及戏剧片段进行演绎,深挖人物的内心,当学生普遍认为周朴园是一个虚伪、自私、冷酷的人之后,教师可以用多媒体展示曹禺先生对周朴园的点评,引导学生展开更深层次的探讨,引导学生对人生观、价值观进行讨论。讨论中教师要鼓励学生说出真实的想法,将文本与生活相结合,助力学生人文素养的培养。

(二)挖掘教材中的人文因素

1.以情入手,陶冶学生情操

研究文本中语言文字所要表达的思想感情是语文教学中的重要目标之一。在实际教学中,教师应重视对学生进行情感上的熏陶,在分析文本背景、提炼关键字的过程中,用情感去感化学生的内心,使学生的思维得到培养和升华。由于教材中部分文本的创作时代与当前相隔较远,学生在学习中,容易对情感的感悟不透彻,这就需要教师深入挖掘文本,帮助学生掌

握更深层次的思想。久而久之,学生在阅读中会养成深度分析的习惯,透过文字形成情感共鸣,从中得到启发,以促进学生人文素养的形成和发展。

以统编版高中语文必修上册《故都的秋》教学为例。首先,教师在教学中应重视对文章层次的划分,理清文章脉络的同时,深入挖掘文章的主观情感和中心思想,引导学生重点分析文章的3-11段,结合作者所描写的"秋晨静观""秋槐落蕊""秋雨话凉""秋蝉残鸣""胜日秋果"等多幅画面,帮助学生感悟作者对故都秋景的赞美,使学生产生情感上的共鸣,为人文素养培养奠定良好的基础。随后,教师鼓励学生以小组为单位,任选郁达夫所描绘画面中的一幅展开探究,引导学生讨论:你从这幅画背后看到了一个怎样的郁达夫?即画面中包括什么样的景色?寄托了怎样的情感?是一个什么样的人?学生应紧扣文本展开精读,并依次发表自己的看法,再整理所有人的观点,借助集体智慧深入探析文本。最后,教师要基于学生探究成果展开总结,结合郁达夫的人生经历,帮助学生系统化地梳理文本中所蕴含的情感。学生可以了解到文本中的内容所映射的正是郁达夫当时心境的真实写照,而寻求故都的秋味本质是寻求心灵的慰藉。

2.以读促感,增强阅读体验

阅读是语文教学中的重点,也是学生感悟文本情感的有效手段,为实现培养人文素养的目标,必须进行广泛而扎实的阅读。新课标中对于高中语文阅读与鉴赏提出了更高的要求,学生不仅要在学习中熟练掌握多种阅读方法,更要侧重自身个性化发展。同时,阅读也是教师、学生、教材之间沟通的"桥梁",通过三方协同配合,可以有效营造良好的学习氛围。另外,阅读对培养学生个性化发展也有着重要意义,常言道:仁者见仁,智者见智。不同的学生在阅读同一篇文本,也会产生不同的感悟和理解,教师在教学中应尊重学生的差异性,深入挖掘教材内涵以开展高效的个性化阅读,一方面,教师要将文本的内涵通过"读"来传递给学生,加强阅读感悟;另一方面,教师要引导学生通过"读"来反省自身,在反思中内化知识,丰富自身的精神世界,以提高学生的人生境界和思维能力。

以统编版高中语文必修上册《梦游天姥吟留别》教学为例。为了激发学生的探究兴趣,更好地培养学生的人文素养,教师在导入环节应引入古今中外文学作品中关于"梦"的内容,如《三国演义》中曹操梦到天上三日对照,一日坠于山中;《阿Q正传》中阿Q梦见自己成为革命党后分到财产、娶到老婆等。再引伸到本诗的作者李白也是一个爱做梦的人,引出主题,让学生通过联想思考本诗中写梦境的意图,突出本诗的构思特点。随后,教师在组织学生讲解诗句内涵前,应先着重向学生介绍诗作创作的时代背景,以及作者当时所处的政治环境,让学生去阅读和感悟,如此一来,学生在反复阅读和感悟中,可以将所了解到的信息带入课文中,对李白的人物形象有初步的认识。最后,教师组织学生精读诗句并展开分析,先对本诗进行分层,点明梦境分为几个层次,加强对诗歌整体的把握,再由对诗歌的感性认识转变为理性认识。鼓励学生自由选择喜欢的诗句展开深入探究,如"湖月照我影,送我至剡溪"一句中"送"字运用得非常巧妙,写出了月对李白的款款深情;"半壁见海日,空中闻天鸡"一句意境开阔,体现出了李白的浪漫与洒脱。学生在反复阅读中感悟,脑海中关于李白的形象也更加丰满、立体,对诗歌内涵也有了更全面的理解。

(三)重视本土人文资源利用

1.开发独特的校本课程

新课程标准践行中,各学校逐渐重视结合办学特色开发校本课程,这成为新课改中的热点问题之一。在开发校本课程时,应重视融入当地文化特点,以便在拓宽学生视野的同时,培养学生的人文素养。教师在开发校本课程时应重视融入历史文化条件、传统文化、社会人生等内容,对教材起到补充和完善的作用。如此一来,教师可以借助校本课程来培养学生、教育学生,为语文教学提供更加广阔的空间。

以统编版高中语文选择性必修上册《在民族复兴的历史丰碑上》教学为例。教师应引导学生阅读文本,在理清文章思路的同时,尝试分析其中蕴含的情感,帮助学生对文本主题有初步感性的认识,再引导学生探究文本中的写作手法,体会其中的语言美和情感美。随后,教师结合本地区在特殊时期发生的真人真事,开发符合本地人文特色的校本课程,对教材文本起到补充和延伸的作用,借助案例引导学生了解社会,围绕"生命、生存、生活"等主题进行思考,使学生在学习中学会尊重生命、敬畏生命,树立正确的人生观与价值观。最后,教师要结合教材和校本课程中的内容,升华教学主题,引导学生认识到特殊时期"一方有难八方支援"的伟大情操,树立正确的价值观,使学生真正明事理、懂哲理、重大局,未来能成为对社会有价值的人才。

2.本土文化资源融入教学实践

课堂始终是学生获取知识的主要途径,人文素养的培养离不开课堂,但一项能力和素养的形成仅依靠课堂有限的时间是远远不够的。为了保证学生人文素养培养的有效性,教师应在教学的各个环节中渗透本土文化资源,通过教材与本土文化的融合,凸显语文课堂的人文教育功能,有效培养学生对祖国和家乡的热爱,促使学生在学习的过程中逐渐形成归属感和认同感,以推动学生人文素养的形成与发展。

以统编版高中语文必修下册《中国建筑的特征》教学为例。教师应将文本内容与当地的建筑文化及风格相结合,课前教师先带领学生外出采风,鼓励其寻找认为当地特色鲜明的建筑物,拍照留念后回到班级中。随后,教师借助多媒体大屏幕直观呈现学生拍摄的图片与教材中的插图,结合文本的描写顺序,组织学生一一对比和分析。学生可以在虚实结合、对比探究中掌握不同时代建筑的特征,以加深对建筑文化的认识,同时加强对本地传统文化的认识和理解,在教师合理的引导下,升华为对中华优秀传统文化的认同。基于此,课堂教学内容与生活实际相结合,学生在参与实践活动中不仅可以自主学习知识,还可以了解家乡文化,对丰富学生的历史文化及提高审美素养有着重要意义,有利于学生人文素养的提升。

在高中语文教学中培养学生的人文素养,教师将起到至关重要的作用。学生在整个学习过程中,要充分发挥主体作用,积极参与,与教师形成高效的配合,在相互影响中,培养个人的人文素养。在实际教学中,教师应重视教学氛围的营造,通过深入挖掘教材及积极运用本土人文资源来熏陶和感染学生,帮助学生形成高尚、健全的品格,使学生成长为一个对社会有贡献的优秀人才[1]。

---

[1]郑彬.春风化雨润物无声——浅谈高中语文教学中提升人文素养的策略[J].高考,2023(3):147-149.

第六章 实现高中语文教育思维创新需要的努力

第一节 学校的组织力

语文学科在学校整体课程体系中,在学校办学总体架构内有不可替代的奠基、支撑与引领作用。笔者认为:"语文学科的学校立意"应是当前学校教育改革的重要命题。

语文学科的学校立意至少有两个基本点:其一,办学要保障全体学生各学科的有效学习,而语文就是学习其他基础学科的"基础",是"基础"的"基础"。这个"基础"不仅是语言工具,还包括"思想方法""思维方式""价值取向"的认识基础、同构基础与精神基础,学校必须在整体课程架构中把语文学科放在辐射性的工具应用与激励性的精神发动的核心位置;其二,学校的功能与特点归根结底是文化性。学校靠文化育人。语文学科建设的成效就是学校文化建设的内生动力。有人认为,学校文化特色可以以理科见长、科技见长、体育艺术见长,也可以以语文见长。其实,这是只识其表未见其里。有人把语文看作文科,把文科与理科割裂开来,这更是肤浅之见。"见长"者,不过是学生个性开出的花朵,而语文情怀、思维、思想等打造了学生精神的底子,正如泥土、空气、水一样,对学生个性成长起着"酵母"作用。数学见长,还不够,还需语文打底。如此,数学之"长"才可以持续开花结成硕果。无"文"(包括语文、艺术、历史等人文内容),其他所长可能是"术";有"文",其他所"长"就长足了"精神"。

语文学科的学校立意,需要语文教师的艰苦探索;需要学校文化管理的总体设计;也需要全校各学科教师的互相支持。下面从学校管理层面,以上海市北中学的思路与实践为例,梳理学校的组织力在实现高中语文教育思维创新中所应付出的努力。

一、文化奠基：强化专业哺育

学校文化不是校长空喊口号"喊"出来的，而是从教师的专业成长中"长"出来的。每个教师都是学校文化的发光体。各学科教师自我专业哺育是实现全校文化共建的前提。对此，上海市北中学语文组教师更是发挥了排头兵作用。近年来，该校做法有两条：一是为教师举办面向全市的"学科教学思想研究专场"，用半天时间集中研究一名教师专业成长情况，做到"四个一"：上一节代表课；作一个学术报告；提交一篇论文；展示一份教书育人成绩单。通过研讨，在同行专家的指导下，促进教师自识己长、自定己长、自扬己长。同时，在学校选修课与校园文化活动中，学校聘请教师展示己长，使学生广受教师之"长"的熏陶。二是语文组集体完成"年度长期作业"，又称为"点读工程"。每位教师自选一名经典作家纵深研究，一个年度内完工。最后，全组教师的研究成果汇集成书。

这样的研究为学校文化活动储备了能量。学校由此催动两个层面的效能辐射：一是有专长的教师分别带出若干学生社团。如对新诗有研究的老师，与学生一起创办《我要飞》社团等；二是学校搭建"午间文化茶座"平台，由工会组织聘请有专门研究的教师面向全校教师举办学习讲座。以师为师，师师为友，从而培育以"学"为主旨的人际文化关系。

二、文化拓展：注重以点带面

当语文组的特色研究发展为学校的文化活动时，学校文化更加充满生机；语文组特色也更加光彩夺目。

例如近年的汉字研习，上海市北中学语文老师和部分学生都沉浸其中、乐此不疲。2009—2010年的研习侧重于部分汉字音、形、义的体认，兼顾字形的古今演变。2011—2012年研究的内容是"从汉字体验人生"，每个老师选出两三个能够概括或揭示自己教学人生特点的汉字，上升到教育学高度作自我评价与反思，从而勾勒出一个活脱脱的、思想个性极为鲜明的"自我形象"。2013—2014年，该校确定的研习内容是"诗眼鉴赏"，从"诗眼"入手，既鉴赏其立骨风貌；又将"诗眼"转为"教眼"，从教的角度引发学生思考。

为了激发汉字研究正能量,学校决定:每周一的"国旗下的讲话"确定为"汉字讲话"。由学生主持、主讲,全校师生聆听。学生发挥了巨大创造性,不作孤立讲解,不当掉书袋,而是引经据典讲明字音字义字形等内容外,侧重于联系学校、社会、国家等重大生活及事件加以阐发,每个字都讲出家国情怀,都吐露着现实时代的思想气息。一般而言,汉字只不过是一个个躺在字典里的符号而已,而一旦成为师生共研的对象,这些文字全都发出生命的歌声,洋溢着民族活力,从而使师生的精神更富文化内涵。

三、文化凝聚:学科资源互通

虽然高中学科分担着不同的教育任务,但也具备相互沟通的可能性。用文化的方式"互通",有利于培养互通的文化思维。2010年,上海市北中学面向整个高一年级开设选修大课《文史哲经典例文学习导引》,尝试着以"文学"带动"文史哲思考",使学生初步形成文史哲一体思维的认知习惯与方法。该课程邀请了政治、历史、地理甚至数理学科老师参加,组建了一个"教学小组",一起上课,形成了一节课多位老师多位同学相互问答的学习格局,课堂气氛相当活跃。该校编制的课程大纲是以"人与自然""人与社会""人与自我"为三部曲,每部分由文学例文构成学习主体,从文史哲不同角度提出思考,引进相关知识讨论。例如:讲"人与社会"时,先从《清明上河图》这幅画入手,请历史老师讲画,引带出宋代经济社会史实。继之在第二课时,引出《鲁提辖拳打镇关西》一文,讨论"打"的艺术描写,同时生发"打"的合理性的法律讨论。第三课时,又以"彩虹桥"的"拱"为研究抓手,引出"拱"的相关设计知识……总之,环环相扣,课课生波,或以文带史,或由史入文,或由文悟理,或由时代背景来认识文学价值。一年完成课程任务后,另一组人马在新的高一年级继续开课,课程更规范,效果更明显。

2013年秋季,上海市北中学又设计了一门探索国际化的文史哲互通对话课程。该校认为,国际化课程的实质,应是引进国际先进课程理念和知识材料为培养新一代中国学生服务。为此,我们发挥语文、历史、政治、外语、地理、信息技术等学科教师的作用,并引进"外教"参与指导,开起了与美国某高中的对话课程。上海市北中学确立了一组课程议题:①中国的王维与美国的梭罗(以王维诗与《瓦尔登湖》阅读为讨论对象);②1840年前后的中国与美国的南方(以文学作品和相关历史背景为研讨对象);③中国的长江与美国的密西西比河(以文学作品、地理知识以及其他人文活动为讨论对象)。通过学习、交论、写作、质疑等活动与方式,使中美学生在认知背景、思维方式、表达能力以及思想方法等方面产生共鸣和互补。

课程设计注重学科资源整合,能形成立体的育人"文化场"。以语文课程为"基础",在课程架构内,发挥"思想引擎"作用,会形成新的教育境界。

当前,任何想要实现高中语文教育思维创新的学校的语文老师都应努力追求"立根守正,养气铸魂"的为师境界。立根,大而言之,在育人上立民族母语根;小而言之,就是在学文上立文字根。守正,就是坚守语文教学传统,遵循语文能力成长基本规律;养气,就是培养语文专业才气;铸魂,就是铸造具有中华民族品性的一代新人的创造精神。全组同志齐心协力、兴致勃勃,必将为学校文化建设做出新贡献[①]!

第二节 教师对自身能力的提升

一、高中语文教师素养内涵及构成要素

新课标对高中语文课程核心素养提出了明确要求,当前高中生语文课程核心素养已是语文学界的研究热点,但作为语文课程的引领者、实施者——高中语文教师,他们应该具备怎样的专业素养,才能科学、高效地引领学生形成语文核心素养,对于这个问题,人们有所关注,却关注不够。叶澜认为教师本人或教育行政部门忽视教师专业素养的培养,会导致即使努力工作的教师,也未必能对高质量的教育做出富有成效的贡献,也将导致教师自身的发展受阻。我们在关注学生语文素养的同时,作为高中语文教师的专业素养也值得人们认真探讨。本研究将就高中语文教师素养的内涵和构成要素进行分析与探讨。

[①]陈军. 语文:学校文化的酵母:关于语文学科学校立意的初步认识[J]. 语文学习,2014(1):4-6.

（一）新课标对高中语文教师素养的要求

教师是课程改革的关键环节之一,决定着新一轮课程改革的成败。高中语文教师素养决定着语文课程实施的广度和深度,只有在高中语文教师的专业素养足够满足新课标要求的前提下,才能实现语文新课标的理念,有效地提升学生语文核心素养。高中语文教师素养既区别于小学语文老师的素养,又区别于初中语文教师素养,也不能等同于教师素养,更不能用人的素养代替。理解新课标设计理念和其内容与要求,对探究高中语文教师素养有重要的指导意义。新课标的基本理念是:立德树人,文化自信;落实素养,推进改革;注重实践,转变方式;内容多样,实施有序。落实"语言建构与运用、思维发展与提升、审美鉴赏与创造、文化传承与理解"四个核心素养。

"立德树人,文化自信"要求语文教师自身品德、文化修养较高,热爱民族文化,对民族文化充满自信,并且能将其通过语文教学活动传递给学生;"落实素养,推进改革"要求语文教师能够立足于语文核心素养改革语文教学内容,从而发挥语文课程教育教学的育人功能;"注重实践,转变方式"要求语文教师有扎实的语言文字知识,丰富的文化积累,以及运用信息技术等资源为学生创造语言实践机会的能力;"内容多样,实施有序"要求语文教师具有根据学生需求开发各种类型语文课程资源,创造性实施语文课程的能力;语文学科核心素养,要求语文教师具有相关领域知识以及相匹配的能力,以语言建构与运用为基础,落实好学生的思维发展与提升、审美鉴赏与创造、文化传承与理解这三大核心素养。

从以上分析来看,高中语文教师在教学过程中要达成新课标要求,其自身中华文化修养、个人品质、语文专业知识、教育学理论知识、教学技能、信息技术知识与综合实践能力等素养必须达到一定水平才行。

（二）高中语文教师素养内涵与特征

什么是高中语文教师素养？王迎春认为高中语文教师素养是教师在长期的教育教学实践中通过不断地学习,慢慢形成的教育理念、专业知识、育人能力、职业道德和完善人格等。王迎春对高中语文教师素养的界定有其合理性,但目前教师的专业素养发展开始由学科知识为中心逐步过渡到学科知识与教学法相容的阶段,特别是新课标要求高中语文教育理念要符或引领合时代要求,这样界定高中语文教师素养内涵还是略显不足。笔者在基于当前高中语文教师素养的研究成果与新课标要求上,认为高中语文教师素养的内涵可界定为:高中语文教师素养是教师在先天条件基础上,经历系统的语文师范教育,并通过长期的高中语文教育实践、研讨、学习等各种后天途径逐步养成,对教师的语文教学活动有着显著影响的素质和修养,是教师从事符合时代发展的语文教育活动所需要的各种心理品质的总和。

高中语文教师素养具有三大特征:一是专业性,高中语文教师素养是建立在把高中语文教师的职业视作一种"专门"的工作上,具有职业的特殊性,高中语文教师素养既是教师素养又区别于教师素养,它除了一般教师所需要的素养外,更指向于顺利完成新课标要求的高中语文教育教学实践活动的素养;二是统领性,它既统领高中语文教师知识的发展、能力的提升、教育理念的更新,统领高中语文教师的核心素养与非核心素养之间的协同发展,又统领教师在高中语文实践活动中的各种外显性行为;三是发展性,高中语文课程既是稳定的,又是发展的,这种现状决定了高中语文教师素养既有稳定的一面,又有发展的需求。

(三)构成要素

教师专业素养的研究起源于1896年克拉茨(Kratz)对优秀教师素养的研究,目前已经取得了很多成果,有不少成果应用于师范生教育、教师培训、教师资格证书的设计方案等领域。目前对教师素养的构成要素的探究,主要基于两种方式:自上而下对相关文献进行演绎式分析,自下而上对教师采取归纳式探索。我国学者朱立明等在教师素养理论共有结构之下,结合国内外的教师素养进行分析,认为教师专业素养应包含知识素养、能力素养、情感素养与信念素养。朱立明等所构建的教师专业素养要素结构模型,经过实证分析,有良好的信度。黄文初采用扎根理论对教师专业素养分析后,认为教师专业素养由教师知识、教师能力、教师品格、教师信念组成,其调查分析的结果与实证检验结果基本一致。

高中语文教师素养是一种特殊的教师专业素养,在吸收当前国内外教师专业素养研究成果,国内高中语文教师素养研究成果的前提下,笔者邀请了13位国内不同省份知名一线骨干语文教师对高中语文教师素养构成要素进行探索,在共同讨论、修改的基础上初步达成共识:高中语文教师素养由教师情感、教师知识、教师能力、教师信念4个一级指标,语文课程知识、语文课程实施能力、语文课程科研能力等13个二级指标构成。高中语文教师素养要素,如下表所示。

表6-1 高中语文教师素养构成要素

一级指标	二级指标	主要内涵
教师情感	价值取向	对高中语文教师职业有科学的认识
		热爱中华民族文化
		热爱中国共产党
	职业道德	较高的个人品质
		对高中语文教师本职工作认真负责
	教育情怀	热爱学生,热爱高中语文教育事业
		有不断提高自身语文教师素养的热情
教师知识	语文课程知识	熟悉各学段,尤其高中阶段语文学科发展史
		熟悉高中语文新课标及其教学法
		掌握高中语文学科蕴含的知识和学科思想
		熟悉高中语文课程研究热点及其最新研究成果
		建构有个人特色的开放且相对稳定高中语文课程体系
	教育学知识	掌握能为高中语文课程实施服务的教育学知识
		掌握能为高中语文课程实施服务的心理学知识
	信息科学知识	掌握必备的信息科学知识
		掌握最新能辅助教学的信息交互技术知识
		掌握最新的多媒体教学知识
	通识知识	必备的文史艺哲等社会科学知识
		必备的自然科学知识
教师能力	语文课程实施能力	能根据高中语文新课标要求,基于学生学情,教学情境,合理制定教学目标
		能根据教学目标,学生学情,因地制宜或创设情境,设计教学活动
		能运用信息技术,精准、高效实施语文课程

续表

		能自如地用学科语言表达和交流
	语文课程科研能力	能发现语文教学中的研究问题,选择教育科研课题
		能掌握语文学科基本科研方法与技能
		能撰写语文学科教育科学论文
		能将语文科研成果运用到语文教育教学工作
	语文课程评价能力	对语文教学反思与改进能力
		科学评价自身或同行语文课堂教学效果的能力
		基于语文新课标,对学生语文知识与素养水平的评估能力
	沟通合作能力	能与同事、同行合作,顺利沟通
		能与学生合作,顺利沟通
		能与学生家长合作,顺利沟通
教师信念	语文教育教学信念	洞悉语文课程的知识体系、课程本质、实施过程、课程价值
		熟悉培养高中生语文核心素养的途径
		有在不同学情下,提升学生语文核心素养的信心
	自我认知信念	对提升自身职业素养的方式和途径有全面了解
		在复杂工作环境中,对自己工作中的得失有积极归因的风格

1.教师情感

教师情感不仅体现在教师外显的行为规范,而且是教师专业素养的隐性特征,就高中语文课程而言,它也是"隐性课程",对高中生语文核心素养的养成有潜移默化的影响。国外有学者认为,考察教师情感要基于教学过程中的情感动力、教学和教师教育环境的情感指导、情感管理和职业幸福感以及种族、性别和权力关系在教育中教学情感。我们认为考察高中语文教师情感,既要基于教师情感的共有结构理论,又要充分考虑高中语文教师这一职业的特殊性。在经过文献梳理与讨论后,我们认为教师情感应该包含价值取向、职业道德、教育情怀3个二级指标。

2.教师知识

教师的知识是教师专业素养的重要指标,知识是教师从事教育教学活动的基础,在教师的专业发展中扮演着重要的角色。格罗斯曼认为教师知识包学科内容知识、一般教学法知识、学科教学知识、情境知识四个方面。

叶澜认为教师知识结构最基础层面的是有关当代科学和人文两方面的基本知识,以及工具性学科的扎实基础和熟练运用的技能、技巧。具备1-2门学科的专门性知识与技能,是教师专业知识结构的第二个层面。第三个层面属教育学科类,它主要由帮助教师认识教育对象、教育教学活动和开展教育研究的专门知识构成。从当前高中语文教学实践来看,除了语文课程知识以外,教育学知识,信息技术知识,通识知识同样对高中语文教师素养有重要影响,这些知识在教师的知识结构中是一种复合关系,而非简单的主次关系。所以作为一名优秀的语文教师,除了掌握专业知识之外,辅助教学的知识也是多多益善。我们认为从宏观的层面来看,高中语文教师的知识包括语文课程知识、教育学知识、信息科学知识、通识知识。我们之所把信息科学知识从通识知识中单列出来,是因为信息科学知识在教学中的应用越来越重要。

3.教师能力

教师能力是桥梁,是学生到达"课标"所要求的核心素养彼岸的桥梁,也是教师专业素养的外在表现。有人认为教师能力是个性心理特征,有人认为教师能力是教师具备的知识——"怎么教"的知识,是一种程序性知识。按照国际培训、绩效与教学标准委员会(IBSTPI)的划分,它将教师能力分为5个维度18项能力,这5个维度是:专业基础、教学计划和准备、教学方法与策略、评估与评价以及教学管理。国内有学者认为教师能力是由若干子能力构成,如上课能力、评课能力、改作能力、沟通能力等。我们认为高中语文教师能力应该由他的职业目标与自身专业发展决定,它应该包括语文课程实施能力、语文课程科研能力、语文课程评价能力、沟通合作能力。其中语文课程实施能力与沟通合作能力指向职业目标,语文科研能力与语文课程评价能力既指向专业发展,又指向职业目标,而沟通合作能力又为课程实施、科研、评价服务。

4.教师信念

信念是自己认为可以确信的看法。(《现代汉语词典(第七版)》)在教育语境当中,教师信念应该是教师对自己的专业领域的教学活动能否取得预期目标的确信的看法。也有学者认为教师信念是教师在自身学习和教育教学过程中,逐步形成对教育教学、学科知识、学生和环境等方面的独特认识,对教育和教学所持有的基本观点和基本态度,是教师实施教学行为和教育实践活动的基本依据。教师信念在基础教育领域的一线教师群体中,它是教师是否走向专业化的重要标志。是否具备教师信念,也是普通教师与优秀教师的分水岭。目前关于教师信念,由于研究视角不同,研究成果也是多种多样,但主要集中在以下四个方面:关于学科本质的信念、关于教学的信念、关于学科学习的信念、关于教师行为的信念。在对文献梳理的基础上,我们认为高中语文教师的教师信念的核心应该是:语文教育教学信念与自我认知信念。

高中语文教师素养的内涵随着时代的发展而发展,这是"课标"的要求,也是教育发展的必然。当前,发展高中生的语文核心素养已成了高中语文教育的重要目标,这对高中语文教师提出新挑战,高中语文教师需要确立以素养为核心的专业发展目标,适应时代的发展要求。因此,我们必须对高中语文教师素养的内涵及构成要素进行深入探讨。以上通过文献研究法对高中语文教师素养内涵进行了梳理,并由此构建了高中语文教师素养的一级指标;在对"课标"要求的梳理上,结合当前高中语文教师素养的研究成果、教师专业素养的研究成果,经过大量的访谈,自下而上地对高中语文教师素养内涵进行分析、探讨、归纳,形成了高中语文教师素养的二级指标。希望通过此研究,能摸准高中语文教师内涵,为高中语文教师专业发展指明方向。

高中语文教师素养的内涵和构成要素,这是一个复杂的命题,它的复杂性在于:高中语文课程的结构性问题——大语文与小语文之争;高中语文课程实施的问题,有共识,但分歧也多。因此,研究这一命题需要深厚的理论功底与实践能力,再者,以上构建的内涵要素主要基于文献和实践经验,缺乏实证支撑。总之本研究希望起到一个抛砖引玉的效果,让更多的方家参与到此研究中来,共同促进高中语文教师素养的发展[①]。

二、高中语文教师关键能力:基本内涵、结构模型与发展路径

教师在育人过程中必须以一定的知识、技能、态度等方面的关键能力

[①] 万进峰,张静怡.高中语文教师素养内涵及构成要素探究[J].中学语文,2022(5):3-7.

作为支撑,保障教育教学有序、高效开展,亦奠定教师发展的专业基础。然而,就高中语文学科而言,当前对教师关键能力的培养仍存在重视程度不够、目标定位不准、路径梳理不顺等不足之处,亟须在明确高中语文教师关键能力内涵的基础之上,合理构建结构模型,积极探寻发展路径。

（一）高中语文教师关键能力的基本内涵

《普通高中语文课程标准（2017年版2020年修订）》明确阐释了高中生应当具备的"四维度"语文核心素养,包括"语言建构与应用""思维发展与提升""审美鉴赏与创造"和"文化传承与理解"。与之相应,作为学生语文核心素养的培育者、促进者,高中语文教师应努力提升应对教育教学变革的关键能力。

德国社会学家梅腾斯首次提出"关键能力"这个概念,他强调关键能力"更倾向于在各种情境下和人生生涯中及时做出判断性的选择,以面对不可预估的各种情况"。在此基础之上,一些欧美国家的学者强调教师的关键能力主要体现在教师能够围绕学生发展这一主题,不断创新与联系各学科知识。"从20世纪80年代开始,我国的专家学者对教师能力这一古老而又现实的命题进行了深入的研究。"在当今教育变革的背景下,教师关键能力的内涵亦发生了明显的变化。综合现有研究可以得出,教师关键能力是指教师从事教育教学工作所必需的知识、技能及态度之集合。语文学科的独特性决定了高中语文教师关键能力的基本指向。高中语文教师关键能力应指向培养学生的语言文字运用能力,促进学生思维品质的提升,帮助学生进行审美体验,引领学生理解和传承优秀传统文化。依据教育变革的需要以及教师专业成长的规律,笔者将高中语文教师的关键能力分为外向型能力群和内向型能力群。

（二）高中语文教师关键能力的要素和结构模型

1.高中语文教师关键能力的要素

（1）外向型能力群

其一,涵养德行能力。教师涵养德行的能力是教师运用所具备的知识、技能,充分调动教育资源,培养学生内心对真善美的渴望和追求的能力,是教师关键能力体系中的基础性能力。由于语文课程本身的人文性特点,相对于其他学科教师而言,高中语文教师对学生德行的涵养有着更直接的教育责任。《普通高中语文课程标准(2017年版)》在"课程性质"中明确提出:"普通高中语文课程,应使全体学生在义务教育的基础上,进一步提高语文素养,形成良好的思想道德修养和科学人文修养。"语文教材精选的古今文学经典,既集合了不同时代作者的思想情感、理想信念,更体现了作为个体的人对自我塑造的执着追求。作为高中语文教师,应能够充分开发每一篇语文课文的教育功用,指导学生通过感受、想象等心理层面的活动,依托这些文学经典体察真实生活,探寻生命真谛,涵养美好德行。

其二,领导学习能力。领导学习能力是教师在自我认识和价值判断的基础上,有目的、有计划、有侧重地组织全体学生开展学习活动的能力,主要包括前瞻力、感召力、沟通力、控制力。新课程改革倡导构建全面培养体系,创新教学组织管理,打破大一统的传统课堂育人形式,赋予学生更多的选择权,这要求教师的角色定位也随之改变,从单纯的授课者变成学生学习的领导者。选课走班教学组织形式的有序推行,将使教师和学生的接触更加扁平化,学生的学习组织结构由单一的传统教学行政班级变成按照不同课程学习需要而形成的若干学生新群体。若教师缺乏领导学习的能力,势必顾此失彼,无法掌控这种临时组建的教学班级。领导学习能力的具备将使教师人人都成为班主任、人人都成为教学班的"首席",这是教师必须具备的新型关键能力。

其三,发展性评价能力。"教育评价在整个教育活动中发挥着指挥棒和风向标的作用,其专业性程度的高低关系着教育评价的科学与否和信效度高低,影响着教育评价的应然性与实然性之间的力量对比,进而影响着教育理论与实践联系的密切度。"对学生"全面而有个性发展"的教育要求需要高中语文教师具备发展性评价能力,能对学生的语文素养全面、综合、客观、动态地进行评价,突出发展性。"实施普通高中新课程的省份不再制定考试大纲"的提出真正将学生发展摆在了课堂的中心。与侧重知识技能的传统语文学业评价相比,高中语文发展性评价更看重语文素养的养成,着眼学生长远的发展,突出评价的综合性和导向性。发展性评价不是一时一次的评价,而是预见学生发展趋势,并据此对学生加以指导。高中语文教师通过发展性评价,加强对学生的语言积累与运用、思维敏锐性、审美鉴赏力、文化认同感等方面的培养,使学生能够不断完善自我,真正培养出具有终身发展品质的学生。这是克服"唯分数"的顽瘴痼疾、实现多维度评价学生的关键。

(2)内向型能力群

其一,职业规划能力。高中语文教师职业规划能力是教师对其执教高中语文学科的职业生涯进行持续性、系统性计划的能力,包括职业定位、目标设定和通道设计三个要素。教师的职业规划能力是提升语文学科育人水平的关键,同时也直接决定了教师自身专业发展水平能达到怎样的高度。"调查研究表明,那些教育领域取得成功的专家、学者、名师、特级教师,大多数都有过职业规划,有的甚至在入职不久就开始职业发展规划"[4]。作为一名教师,以身示范的效果远远大于空言劝诫,即所谓"身教胜于言教"。只有能始终把握好自身发展的教师才能真正教会学生如何成就人生,只有成功的教师才能真正培养出成功的学生。因此,职业规划能力虽主要是针对教师个人发展,但对学生的教育必然带来潜移默化的影响,对育人方式改革目标的逐步实现将起到持久的推动作用。

其二,知识成长能力。知识成长能力是教师增加知识储备、更新教育理念的重要凭借,是教师能够适应现代教学要求的基础,对教师关键能力体系的搭建起到基本的支撑作用。这就要求教师能与时俱进,不断完善自我,使自己的知识得到及时的成长和更新。就教师知识成长能力的构成而言,自主学习能力是核心。无论教师身处职业生涯的哪个阶段,除了知识成长更新的侧重点、标准要求有所区别外,都应该激发自身学习成长的潜力,主动学习,持续学习,终身学习。

其三,创新思维能力。创新思维是指对未知事物进行开创性思考,或是从新的角度对已知事物进行全新认识。"美国托兰斯的研究发现,教师在创造性动机测验中的成绩与学生的创造性写作能力之间存在一定的正相关。"若要真正培养学生的创新思维能力,作为教师首先必须摆脱传统思想束缚,具有创新思维能力。没有了考试大纲的指导,高中语文教师如何把握好语文课程对人才培养的要求?如何依据学段差异准确把握教学内容的深度和广度？这些都是亟待教师创新思维、突破传统、有效解决的问题。

2.高中语文教师关键能力结构模型

教师外向型能力群包括涵养德行能力、领导学习能力和发展性评价能力，均是作用于学生。涵养德行能力是如今教育改革背景下对学生教育的根基，在此基础上领导学习能力和发展性评价能力彼此作用。发展性评价是教师领导学生学习的结果呈现，教师没有好的领导学习能力就不可能有高质量的发展性评价结果，而发展性评价结果反过来又对教师领导学习能力的效果实时反馈，督促教师更有效地提升自身的领导学习能力。

教师内向型能力群包括职业规划能力、知识成长能力、创新思维能力，三者之间相互作用，是一个统一的整体，作用于教师自身。职业规划能力位于知识成长能力、创新思维能力之上，对育人方式改革背景下教师自我发展的路径进行全程监控及反馈；知识成长能力是创新思维能力的基础，没有知识成长"量"的积累，就没有创新思维"质"的跨越；教师能力变得越强，就越能认识到自己的不足，从而又有力推动教师自我职业规划进程。

教师的外向型能力群与内向型能力群相互关联、相辅相成，外向型能力群会促进内向型能力群的发展，同时，内向型能力群的进一步发展也会极大提升外向型能力群中各要素的能力，对有效提升高中语文教师关键能力、推进高中语文教育改革意义重大，见下图。

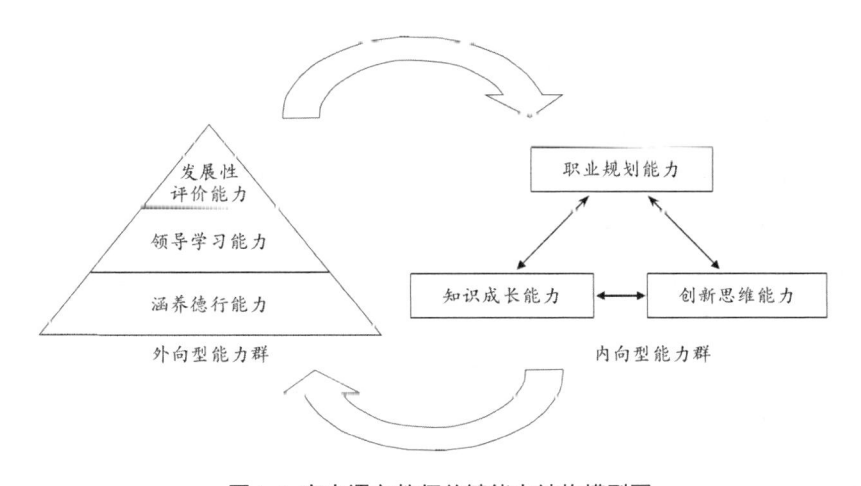

图6-1 高中语文教师关键能力结构模型图

(三)高中语文教师关键能力的发展路径

1.构建关键能力梯队培养体系

"教师能力的形成离不开有目的的教育和有计划的训练,这是教师能力形成和发展的基础。"面对长达几十年的职业生涯,处在不同发展阶段的教师所具备的关键能力水平显然有所区别,因此在自身的职业发展上也需要不同层次的助推力。同时,"关键能力的融合性、决定性及与时俱进等特点决定了教师关键能力的培养需要长期、不间断的教育过程"。教师发展管理部门需要积极作为,在对教师进行合理分层的基础上进行有针对性的培养,形成梯队化培训架构,实现区域高中语文教师队伍建设的良性循环。例如,江苏省徐州市自2017年开始实施"青年良师—带头优师—领军名师"的"三师"提升工程,主要针对教师的外向型关键能力进行培养,即培养教师的涵养德行能力、领导学习能力和发展性评价能力。若做进一步延伸,完全可以勾勒高中语文教师基本的职业生涯,即"新入职教师—青年良师—带头优师—领军名师—特级教师—徐州教育名家"的梯级培养。同时,针对每一个层级荣誉称号的评定,均按照相应阶段教师应具备的关键能力水平要求提供专项培训,比如针对高中语文教师的跨校跟岗研修、青年骨干培养、卓越教师培训、名特优教师后备人才培养等专项培训,培训成绩合格方有评选资格,培训成绩有效期为3年。通过分层培养教师,逐级提升教师关键能力,将极大丰富高中语文教育人才储备,有效夯实教师专业发展体系。

2.融合线上线下资源

高中语文教师课业负担重,且面临巨大的升学压力,成系统、长周期的教师教育培训时间难以保证。在传统的集中讲授的基础上,线上的培训学习必将成为有力补充。一方面,从知识的角度来看,高中语文教师借助线上线下资源,得以不断更新知识结构,丰富知识储备,实现知识的及时成长;另一方面,从创新思维的角度来看,线上资源使教师教育不再局限于实体培训,在多维的空间里更能激发教师的创新思维。因此,应把教育信息化作为提升高中语文教师关键能力发展水平的战略举措,借助信息技术组建"智慧教育联盟",并以语文学科为单位构建专家库,形成高中语文教师发展共同体。"与传统的教师发展方式相比,教师共同体更强调教师在真实的教学情境中,通过持续的合作,重新建构对教学和学习的认识。"宏观上,可针对目前高中语文教师关键能力发展的焦点和难点问题开展研究、发布成果,在更大范围、更高层次实现优质教师培训资源的共建共享;微观上,对于个体教师关键能力发展过程中遇到的瓶颈问题,也可以在线咨询,线上平台专家库将调配高中语文学科的专家进行极具针对性的诊断,为教师提供切实可行的指导性意见,促进高中语文教师关键能力提升。

3.打通职前职后壁垒

高中语文教师关键能力的培养不能局限于教师入职后,应强化职前教师培养和职后教师发展的有机衔接,打通职前职后壁垒,提升高中语文教师职业规划能力。"教师自我发展规划能力有助于教师在全面了解自己的基础上,为自己规划出'最近发展区',避免随波逐流、盲目发展。"这需要教师发展管理部门加强与师范院校的合作交流,将高中语文教师发展规划前移,在师范专业新生入学后,即为新生开设职业生涯规划课程,规划可按照"师范生—准教师—新入职教师—合格教师"的初级路线进行,大致涵盖在高校4年及毕业后5年左右的时间。师范生(新教师)职前在校学习理论知识、汲取各家所长,职后通过阶段性、课程化的教师教育不断再学习,打磨自己的教学风格。最终实现高中语文教师关键能力培养职前职后的有效统一,真正"推动教师终身学习和专业自主发展"。

4.组建优势教研团队

高中语文教师关键能力的发展不能是闭门造车,需要专家引领和同志者同行。笔者认为可以通过"名师工作坊"的团队形式满足这两个方面的要求。名师工作坊承认学科独立,同时也注重学科间的融合互通,是在此基础上建立起的具有共同研究取向、有专家教师领衔的研究团队。它可以和传统的名师工作室一样只由一个学科构成,也可以由和高中语文学科相关的多个学科共同组成,实现学科的融合。高中语文课堂教学往往涉及政治、历史、地理等不同学科的专业知识,在教研过程中,名师工作坊其他学科的名师团队可以就超出高中语文学科范围的知识提供专业的智力支持,有效弥补语文教师的知识短板,启发教师教育教学。通过组建优势教研团队,在团队成员共同研讨的思维碰撞下,在不同学科间的优势互补下,高中语文教师的创新思维能力和知识成长能力均能得到有效提升[①]。

第三节 学生与家长的共同支持

一、学生的支持

新课标提出,普通高中的培养目标是进一步提升学生综合素质,着力发展学生的核心素养,使学生具有自主发展能力。这就要求学生须有自主学习的能力。自主学习就是指学生主动自觉的学习过程。相比于被动的学习和机械性的学习,自主学习能够增强学生的学习动机,使学生不断提高学习能力和学习水平。在自主学习过程中,学生可以根据自己对知识点的掌握情况来决定学习的内容,合理调节自己的学习进度。

在新时代背景下,各个行业、各个领域对尖端人才的需求越来越大,需要人们具有较强的综合实力、创新精神和自主学习意识。而语文学科具有人文性和工具性的特点,它包括阅读、写作、表达、倾听等板块,包含古诗古文、外国文学、漫画等,讨论社会、科学、人文、美术等话题。在高中语文教学中开展自主学习活动,能够充分发挥语文学科的优势,为学生提供广阔的学习天地与充足的学习空间,有助于提高学生的道德修养、人文素养、艺术素养等。

自主学习活动是学生保持进步的重要"法宝",能帮助学生适应社会和时代的发展。自主学习符合学生自身的心理特点和学习需求,学生能够自主地选择学习内容、学习方法和学习活动,有效地提高学习的质量。同时,自主学习能力的提升能够带动学生其他能力的发展,教师可以在自主学习活动中培养学生的综合能力,如应对困难的能力、阅读理解能力、审美感知能力、创造表现能力和逻辑分析能力等。

一些教师在语文课堂中采用"满堂灌"的传统教学模式,即从知识点本

[①] 张雷. 高中语文教师关键能力:基本内涵、结构模型与发展路径[J]. 江苏教育,2022(22):30-34.

身出发,为学生一一讲解字、词、句、段等内容。在此过程中,学生只是被动地听讲,一些学生在学习的过程中即便产生了疑问和困惑,也不敢主动地提出问题。教师长期使用这种教学模式,会导致学生逐渐降低学习语文的兴趣,阻碍学生核心素养的发展。而自主学习活动能够帮助学生树立主人翁的意识,凸显学生学习主体地位,确保每一个学生都积极参与学习活动,从而提高课堂的活跃度,提升语文教学的有效性[1]。

二、家长的参与

(一)家长参与高中语文课堂教学的意义

1.减轻学生、家长繁重的课外负担

影响人一生成长的除了学校教育、社会教育外,最基础、最根本、最深刻的应是家庭教育。受儒家思想的影响,中国家长都希望自己的孩子能够成才,因此孩子除了完成正规的课堂学习之外,还要报各种培训班,这使家长、孩子都累得喘不过气来。近年来,家庭内部因为作业导致尖锐冲突的事件也时有发生。

实际上,就语文学习而言,许多语文学习方法习得、阅读习惯养成、语文关键能力的形成等,主要还得依靠课堂。因此,如何最大程度地提高学生的课堂学习效率就显得至关重要。在鳃改革背景下,教师作为学生学习的合作者、点拨者、启发者、组织者,角色定位一定要准确;学生要成为语文学习的主人,独立思考阅读及写作,总结做题规律和技巧。语文常态课课堂情况怎样?家长作为最了解学生的监护人,也应深度参与其中,与教师、学生形成共时性对话交流,了解师生学习语文的真实状态,倾听师生的真实心声。这样一来,孩子便不至于在课后学习很多劳神费力的内容,家长也不至于熬夜辅导却不得要领。家长融入语文课堂,还有助成家长与教师合力育人的机制,促使教学优化。

2.激活师生语文课堂学习,有效提升学生语文核心素养

德国现代社会学家滕尼斯比较了社会与共同体的差异,认为共同体是一种不同于社会的交往有机体,特指那种凭传统的自然感情而紧密联系的

---

[1] 张炫羽. 在高中语文教学中培养学生自主学习能力的策略[J]. 求知导刊,2023(23):71-73.

交往有机体,并将共同体区分为血缘共同体、地域共同体和精神共同体三大类。而对应这三种共同体的具体例子就是亲属关系、邻居关系以及友谊或同志关系。显然,按照滕尼斯的说法,家长、学生和教师共同参与的课堂是血缘共同体和精神共同体联合课堂,在课堂中,家长与教师在共同育人过程中形成紧密联系的交往有机体。其实,语文课堂是师生互动交往的一块沃土,相对于教师、学生,家长有着别样的生活阅历,对生活有着独特的思考,他们走进语文课堂参与教学,能在无形中给师生打开另一片视野。课堂上师生和家长进行思想碰撞,语文氛围浓厚,增进了家长、学生和教师的情感,而情感是课堂的润滑剂,情感的注入自然会提升学生学习的积极性、主动性,并使之积极参与言语实践活动,与家长在鉴赏文学作品中培养审美情趣与鉴赏品位,在分析、评价文学主题时尽显思维风采,在文化传承与理解中熏陶文化气质。

3.启发课堂新思维,助力提升教师语文素养

《普通高中语文课程标准(2017年版)》特别提出了关注学生在语文学习中的思维发展与提升。在相对封闭的语文课堂中,除了通过阅读开阔学生思维外,家长与教师、学生推心置腹地交流,对于启发学生的新思维显得尤为可贵。高中学生家长有着不同的人生阅历,他们看待问题、分析文本会有独到和新颖的见解,在某些关键内容的解读上,他们会提出融合自己人生经验的个性化看法,从而引发师生的讨论、交流,激发学生从不同角度提升对人生意义的理解,并且,家长在参与语文常规课堂教学听、说、读、写的过程中,对文本会有多重理解和多样化的解读,这对于有效促进教师的专业成长意义重大。

(二)家长参与高中语文课堂教学困境剖析

家长作为家校育人的主角,理应在繁杂的育人工作中发挥重要作用,但实际上,家长参与高中语文课堂教学的效果不尽如人意。

1.学校领导、语文教师教育教学理念陈旧

当下高中各学校语文教师进行的课堂教学活动,除了日常安排的公开课上,有教学同行、领导等其他人参与教学评价活动外,其他常规课只有教师教、学生学。湖南省长沙市四大名校:长郡中学、雅礼中学、湖南师范大

学附属中学和长沙市一中每学期都会有教学活动开放周,所有同行、社会人员和家长等可以在开放周内观摩课堂,此外,许多学校也有家长开放日,邀请家长走进学校了解学校、教师和学生。但是即便如此,家长也未能真正了解师生在课堂上的真实情况,家校育人沟通方式还是流于形式,收效甚微。更有许多学校仍受旧有教学思维的禁锢,不愿意向社会,尤其是家长开放课堂,更不用说让家长参与到课堂教学中。随着语文课程教学改革的蓬勃发展,创新家校联合育人方式,更新教育教学理念,邀请家长参与课堂教学,对师生提升语文课堂教学效果有着独特的价值。

2.家长、学生对教育教学本质的理解失当

受应试教育体制的影响,家长、学生认为高中学校的主要任务是提高升学率,但是,令人触目惊心的现实是,学生因高考压力大而自寻短见的事件时有发生,这给教育者敲响了警钟——育人岂能只把学生培养成考试机器？实际上,十九大报告已明确提出教育教学要浸润立德树人理念,践行社会主义核心价值观,教育教学的本质应是促进学生全面而有个性的可持续性终身发展。

3.家长水平有限,有效课堂教学评价效果不佳

学生家长从事各种职业,有着各种独特经历,但知识文化水平参差不齐,在评价教学活动时无法从专业的角度出发,致使流于形式,未能真正对提升语文课堂教学效果产生影响。

(三)有效落实家长参与课堂教学方略,创新家校联合育人方式

既然我们已经意识到家长有必要参与到日常的语文课堂教学中来,笔者认为应从以下几个方面努力:

1.教师转变教育教学理念,智慧引入家长参与语文课堂教学

(1)引导家长理性看待高中生恋爱现象

有些高中生恋爱了,家长很是惊慌,不知如何是好。笔者教学沈从文《边城》时,就结合课文与学生、家长一起展开了探讨:爷爷是真心关爱孙女,希望孙女有个好的归宿。婚姻幸福是人一生幸福的基础,新时代的高中生思想独特,有个性,他们对恋爱乃至以后的婚姻生活有自己的看法,我们应该充分尊重、理解他们,给他们适当的空间去思考自己的人生幸福,而

不是一味不加思考地"堵"。这样的交流让持有恋爱影响孩子成绩的家长慢慢把揪着的心放下来,开始热烈讨论怎么对待人生中的亲情、爱情和友情。课堂上,教师适时引导家长和学生思考:该怎样透过翠翠的爱情、傩送的手足情、爷爷的亲情等看人一生的幸福观。课堂气氛热烈,学生们人生经历不够丰富,对幸福的理解比较肤浅。他们认为,所谓幸福就是宿舍姐妹们和睦相处,考试成绩优秀,家长、老师关爱,等等;家长们人生阅历丰富,他们依托自身所经历的人生大事深刻阐释人生幸福观;笔者也从个人职业的角度来谈什么是幸福:学生的成长进步,得到家长、学校同事和领导的认可。大家畅所欲言,激发起对未来美好人生的欲求,同时也拉进了心与心的距离,融洽了情感,升华了对人生幸福的理解,教学效果显著。

(2)关注分数的同时更应关注教育本质

有些家长、学生求胜心切,认为考试成绩优异就是人上人,以考试评价成败。其实,教育尤其是语文课堂教学更应关注育人,要全员育人,全程育人,关注如何最大限度地调动人的潜力以及人的内部灵性与可能性如何充分生成。教育首先是一个精神成长过程,然后才是获取知识的过程。如果教育未能触及人的灵魂,未能引起人的灵魂的深入变革,那就不能称其为教育。语文课堂教学应该在语言实践活动过程中敞开心扉、自由交流,而不只是紧紧盯着学生的分数,以分数论学生。在与学生共同研读《老人与海》这篇外国小说时,笔者有意将特别在意孩子考试成绩,不关注孩子平时学习态度的家长引入课堂,共同鉴赏海明威笔下的硬汉形象:老人出海捕获鱼后,遭遇鲨鱼、鳍鲨等的"袭击",他或许可以不必冒着生命危险与鲨鱼们斗争,但是老人为了保护他的胜利果实,不屈不挠,顽强拼搏,虽然最后一无所获,但是在与鲨鱼斗争中表现出来的勇毅精神令人钦佩。笔者引导学生和家长大声读"一个人可以被毁灭,但不能被打败",情感升华,心灵共振,人生不如意事十之八九,我们每一个人都需要在生活中保持旺盛的生命力,自信、坚定地走好人生之路,不断挖掘自身潜能,获得生命成长。

(3)切磋交流中不断走向灵魂成长

不少中国式家长盲目怜惜孩子。为了让家长、学生更深刻、理性地理解父母与孩子之间的爱,笔者提前引导学生和受邀家长预习了美国心理学家、哲学家弗罗姆的《父母与孩子之间的爱》这篇文章,了解在西方文化视域中父母与孩子之间的爱的形态。笔者引导家长、学生找出自己认为能够引起哲思的句子:天真、孩童式的爱是"我爱,因为我被人爱";相对成熟的爱是"我被人爱,因为我爱人";不成熟的、幼稚的爱是"我爱你,因为我需要你";更为成熟的爱是"我需要你,因为我爱你"。家长和学生就他们的成长经历展开热烈讨论。通过此次学习,他们都表示要慢慢走向成熟的爱。有些家长和学生还关注到文章分析了父爱和母爱的区别:一个成熟的人最终能达到他既是自己的母亲,又是自己的父亲的高度。人从同母亲的紧密关系发展到同父亲的紧密关系,最后达到综合,这是人的灵魂健康和成熟的基础。笔者以此为契机升华主题:一个人要逐渐成熟,需要有母性的博爱,更要有父性的理智和判断力。在家长一起与师生品析关键语句时,多种思维激活了课堂,彰显了家校共育学生的独特魅力。

2.教师巧妙引入家长生活资源,打造语文特色文化课程

在苏霍姆林斯基看来,精神的教育、道德品质的培养不应是某一个人做的事,而应当贯穿于学校的全部活动中,贯穿于每一位教师的教学活动中,贯穿于每一门具体的课程中,贯穿于每一个家庭之中。因此,笔者着力积聚家长的作用力,开发家长语文课程资源,联合家长打造语文特色校本课程。某教师所在学校地处太原市西山煤电矿区,很多学生家长是矿区职工,针对在矿区工作的家长,该教师利用学校开设的语文校本课程—走进"家"的文化,吸引家长们踊跃参与。有位家长的分享给该教师留下了深刻印象,他30年来一直在矿区一线工作,他向学生介绍了矿井下面的作业情况、环境等,使学生真实地感受到了矿工工作的不易,切实体会到了生活的不易,增强了奋斗的决心和信心。实际上,在课堂上引入家长生活资源,共建学校特色校本课程,在全国许多名校都有实践,也有不错的教学反响。

3.积极引导家长对语文课堂教学进行评价

《普通高中语文课程标准(2017年版)》:"倡导评价主体多元化,鼓励学生、家长、教师、教学管理人员等参与课程评价。语文教师应利用不同主体的多角度反馈,帮助学生更好地认识语文学习与个人发展的关系,更好激发学生语文学习兴趣。"

传统的高中语文优质课更多关注教师同行、学校领导、学生的评价,却忽略了家长对课堂教学情况的评价。怎么进行评价,需要哪些人评价？以太原市第六十五中学校为例,教学评价主要是通过学生成绩来考查,并辅以其他评价方式:学生每天都要填写课堂日志,反馈课堂教学效果;每学期期末,教务处要检查作业,通过语文教师评改作业(必须有作文)的次数、评语情况、学生错误复批等反馈教学情况;网上评教活动。但笔者认为,语文课堂教学如何实现共时性评价是客观、理性反馈教学效果的得力之举。家长定期或不定期走入语文课堂观察自己孩子的学习态度、行为、兴趣、状态等,有助于其与教师形成合力,督促学生,提高学生的学习成绩。笔者尝试引导家长站在各自立场上对语文课堂教学进行评价,当然,笔者主要是引导家长依据《普通高中语文课程标准(2017年版)》来评课,聚焦语文核心素养——语言建构与运用、思维发展与提升、文化传承与理解、审美鉴赏与创造。当局者迷,旁观者清,如果语文教师能够虚心听取家长意见,努力改进课堂教学,那么,这样有家长、学生和教师开诚布公反馈教学效果的课,必会提升学生的语文核心素养,促进语文教师自身的专业发展。

总之,高中语文课程改革作为新课程教学改革的火车头,应率先垂范,引导家长更好地参与语文课堂教学,教师、学生、家长应该在语文课堂教学中结成利益共生、情感共鸣、价值共识、责任共担的学习共同体,为创新家校育人方式,增进家校情感,落实培养学生语文核心素养,提升教师素养贡献独特力量[1]。

第四节 大环境给予的帮助

一、校园环境

校园文化的不断发展、更新,可以潜移默化地推进语文教学的发展。语文教师应该充分认识到校园文化建设对语文教学的重要性,在校园文化

---

[1]杨青,曾丹. 家长参与高中语文课堂教学探究[J]. 语文教学通讯,2021(44):13-16.

建设中促进语文教学质量的提高。校园文化建设主要包括物质文化建设、精神文化建设、制度文化建设三个方面,以下就从这三个方面对如何开展校园文化建设促进高中语文教学发展进行论述。

(一)加强校园物质文化建设,推进语文教学发展

1.营造良好的校园环境

美丽、干净的校园环境,可以给学生的心情带来积极的影响,培养学生发现美、欣赏美的能力,提高学生的审美水平。而学生眼中看到的是美景,心中感受到的是美好,就会主动保护好校园环境,建设美丽校园。因此,学校应丰富校园绿植,"装扮"校园风景,使学生以更充足的动力与更好的心情投入到学校生活与学习之中。而学生拥有一双发现美的眼睛,在高中语文写作学习中就能感受到自己身边的美好,在校园中发现自然与人文的美,为自己的写作积累素材。这样,不仅能提高学生的写作能力,让学生拥有一个来自校园的写作素材库,也能让学生的语文欣赏、理解能力得到提升。

2.完善基础设施

基础设施建设是教师教学的基础,是学生学习的重要影响因素,拥有了完备的基础设施,教师才有了有力的"助手",学生才有了可以学习的"途径"。学校应不断扩充图书馆书籍数量,提高图书馆书籍质量,为学生学习与阅读提供更多的选择,让学生有书可读,不断提高课外阅读能力,扩充知识量,提高文化素养。学校还可以建立校园广播站,建设校园宣传栏,在大课间、午休时通过校园广播朗读诗词或者优美的文章,在校园宣传栏中展示学生的优秀作文,让学生在不知不觉中受到优秀文化的熏陶与影响,在潜移默化中提升文化素养,激发学生参与语文学习的动力。

3.更新教学设备

利用新型教学设备开展语文教学是教师提高课堂教学效率的有效手段,因此学校应为教师提供先进的教学设备,使教师的教学更加丰富多彩。例如,"班班通"为语文教师的教学提供了很大的帮助,使教师可以依托云服务平台将丰富、优质的教学资源和多样的教学形式引入课堂,实现信息技术与语文教学的有效整合,从而促进教师教学方式和学生学习方式的变革,最终实现学生的健康成长。

(二)推进校园精神文化建设,提高学生语文素养

1.形成良好校风

校风即学校的风气,是培养优秀教风、学风的重要基础,是校园精神文明、办学水平的表现,渗透在校园生活的方方面面。校风是校训的拓宽、延伸和具化,其要素包括学校领导的工作作风、教师的教风、学生的学风以及学校积淀的传统文化精神、学术探索所形成的风气和氛围,集中体现了学校的办学理念、育人方针、学术追求和办学特色,是学校品位和格调的重要标志之一。这意味着校风一旦形成,就会对师生产生重大影响,所以形成优秀校风、宣传良好校风,会对师生健康成长有积极的促进作用,而这种促进作用会显现在校园生活的各个方面。在语文学习中,良好的校风可以激发学生的学习动力,培养有理想、有道德、有文化、有纪律的优秀学生。

2.形成良好教风

教风是指教育机构在教学精神、教学态度和教学方法等方面形成的长期的、稳定的教学风气。这是教师的教学态度、教学精神、教学方法的集合,体现了教师教学能力、师德、教师作风与素养。形成良好的教风,形成教师热心关怀学生、用心创新教学方法、真心奉献自我的风气,才能促进教学改革不断深入,让语文教学效果不断提升。教师应关心学生的生活、学习、心理,做学生的朋友与指引者,陪伴学生渡过心理难关。教师应跟上时代的节奏,不断反思自己的教学方法,不故步自封,不"死气沉沉",对教学充满热情,对寻找更好的教学方法充满向往,不断提升自身能力。而这些良好教风的形成,不仅能不断提升语文教师的素养与能力,使语文教学效率在教风的变化中更加高效,而且能潜移默化地影响学生,使学生在不知不觉中提高自身的语文素养。

3.营造良好学风

学风是学校师生在治学精神、治学态度和治学方法等方面的风格,也是学校全体师生知、情、意、行在学习问题上的综合表现。好的学风,不仅指学生有良好的学习氛围与学习态度,更指全校师生拥有严谨、目的明确的治学态度、治学精神、治学方法,最终凝结在教和学之中。学风是凝聚在教与学过程中的精神动力、态度作风、方法措施等,它依不同学校的不同特点表现出独有的特色和丰富的内涵,并通过学校全体成员的意志与行动,逐步地形成和固化,成为一种传统和风格。学校应通过培养良好的学风,营造良好的学习氛围,促进师生共同学习、共同进步,让学生在良好的学风中不断提高语言文化水平与综合素养。

(三)完善制度文化建设,营造良好语文学习氛围

1.继承校园文化传统

每所校园都有着专属于自身的校园文化传统,这种传统因学校的地域位置、自然环境、历史传统等多种因素的不同而不同。校园文化的形成是自发的、自觉的,有着长期历史积淀。继承校园文化传统,不断发展并丰富学校的优秀文化传统,能够唤醒学生学习的激情,培养学生的校园归属感与责任感,让学生能够以更好的精神面貌学习。学校应引导学生继承校园优秀文化传统,将校园文化内化于心,培养学生正确的世界观、人生观、价值观,使学生形成良好的学习态度,让学生在学习语文的过程中能够直面难题,在博大精深的语言文化知识的学习中提高综合素养。

2.完善校园规章制度

"没有规矩,不成方圆",规矩是一把尺子,将每个学生的行为规范在正确的围度之内。制定完善的校园规章制度是校园文化建设的保障。一所学校没有规章制度,将会是混乱的、无法管控的。合理的校园规章制度可以激励学生学习,规范学生的行为。学校要不断完善校园规章制度,让制度跟得上学校的发展、学生的需求,不限制师生的自由发展,但限制师生的不良行为。学校在制定校园规章制度时,要加强对校园规章制度意义的宣传,保持基本规章制度的相对稳定性,创设实施规章制度的条件。语文课是开展德育的重要渠道,教师应通过语文课堂使学生了解校园规章制度的重要性,并让学生学会遵守校园规章制度。这样,学生才能更好地投入到语文课堂学习之中,明白自己在课堂上应该做的事情与不应该做的事情,认真学习,提高语文素养。

总之,学校应建设好校园物质文化,为学生学习语文提供良好的环境与素材,建设好校园精神文化,为学生学习语文提供强大的动力,建设好校园制度文化,让学生在规范中学习语文,学会做人。教师应明确校园文化建设对高中语文教学的重要作用,不断推进校园文化建设,推动高中语文教学发展[①]。

二、社会环境

恩格斯指出:"当我们深思熟虑地考察自然界或人类历史或我们自己的精神活动的时候,首先呈现在我们眼前的,是一幅有种种联系和相互作用的无穷无尽地交织起来的画面。"普遍联系是客观世界最一般的性质。系统论的迅速发展和广泛应用,更加深化和丰富了事物普遍联系的辩证思想。所谓系统,是指世界上的一切事物都是由一定数量的相互作用的部分或要素所组成的复合有机体。

我们通常说的语文教育,大都指语言和文字的教育。而语言和文字作为信息的主要载体,是人们进行社会交际的重要工具,人们要借助它来传达、接受、转换信息。它不受时空的限制,借助于它,今天的人可以从图书资料中了解古老的历史;借助于它,我们可以通过各种形式的信息传播技术和天南地北的朋友互通信息。从这个意义上讲,语言文字的功能,就其本质来说,带有扩散的性质,是一个开放的系统。

系统论认为,在研究问题时,如果孤立地形容个别要素,这是微观;如果研究系统,并将系统放在更大的环境中研究,这是宏观。唯物辩证法关于联系的客观普遍性原理,要求我们必须用整体性的观点认识事物。把个别事物从普遍联系中抽取出来,单独地、分别地加以研究,这是完全必要的。但是,在研究部分时,又不能只见树木,不见森林。所以,认识事物要从整体出发,统观全局,在整体和部分的相互联系、相互制约中,综合地考察和全面地把握事物的本质。一直以来,广大的语文教育工作者,从教学论、培养目标、教材编写、课堂结构、学习方法、教学方法、能力训练等方面进行了全面而深入的研究,取得了可喜的成就。但是,不论教学内容的革新,还是教学方法和形式的转变,更多地还是着眼于语文自身,较少联系社会文化环境,缺少宏观的研究和实践。而社会文化环境恰恰是语文活动大系统中起制约作用的因素。

---

①李发明.开展校园文化建设推动语文教学发展探究[J].成才之路,2021(7):56-57.

首先,社会为语文知识的学习提供了各种各样的物质条件。我们进行语文教育,不仅仅需要教科书以及黑板和粉笔等。随着社会的发展、科技的进步,社会为我们提供了越来越多的可以利用的工具。我们今天可以在课堂上利用必要的声像手段,用声形并茂的场景来辅助教学,为此,我们就要利用录音带、录像带、光盘等,当然,同时,就要借助录音机、录像机、电视、音响等设备。这些电化教学设备,使我们的课堂变得"有声有色",方便了教与学。

其次,人类的活动又为语言工具和语文知识的运用提供了环境场所。语言本身就是人们交流和交际的工具。它是应人们交流的需要而产生的,而且也在人们不断的运用过程中发展着、完善着。回顾一下汉民族语言文字的发展史就不难看出这一点。从甲骨文到今天的汉字,从最早的记载历史的语言文字,到今天的丰富的语言和语文知识,汉语言经过了漫长的发展和演变的历史过程,而这一过程正是人类活动不断延续的过程。

第三,社会活动要求语义教育的对象要具备良好的语文素质,掌握为社会需要的语文知识和语文能力。我们面对的是一些未出校门的学生,但他们不能囿于学校这个小环境之中,尤其是毕业后,他们要走上社会,要真正担当社会成员这个角色。在社会活动中,绝不是仅仅会写些字、用些词句或写几篇文章就能应付得了的。他们首先得满足各自所从事的行业本身对语文知识和能力的特殊需要,同时要适应人际交往的需要。而且,随着社会的发展,社会对语文活动的要求也在发展变化,要求将不断提高。

所以,要深化语义教学改革,提高语义教学效率,就必须进行更高层次的研究,从对语文自身的研究,扩大到对系统和环境的研究,即把语文教学放在更大的"环境系统"中研究,这个更大的环境系统就是"社会文化"。

我们已置身于对人才的素质提出了更高要求的21世纪。我们的教育方针是,坚持教育为社会主义、为人民服务,坚持教育与社会实践相结合,以提高国民素质为根本宗旨,以培养学生的创新精神和实践能力为重点,努力造就"有理想、有道德、有文化、有纪律"的德、智、体、美等全面发展的社会主义建设者和接班人。就语文而言,我们所培养的人才必须具有以思维能力和创造能力为核心的现代语文能力,他们对现代语文信息应该能够及时正确地、全方位多渠道地吸收,能够迅速、灵活、有创造性地处理、输出。这就要求我们从整体上把握语文教育的功能,换句话说,语文教育必须和社会文化环境紧密结合,充分发挥社会文化环境的巨大作用。

首先,必须树立语文教育为社会服务的思想。《中华人民共和国教育法》第一章第五条规定:教育必须为社会主义现代化建设服务,必须与生产劳动相结合,培养德智体等方面全面发展的社会主义事业的建设者和接班人。也就是说,教育必须面向社会、服务社会,培养更多的社会需要的各种人才。那么我们的语文教育也就必须走出语文课堂这个小圈子,与家庭、与社会等进行多渠道的沟通,才能使语文的工具性、综合性、社会性得到充分的体现和发挥。

其次,应该注重社会文化的正面教育引导。我们所面临的是一个广大而复杂的社会文化环境。它既包含着对语文教育有积极影响的因素,也包含着一些消极因素。比如:小到人们口语里不规范的词语、大街小巷的招牌广告上的不规范汉字,大到一些劣质书刊甚至不健康的出版物,这些对我们的语文教育无疑是一个挑战。我们的教育对象——广大的青少年,他们思想活跃,精力旺盛,求知欲强。但是,他们的世界观还没有完全形成,意志较薄弱,一旦受到消极的影响,思想就容易发生变化,甚至可能走上犯罪的道路。因此,我们的语文教育面临着这样一个繁重的任务,即进行社会文化的正面教育引导。提高学生的思想认识,把社会文化环境作为语文教育的大课堂,帮助学生树立起在社会文化环境中学习语文的主观意识和能力习惯,使他们自觉地通过各种渠道汲取社会文化环境中的精华。

第三,指导学生深入社会文化内层,在社会文化的大环境中开展语文教育活动。引导学生在社会实践中,开展各种语文活动,如:搞社会调查等,既可以运用语文知识又可以提高语文能力,而且,在实践中了解社会的知识结构,了解社会对语文的需求,这有利于学生明确自己的学习方向、增强自己的学习信心。同时,广大而丰富的社会大舞台,不仅拓宽和加深他们的知识还可以使他们开阔视野、磨练意志、形成组织和社交等能力。

第四,把语文教育活动同社会文化贯通起来,发挥社会文化的积极因素。既然语文教育离不开社会文化环境,那么,为了更好地发挥语言文字的社会功能,加快科学文化的普及和民族素质的提高,我们的语文教育就必须彻底改变过去那种相对封闭的状态,改变那种只围绕教材的教与学的形式,建立起适应当今时代要求的语文教育体系,充分发掘社会文化的积极因素。这方面已经有人在积极探讨,比如:研究《红楼梦》中王熙凤的管理才能对今天的企业管理的现实意义,探讨《孙子兵法》对于现代经商的指导作用等等,我们要让学生真正懂得出书之法,使整个社会文化环境与语文教育形成一个整体的系统,发挥系统的整体作用。

系统论认为,要重视构成系统的要素及其相互之间的有机联系,要重视系统构成的整体效应;忽视系统中某一要素的作用,尤其是关键要素的作用,就会影响到其他要素,乃至系统整体作用的发挥。语文教育也要搞系统工程,抓住社会文化环境这个关键要素,建立一个有机的系统,多渠道、多层次地与社会文化环境相结合,这样,才能充分发挥语文的整体功能,走向一条成功之路[①]。

[①]王昱.语文教育必须和社会文化环境相结合[J].理论界,2002(5):102-103.

参考文献

[1]白茹.高中语文课程关于鼓励开展课外阅读的方法[J].课程教育研究,2020(13):28.

[2]陈军.语文:学校文化的酵母:关于语文学科学校立意的初步认识[J].语文学习,2014(1):4-6.

[3]陈亮.高中语文新旧课程标准对比探究[J].作文,2022(8):31-32.

[4]程志伟.多维度高中语文教学方法探索[M].长春:吉林人民出版社,2022.

[5]程子函.新理念下高中语文教学核心素养的培养发展方向[J].科学中国人,2017(21):453.

[6]丁薇.高中语文作文教学策略的探究[D].沈阳:沈阳师范大学,2017.

[7]樊月.提升高中语文阅读教学效果的研究[D].哈尔滨:哈尔滨师范大学,2020.

[8]范新阳,朱林生.中学语文核心素养教育论[M].苏州:苏州大学出版社,2019.

[9]冯斌.浅析高中语文教学如何融入社会实践[J].语数外学习(高中版),2013(1):1.

[10]福荣,范春荣,黄秋平.核心素养在中学语文教学中的培养策略[M].长春:吉林人民出版社,2020.

[11]葛秀春.论高中语文课堂教学的有效性[D].大连:辽宁师范大学,2010.

[12]耿宗民.高中语文教学的现状和对策[J].考试周刊,2017(13):66

[13]顾琴.高中语文教学的课后有效评价策略[J].语文天地·高中版,

2011(9):46-48.

[14]火福三.浅谈高中语文教学现状及对策[J].中华活页文选(教师版),2022(21):87-89.

[15]李发明.开展校园文化建设推动语文教学发展探究[J].成才之路,2021(7):56-57.

[16]李明.高中语文课文审美趣味分析[J].中学语文,2017(12):143.

[17]李晓飞.高中语文备课研究[D].开封:河南大学,2011.

[18]李燕.培养高中学生语文口头表达能力的实践探索[J].教师,2014(24):70.

[19]李耀山.浅析现代人思维方式与高中语文教育的关系[J].中国校外教育,2011(15):102.

[20]刘小燕.高中语文课文学习方法之我见[J].速读(下旬),2015(11).

[21]马杨杨.新课程标准改革背景下高中语文教学的有效策略[J].作文,2022(44):45-46.

[22]祁黎峰.高中语文激发学生写作兴趣的有效方法[J].新课程,2020(33):118.

[23]任卫杰.核心素养下的语文教学策略探究[M].宁夏:阳光出版社,2021.

[24]赛亚尔·赛来.高中语文培养学生核心素养的重要性分析[J].学习周报(教与学),2020(3).

[25]商娟.高中语文教材备课思路探究[J].基础教育研究,2023(11):24-26.

[26]万进峰,张静怡.高中语文教师素养内涵及构成要素探究[J].中学语文,2022(5):3-7.

[27]王仁英.探究新高考模式下高中语文创新教学策略[J].试题与研究,2023(31):87-89.

[28]王世阳.高中语文课前预习现状及优化策略研究[D].新乡:河南师范大学,2017.

[29]王晓红.高中语文核心素养的内涵、特征及培养策略[J].散文百家,

2020(2):14-15.

[30]王昱.语文教育必须和社会文化环境相结合[J].理论界,2002(5):102-103.

[31]胥飞龙,阮志红.高中生心理特点与语文教学策略[J].语文教学与研究,2016(19):29-32.

[32]徐玲玲.高中语文核心素养的实质内涵及培育途径[J].语文教学通讯(D刊)(学术刊),2023(1):28-30.

[33]杨青,曾丹.家长参与高中语文课堂教学探究[J].语文教学通讯,2021(44):13-16.

[34]姚宪强.高中语文教学如何提高学生的社会实践能力[J].中学课程辅导(教师通讯),2016(2):31.

[35]袁芳.新课标下的高中语文课堂教学创新再探究[D].大连:辽宁师范大学,2012.

[36]张雷.高中语文教师关键能力:基本内涵、结构模型与发展路径[J].江苏教育,2022(22):30-34.

[37]张翔.高中语文学科核心素养的内在逻辑及培养策略[J].现代教学,2020(11):10-11.

[38]张炫羽.在高中语文教学中培养学生自主学习能力的策略[J].求知导刊,2023(23):71-73.

[39]赵贵生.高中语文教学中加强语言口头表达能力训练刍议[J].教育导刊,2014(6):93.

[40]赵嘉文.高中生语文素养现状及其成因的分析[J].散文百家,2016(5):45.

[41]郑彬.春风化雨 润物无声——浅谈高中语文教学中提升人文素养的策略[J].高考,2023(3):147-149.

[42]中华人民共和国教育部.普通高中语文课程标准:2017年版2020年修订[M].北京:人民教育出版社,2020.

[43]朱舜.中国高中语文教学的逻辑起点分析[J].新课程(下),2010(8).